Sales Hess

KZ Dachau

Eine Welt ohne Gott

Sales Hess

KZ Dachau

Eine Welt ohne Gott

Erinnerungen an vier Jahre
Konzentrationslager Dachau

VIER TÜRME

Zu dieser Neuausgabe

Im Jahr 2013 feiern die Mönche von Münsterschwarzach das 100-jährige Jubiläum der Wiederbesiedelung der Benediktinerabtei am Main (1913 bis 2013).

Zu den düstersten Tagen dieser Zeit gehören die Aufhebung der Abtei durch das nationalsozialistische Regime und die Verbannung, Verschleppung und Gefangennahme von Mitbrüdern. Das vorliegende Buch des Münsterschwarzacher Benediktiners Pater Sales Hess steht exemplarisch für die zahlreichen Einzelschicksale der Menschen in diesen Zeiten.

Für seine Rundbriefaktion, in der er Freunden und Spendern der Abtei deren Aufhebung durch die Nazis am 9. Mai 1941 mitteilte, wurde er von der Gestapo am 31. Mai 1941 verhaftet und nach Untersuchungshaft in Würzburg am 12. September 1941 in das Konzentrationslager Dachau gebracht.

Am 28. März 1945 wurde Pater Sales mit einundzwanzig anderen Geistlichen aus dem Konzentrationslager entlassen. Nur wenige Monate später, im November 1945 schrieb er seine Erlebnisse nieder und bereits im Frühjahr 1946 erschien das Buch – als eines der ersten Bücher über die Geschehnisse im Konzentrationslager Dachau.

Das Buch war, nach den Angaben des Autors in seinem Vorwort zur dritten Auflage 1985, in seiner ersten Auflage 1946 im Sebaldus-Verlag in Nürnberg in einer Auflagenhöhe von 10.000 Exemplaren erschienen – und innerhalb von drei Wochen ausverkauft.

Für eine zweite Auflage lagen – so der Autor – 50.000 namentliche Bestellungen vor. Aufgrund des Mangels an Papier konnte eine zweite Auflage aber erst nach Einführung einer neuen Währung 1948, wiederum in einer Auflagenhöhe von 10.000 Exemplaren erscheinen.

Die dritte Auflage, die 1985, also vierzig Jahre nach der Aufhebung des Konzentrationslagers erschien, war eine technische Reproduktion der zweiten Auflage. Auch die vorliegende Auflage ist eine Faksimileausgabe dieser Originalauflage, weshalb kleinere technische Unzulänglichkeiten leider nicht ausgeschlossen werden können.

Die unvorstellbaren Grausamkeiten, von denen in diesem Buch berichtet wird, mögen heute manche erschrecken – sie sind nach wie vor ein Teil unserer Geschichte, aus der es gilt, zu lernen.

Die Zeiten haben sich geändert; den großen Mut, für die eigene Überzeugung einzustehen, braucht es dennoch immer wieder.

Mögen alle Leserinnen und Leser – so war es der Wunsch des Autors in seinem Vorwort zur dritte Auflage – „großen Trost aus diesem Buche schöpfen!“

Der Autor

P. Dr. phil. Sales Hess OSB

1. Mai 1899
Geburt als Johann Sigmund Hess in Sassanfahrt (Erzdiözese Bamberg)

1911
Eintritt in das Missionsseminar (Gymnasium der Benediktiner) in St. Ludwig bei Volkach

1914
Besuch des Gymnasiums der Benediktiner in St. Ottilien

1916
Besuch des Gymnasiums in Dillingen, dann Einberufung zum Militär, nach dem Ersten Weltkrieg Reifeprüfung in Lohr am Main.

28. September 1919
Aufnahme in das Kanonische Noviziat der Abtei Münsterschwarzach

3. Oktober 1920
Zeitliche Profess

1920 bis 1923
Studium der Philosophie in St. Ottilien

7. Oktober 1923
Ewige Profess

1922 bis 1926
Studium der Theologie in Würzburg

19. März 1925
Priesterweihe in St. Michael in Würzburg

1926
Präfekt und Lehrer am Gymnasium St. Ludwig

1929 bis 1934
Philologische Studien (Deutsch, Latein, Griechisch und Geschichte) an der Universität Würzburg mit anschließendem Staats- und Doktorexamen in Geschichte

1934 bis 1940
Lehrtätigkeit am Gymnasium St. Ludwig

12. Mai 1941
P. Sales wird im Zug der Aufhebung der Abtei Münsterschwarzach als Kaplan nach Rimpar (bei Würzburg) angewiesen.

31. Mai 1941
Verhaftung in Rimpar; zunächst Untersuchungshaft in Würzburg, dann Überführung in das KZ Dachau.

28. März 1945
Entlassung aus dem KZ Dachau

1946 bis 1972
Direktor und Lehrer am Egbert-Gymnasium in Münsterschwarzach.

21. März 1989
Tod in Münsterschwarzach

INHALT

DIE KONGREGATION VON ST. OTTILIEN VERNICHTET

Von den Türmen des Klosters Münsterschwarzach läuten am 20. März des Jahres 1941 um 7 Uhr 10 die Glocken zum Konventamt wie an allen Werktagen.

Die Chormönche eilen zur Statio in den Westteil des Kreuzgangs und sammeln sich dort, äußerlich und innerlich, zum heiligen Dienst. Mit der Kapuze auf dem Haupt, und angetan mit der langen Kukulle, blicken sie ernst vor sich hin. Jeder denkt an das hl. Opfer. Beim Schlag der Glocke um 7 Uhr 15 werden alle Kapuzen zurückgeschlagen, der Konvent zieht, mit dem Abt und den Obern voran, ins Gotteshaus.

Aber heute stockt der Zug. Abt Burkard Utz wendet sich zu den Chormönchen. Er hat ihnen eine wichtige Mitteilung zu machen. „Liebe Mitbrüder", sagt er, „soeben kommt die traurige Nachricht, daß gestern am 19. März unser Priorat Meschede im Sauerland von der Gestapo beschlagnahmt worden ist. P. Prior Alban Buckel und zwei Patres sind verhaftet; die übrigen Insassen wurden nach St. Ottilien verschickt. Wir wollen die schwer heimgesuchten Mitbrüder einschließen in unser Gebet und Opfer."

Schrecken und Entsetzen auf allen Gesichtern! Niemand spricht ein Wort. Der Abt wendet sich, und der Chor der Mönche zieht durch den nördlichen Teil des Kreuzgangs in die Kirche.

Unsere Gedanken beschäftigen sich mit dem Schicksal Meschedes, des ersten Klosters unserer Kongregation, das von der Gestapo aufgehoben ist. Wir haben heute eine gemeinsame Gebetsmeinung für das Konventamt. Die genügt. Unsere Herzen füllen sich mit Schmerz und Entrüstung. Vor dreizehn Jahren wurden unsere Mitbrüder von der Stadt Meschede dringend gebeten, dort ein Kloster zu gründen und die städtische Mittelschule für Knaben zu übernehmen. Schon im letzten Jahre wurden sie aus der Schule verdrängt, nun werden sie wie Verbrecher davongejagt.

Meschede ist nicht das erste Kloster, das durch die Gestapo aufgehoben wurde. Obwohl die Hitlerregierung im Konkordat den Bestand der Klöster garantierte, begann sie im Dezember 1940, unter nichtigen Vorwänden Klöster aufzuheben.

Das erste Kloster, das der wortbrüchigen Regierung zum Opfer fiel, war das Franziskanerkloster Frauenberg zu Fulda. Ich schrieb damals sofort nach Fulda an einen guten Freund, er möge mir zuverlässig berichten, warum das Kloster aufgehoben worden sei; in unseren Zeitungen wurde der Fall mit Stillschweigen übergangen. Der Freund berichtete, als Grund sei Übertretung der Lebensmittelgesetze angegeben worden. Ich schrieb daraufhin im Januar in unsere Abteichronik: „Selbst wenn diese Schuld vorliegt, darf man sich wundern über die verhängte Strafe. Gewöhnliche Bürger werden in solchen Fällen mit Kerkerstrafen belegt, noch nie aber wurde deswegen eine Familie von Haus und Hof verjagt. Wenn Frauenberg aufgelöst wurde, liegen andere Gründe vor. Das Ereignis wirkt wie ein Fanal." Im Januar oder Februar hörten wir von der Aufhebung des Oblatenklosters Hünfeld unter ähnlichen nichtigen Vorwänden.

Doch zurück zu den Vorgängen des 20. März. Noch im Laufe des Vormittags traf von St. Ottilien bei München, unserem Mutterkloster, eine ähnlich aufregende Nachricht wie die von Meschede ein. Auch dort war die Gestapo am 19. erschienen und hatte die Räumung des Klosters in einer Woche verlangt. Es müßten fünfhundert Kinder aus den fliegerbedrohten Städten Norddeutschlands untergebracht werden.

Zwei Tage vorher hatte jedoch die Wehrmacht einen Flügel des Klosters für Lazarettzwecke belegt; sie ließ sich nicht verdrängen, und St. Ottilien atmete vorerst wieder auf. Ähnlich erging es Tutzing, dem Mutterhaus der Missionsbenediktinerinnen.

Mehr und mehr fürchteten wir für den Bestand unserer Klöster. Es vergingen zwei Wochen. Am Abend des 2. April, etwa um 21 Uhr 30, rollte ein Reiseomnibus in unseren Klosterhof und hielt vor dem Portal des Südflügels. Ein Auto der Polizei. Ihm entstiegen achtzehn Patres und zwei Brüder von unserer Schwesterabtei Schweiklberg bei Vilshofen, unter ihnen der gekrümmte P. Bruno und der hinkende P. Paulinus. Ernst und bittere Wehmut auf allen Gesichtern!

Gleich erfuhren wir das Schreckliche: Schweiklberg war diesen Morgen von der Gestapo aufgelöst worden. Armes Schweiklberg! Vor zehn Tagen erst war der junge Abt Thomas Graf gestorben. Rücksichtslos fand es die Gestapo nicht der Mühe wert, uns eine Nachricht zu schicken, damit wir hätten Quartier bereiten können. Wir nahmen die Patres trotzdem gern auf, nicht bloß als Mitbrüder, sondern als Bekenner Christi, die, wegen ihres Christusglaubens all ihrer Habe beraubt, ins Exil wandern mußten. Wir kondolierten mit der linken Hand, mit der rechten aber gratulierten wir.

In dem amtlichen Schriftstück, das dem damaligen Klosterobern, P. Prior Bonifaz, überreicht wurde, nannte die aufhebende Behörde, nämlich das Reichssicherheitshauptamt Berlin, drei Gesetze aus dem Jahre 1933 als Gründe für die Aufhebung. Die Abtei Schweiklberg wurde mit sämtlichen Vermögensobjekten samt lebendem und totem Inventar als beschlagnahmt erklärt.

Die Berichte der Mitbrüder waren erschütternd. Die Gestapo hatte es bei ihrem Überfall so eilig, daß sie die Vertriebenen nicht einmal zu Mittag essen lassen wollte. P. Prior mußte lange bitten. Der Aufenthalt im Bezirk Niederbayern-Oberpfalz wurde ihnen verboten. Nach 2 Uhr zogen sie das letzte Mal in die Kirche und sangen bei schon verschlossenen Kirchentüren ein Tedeum. Man denkt unwillkürlich an die hl. Elisabeth, die ein Gleiches tat, als sie von ihrem Schloß Wartburg vertrieben wurde. Unter Tränen nahmen die Patres Abschied von den lieben Brüdern, die als Staatssklaven bleiben und weiterhin die anfallenden Arbeiten verrichten mußten.

Wir in Münsterschwarzach rechneten es uns als Ehre an, den vertriebenen Mitbrüdern Obdach gewähren zu können. Vater Abt Burkard versicherte in seiner nächsten Konferenz vor allen Klosterinsassen: „Solange wir in Münsterschwarzach noch einen Bissen Brot haben, freuen wir uns, diesen mit den Patres von Schweiklberg teilen zu dürfen."

Wieder vergehen vierzehn Tage. Der 17. April wird zum schwärzesten Unglückstag für unsere teure und auch um das deutsche Vaterland so verdiente Kongregation. Am Morgen dieses Tages wurde unser Mutterkloster St. Ottilien aufgehoben. Die Begründung war noch fadenscheiniger als die von Schweiklberg. Es wurde einfach der Beschluß verlesen und ausgeführt. Verhaftet wurde niemand, der sicherste Beweis, daß keine Verfehlung gegen die sogenannten Gesetze vorlag. Die Patres wurden auf die Klöster Schäftlarn, Scheyern und Andechs verteilt. Vater Erzabt Chrysostomus Schmid wählte Schäftlarn bei München. Sein Protest hatte keinen Erfolg. Fünf Patres blieben für die Leitung des Wirtschaftsbetriebes zurück, mit ihnen die meisten Brüder, zur Arbeit in Haus und Hof.

In den nächsten Monaten hörten wir von den Aufhebungen vieler anderer Klöster: Tutzing, der Abtei St. Matthias in Trier, der Abtei Gerleve in Westfalen, des Pallotinerklosters in Limburg, der Abtei der Benediktinerinnen in Eibingen (Rheingau), der meisten Häuser der Steyler Missionsgesellschaft usw.

Allein in dem halben Jahr von Dezember 1940 bis Mai 1941 wurden 35 Klöster „beschlagnahmt". Es handelte sich 1941 um die Aufhebung aller Klöster. Das Reichssicherheitshauptamt wollte für den Krieg gegen die Kirche vorarbeiten; er sollte nach dem erträumten Siege der Nazi ganz Deutschland religionsfrei machen. Während die Klosterinsassen zu Tausenden an den Fronten kämpften, wurde der „Dank des Vaterlandes" ihnen zuteil, indem man ihnen nach Diebesart in aller Stille die Klosterheimat stahl. Gab es je eine Regierung, die niederträchtiger dachte und handelte als diese?

Einige Tage nach der Aufhebung der selbständigen Klöster unserer Kongregation, St. Ottilien, Schweiklberg, Meschede, wurden jeweils auch die zugehörigen abhängigen Häuser eingezogen. Zu St. Ottilien gehörte das Ottilienkolleg in München, das Studienseminar in Dillingen, die Klostermühle in Windach bei St. Ottilien, das Klostergut Wessobrunn in Oberbayern, das Haus Fernstein am Fernpaß in Tirol. Schweiklberg besaß das Studienkolleg Bergfried, Meschede das Heim St. Ansgar in Paderborn.

So war Mitte April 1941 unsere ganze Kongregation in Deutschland vernichtet, Münsterschwarzach ausgenommen.

DIE VORGÄNGE IN MÜNSTERSCHWARZACH

Nur unsere Abtei war übriggeblieben. Aber wir ahnten, welches Los uns von den Machthabern zugedacht war.

Am 5. Mai begann die Gestapo auch bei uns. Wir sollten 300 000 RM. Liebeswerkbeiträge herauszahlen, die wir von der Erzabtei St. Ottilien erhalten hätten, sonst würde die Abtei beschlagnahmt. Vater Abt erhob Einspruch gegen diese Zumutung, die eine reine Erpressung bedeutete. Um der drohenden Beschlagnahme zu entgehen, erklärte sich Vater Abt unter ausdrücklichem Protest bereit, die geforderte Summe zu erlegen, wenn er auch im Augenblick nicht wußte, wie er das Geld beschaffen sollte. In dieser kritischen Stunde erklärte sich die Dresdner Bank bereit, die Summe zu leihen. So war der erste Hieb der Gestapo fehlgeschlagen.

Am 8. Mai rückte die Staatspolizei zum zweiten Male an. Von den vorausgegangenen Forderungen war überhaupt keine Rede mehr. Der leitende Kommissar erklärte, eine Untersuchung des ganzen Klosters vornehmen zu müssen. Er besetzte mit seinen vierzig Gestapoleuten das Haus, ließ die Patres im Lesezimmer zusammenkommen und eröffnete ihnen hier, daß jede einzelne Zelle durchsucht werde.

Von einem oder zwei Beamten begleitet, wurde jeder Pater auf sein Zimmer geführt. Dem Abt wurden gleich drei oder vier zugeteilt. In der Hauptsache erstreckte sich die Untersuchung auf Briefe, Bücher und Zeitschriften. Was den Gestapoleuten verdächtig erschien, nahmen sie an sich. Ihre Beute, die sie im Lesezimmer hinterlegten, war nicht sehr einträglich. Sie war nach dem Urteil eines der leitenden Beamten nur „ein schmales Ergebnis“!

In der Bibliothek stieß die Gestapo auf einen Fund, der ihr sehr schwerwiegend erschien. Dort fanden sich einige Bücher über den Kommunismus, und im Archiv entdeckte man vier als Kräuterbüchlein getarnte Heftchen gegen den Nazismus, von deren Vorhandensein niemand im Kloster wußte. Der Schluß war „klar": das Kloster betätigte sich im staatsfeindlichen Sinne.

Vater Abt erhob gegen diesen Vorwurf Einspruch. Erstens trügen die fraglichen Bücher gar nicht den Stempel der Klosterbibliothek. — Wie wir später hörten, waren sie am 6. Mai bei einer Luftschutzübung von einem auswärtigen Handlanger der Gestapo eingeschmuggelt worden. — Zweitens sei das Vorliegen einiger Schriften über den Kommunismus kein Beweis für kommunistische Einstellung und Betätigung des Klosters.

Die Aufnahme der Protokolle dauerte bis 16 Uhr. Die Gestapoleute machten sich noch weiterhin in Haus und Verwaltung zu schaffen. Sie erwarteten das Eintreffen eines höheren Beamten. Dieser kam gegen 20 Uhr 30 und erklärte, er sei beauftragt, die „Sicherstellung" der Abtei durchzuführen. Ausdrücklich legte er dar, es handle sich nicht um Beschlagnahme, und niemand komme weg. Etwa um 21 Uhr 30 verließen die Gestapoleute das Kloster. Nur drei blieben während der Nacht zurück.

Schon am Morgen des 8. Mai hatte es sich schnell in der Gegend herumgesprochen, was die Gestapo im Schilde führe. In Massen strömten die Leute aus den umliegenden Ortschaften auf dem Platz vor dem Kloster zusammen und demonstrierten gegen das Vorgehen der Beamten. Die Erregung der Bevölkerung stieg von Stunde zu Stunde, Ausdrücke der Empörung und des Unwillens schossen hin und her. Man beschimpfte die absperrenden Beamten, überschüttete sie mit Zurufen der Verachtung und des Abscheus.

Das Schreien und Drohen wogte hin und her. Um die Menge vor Gewalttätigkeiten zurückzuhalten, fing Pfarrer Falkenstein von Sommerach, der sich ebenfalls unter der Menge befand, laut zu beten an. Die Leute beruhigten sich allmählich und beteten laut mit. Zwischendurch sangen sie geistliche Lieder.

Als es Abend geworden und die Zeit der Maiandacht gekommen war, stürmte die Masse in die Kirche. Die Beamten waren hiergegen machtlos. Nachdem die Gestapo abgezogen war, trat Vater Abt zu den Leuten, dankte für ihre Treue und Teilnahme und versicherte, daß nach der ausdrücklichen Erklärung der Gestapo niemand wegkomme. Jetzt erst begaben sich die guten Leute nach Hause. In den dunklen Sorgen dieses Tages war uns Klosterinsassen die Treue des katholischen Volkes ein helleuchtender Stern. Auch die Gestapo mochte überrascht gewesen sein von der Anhänglichkeit des Volkes an „sein" Kloster.

Noch treuer und aktiver zeigten sich die Brüder. Sie hatten den ganzen Tag über versucht, mit Vater Abt und den Patres zusammenzukommen; doch die Gestapo verhinderte es. Soviel sie nur konnten, suchten sie durch Meldedienste und auf jede sonst mögliche Art die Interessen des Klosters zu fördern. Sie packten in Eile Meßgewänder, Wertsachen und Kunstgegenstände zusammen und brachten sie trotz der Polizeisperre in benachbarte Orte. Einer blieb in Stadtschwarzach in ständiger Telephonverbindung mit unserem Kolleg in Würzburg; die Telephone des Klosters hatte die Gestapo besetzt und bewachte sie streng.

Es kam der 9. Mai, der „Großkampftag". Die Gestapo eröffnete ihn mit der Verhaftung des Abtes. Er wurde mit P. Barnabas nach Würzburg vorgeladen. Dort, in der Ludwigstraße, eröffnete ihm Kriminalkommissar Gramowsky, daß „der Orden des hl. Benedikt in Münsterschwarzach“ aufgelöst sei. Der Abt solle den Patres Befehl erteilen, zu packen und nach Kloster Kreuzberg abzureisen. Es sei Krieg, alles habe in Ruhe zu erfolgen. Offenbar steckte den Beamten die Volksdemonstration vom Vortage noch in den Knochen.

Der Abt weigerte sich energisch: „Solch einen Befehl werde ich nie geben! Ich bin es nicht, der Unruhe heraufbeschwört.“

Gramowsky wiederholte seine Forderung.

Darauf entgegnete Vater Abt mit noch größerer Entschiedenheit: „Sie können mir doch nicht im Ernst zumuten, daß ich als Mann und Abt und als Vater der Klosterfamilie die eigene Familie umbringe.“

Jener erwiderte nur: „Aber das muß gemacht werden.“

Vater Abt: „Wenn Münsterschwarzach umgebracht werden muß, sind doch Sie Gestapobeamter, nicht ich. Auf mich schauen dreihundertfünfzig Menschen, für die ich verantwortlich bin. Soll ich meinen Namen für Jahrhunderte mit Schmach bedecken?“

In seiner Verlegenheit wandte sich Gramowsky an den seinerzeit erkrankten Polizeipräsidenten Wickelmeier. Er kam offenbar mit der gleichen Weisung zurück; denn Kommissar Völkel stellte an den Abt erneut das gleiche Ansinnen. Abt Burkard erklärte entschieden: „Nein! Ich kann und werde einen solchen Befehl nie geben.“

Darauf schrie Völkel: „Gut, dann mache ich es mit Gewalt!“

Er erklärte Vater Abt und P. Barnabas für verhaftet und ließ beide ins Polizeigefängnis bringen.

Jedermann staunt über die Naivität dieser Beamten. Glaubten sie wirklich, ein Abt Burkard werde ihnen zuliebe Henkersdienste an seiner eigenen Klosterfamilie leisten?

Nachmittags gegen 15 Uhr 20 rollten mehrere Autobusse in den Klosterhof. Ihnen entstiegen etwa achtzig Polizisten, doppelt soviel wie am Vortag. Das Aufgebot war offenbar wegen der drohenden Haltung des Volkes erhöht worden. Sie trugen teils Karabiner, teils Pistolen. Scharfe Munition war ausgeteilt. Sie besetzten Umfassungsmauern, Zugänge und Flure des Patreshauses.

Bei ihrer Ankunft läuteten plötzlich alle Glocken. Einige Beamten liefen, um das elektrische Geläute abzuschalten. Umsonst! Es war zwecklos, die ganze Schalttafel auszuprobieren. Die laut aufklagenden Glocken ließen sich nicht zum Schweigen bringen. Sie hörten nicht auf, das Unrecht, das geschehen sollte, in alle Lande hinauszuschreien und in die Menschenherzen hineinzuhämmern. Auch die Glocken des benachbarten Stadtschwarzach stimmten wie aus trauernder Teilnahme in das Wehklagen ein.

Es klang wie in alten Kriegszeiten, es bedeutete Sturm: „Der Feind im Kloster." Ein findiger Kopf hatte oben im Turm das Läutewerk eingeschaltet.

Schließlich fiel einem der Beamten ein, man müsse die Sicherungen ausschrauben. Jetzt erst verstummten die eifrigen Glocken. Für immer! Nur noch einmal gelang es demselben Bruder, sie trotz des Verbotes der Gestapo wieder zum Läuten zu bringen. Etwa ein Jahr später, als sie zum Einschmelzen abgenommen werden sollten. Eine Stunde dauerte das Geläute. Es war wie ein Protestschrei gegen das neue Unrecht, daß Geweihtes mißbraucht werden sollte, Menschen zu morden.

Das katholische Volk der nächsten Ortschaften hatte den Alarmruf des Geläutes verstanden. Der Winzer an der Bergeshalde verließ seinen Weinberg, der Bauer unterbrach seine Feldarbeit. Von allen Seiten strömten die Leute wie am Vortage zusammen. Ihre Haltung war genau so drohend. Sie fürchteten nicht das doppelte Aufgebot. Als ein Polizist einer Gruppe zurief: „Seid doch froh, daß die Lumpen ausgeräumt werden", schrie eine Frau: „Was, Lumpen? Ihr seid die Lumpen! Unsere Männer stehen draußen an der Front, und ihr Drückeberger vergreift euch an wehrlosen Klöstern! Pfui!" Wie im Chor stimmten die andern in die Pfuirufe ein.

Inzwischen erhielten die Patres Befehl, sich im Lesezimmer zu versammeln. Vor der Tür dieses Zimmers standen Polizisten mit Karabinern auf Posten. Der Gestapobeamte Gramowsky eröffnete dem Konvent, daß der „Benediktinerorden von Münsterschwarzach" aufgelöst und die Abtei beschlagnahmt sei. Alle Klosterangehörigen mit Ausnahme des zur Arbeit notwendigen Personals würden nach Kloster Kreuzberg geschafft.

Er verlangte, daß alle Patres zur Kenntnisnahme das Schriftstück unterzeichneten. P. Prior Richard Lebert sollte anfangen. P. Prior stand auf und erklärte: „Ich weiche nur der Gewalt! Ich unterzeichne nicht!" Die übrigen wurden aufgefordert. Kein einziger setzte seinen Namen unter das Schanddokument.

Völkel schrie: „Sie wollen Gewalt, dann brauchen wir Gewalt!" Er war so erbost, daß er die Patres nicht einmal das Nötigste für die Reise packen lassen wollte. Andere Beamte beschwichtigten ihn. So konnten die Patres ihre notwendigsten Sachen in Aktenmappen mitnehmen. Sie wurden zur Eile angetrieben.

Im Hof stand ein verdeckter Lastwagen bereit. Beim Einsteigen winkten sie den Brüdern, die von einer Postenkette jenseits des Hofes bei der Metzgerei mit vorgehaltenem Revolver zusammengedrängt wurden, den letzten Scheidegruß zu. Tränen flossen auf beiden Seiten.

Vor und hinter dem Lastwagen fuhren Personenwagen, besetzt mit Gestapobeamten. Die Menschenmassen vor dem Tor versperrten den ausfahrenden Autos den Weg. Polizisten mußten mit quergehaltenem Karabiner eine Gasse bahnen. Die empörte Menschenmenge empfing die Gestapowagen mit Pfuirufen und Verwünschungen. Als der Lastwagen der Patres durch den Torbogen fuhr, erhoben die einen die Hände zum Abschiedsgruß, über die wehmütigen Gesichter der anderen flossen die Tränen.

In den folgenden Tagen wurden auch unsere beiden Studienhäuser beschlagnahmt, St. Ludwig und St. Benedikt. Die dortigen Patres und Brüder mußten ebenso wie drei Patres und die Brüder von Münsterschwarzach zurückbleiben, um die laufenden Arbeiten in Verwaltung und Landwirtschaft zu besorgen.

Bis zum 10. Juni wurden die Patres des Schwarzacher Konvents auf Kloster Kreuzberg festgehalten, wo sie von den Franziskanern als liebe Gäste behandelt wurden. Hierauf durften sie in der Diözese Würzburg Kaplanstellen annehmen. Bischof Matthias Ehrenfried hatte schon vor der Aufhebung versprochen, daß er sie mit offenen Armen aufnehmen werde. Er hielt Wort. Er gab seinem tiefen Bedauern in einem ehrenden Hirtenschreiben an seine Diözesanen beredten Ausdruck. Auch die katholische Jugend setzte sich tapfer für Münsterschwarzach ein.

Ein halbes Jahr später sahen sich die Regierenden genötigt, die Aktion gegen die Klöster zu stoppen. Soviel sich vermuten läßt, hat die Unruhe des Volkes und seine Parteinahme für die Klöster entscheidend zu diesem Rückzug mitgewirkt.

Dank dem katholischen Volk für seine Treue! Münsterschwarzach, unsere Kongregation und die anderen aufgehobenen Klöster durften zu Wellenbrechern für die übrigen werden. Die niederträchtige Maßnahme war nur e i n e Äußerung jenes Ungeistes, den wir im folgenden noch deutlicher erkennen werden.

DIE AKTION DER RUNDBRIEFE

Nach dem Ablauf der Dinge hatten wir die Aufhebung unserer Klosterheimat voraussehen können. Ich war im letzten Jahre nicht mehr in unserem Progymnasium in St. Ludwig tätig — es war ein Jahr vorher von den Klosterfeinden geschlossen worden —, sondern half in der Expedition in Münsterschwarzach die Lücken füllen. Uns oblag unter anderem die Korrespondenz mit den Freunden und Wohltätern des Klosters.

Schon ein Vierteljahr vorher beschlossen wir, im Falle der Aufhebung unsere Freunde und Wohltäter durch einen Rundbrief zu verständigen. Ohne Propheten zu sein, konnten wir ja voraussehen, was mit den einlaufenden Missionsgeldern und Meßstipendien geschehen werde, wenn die Nazi im Hause säßen. Ferner wollten wir unsere Freunde vor größerem Schaden bewahren. Viele von ihnen pflegten in ihren Briefen ihren Herzen Luft zu machen und bisweilen in derben Strichen die Naziherrschaft zu zeichnen. Was gäbe es, wenn diese Briefe in die Hände der Gestapo fielen! Wie mancher käme ob solcher Herzensergießungen nach Dachau.

Es mußte etwas geschehen! Schon aus diesen Gründen! Ferner hatten auch die vielen Katholiken, die uns beim Kirchen- und Klosterbau geholfen und ihre Missionsgelder immer an uns geschickt hatten, ein Interesse am Schicksal unserer Abtei. Ja, das katholische Volk insgesamt hatte ein Recht zu wissen, was mit seinen Klöstern geschah. Unsere Ordensgesellschaften waren keine Fremdkörper im katholischen Volk, wie es die Nazi immer behaupteten. Wir Ordensleute waren nicht als Mönche vom Himmel gefallen, sondern waren Söhne des Volkes, für das wir arbeiteten und beteten.

Freilich: bei der Schnüffelei der Gestapo war ein Rundbrief ein gewagtes Stück. Aber die Sache unseres Klosters und der katholischen Kirche schien uns einen großen Einsatz wert zu sein. Wir bereiteten also einen Rundbrief vor. Die Umschläge wurden geschrieben, teilweise mit der Schreibmaschine, teilweise mit dem Adressierapparat. Schon öfters hatten wir Rundbriefe versandt, besaßen also eine gewisse Fertigkeit und Erfahrung. Wir verwandten alle Adressen, die in unseren Karteien standen. Es waren gegen sechzehntausend.

Auch Briefmarken wurden vorsorglich eingekauft; denn im Ernstfalle würden wir bei keiner Postanstalt so viele Briefmarken auf einen Schlag einkaufen können, ohne aufzufallen. Eine entsprechende Menge Briefpapier wurde zurechtgelegt.

Nun packten wir alles in zwei große Kisten zusammen. Fügten eine Schreibmaschine, eine Anzahl Matrizen, einen Vervielfältigungsapparat, Druckerschwärze und andere Kleinigkeiten hinzu, deren wir bedurften. Später kauften wir noch vier größere Handkoffer und Mappen dazu; denn wir planten, die Briefe nach Würzburg, Bamberg, Nürnberg und München zu bringen und dort in kleineren Portionen in die Stadtbriefkästen einzuwerfen. Die Aufgabe am Massenschalter dünkte uns mehr als gewagt. Dazu war die Erlaubnis der Gestapo notwendig. Wir zweifelten durchaus nicht, daß uns diese Erlaubnis versagt würde.

Wir ließen die beiden Kisten insgeheim nach Würzburg bringen und dort nicht in unserem Kolleg, das ja am gleichen Tag aufgehoben werden konnte, sondern in einem Privathause verbergen.

Sogar unsern Obern verheimlichten wir die Aktion. Es war klar, daß der erste Verdacht auf sie fallen würde. Sie sollten mit ruhigem Gewissen sagen können: „Wir wissen von der ganzen Sache keinen Deut." Tatsächlich kam es so.

Die Durchführung der Aktion wollte ich selbst übernehmen, da ich in Würzburg viele Bekannte hatte, die bereit waren, mir zu helfen. Sollten mir die Hände gebunden sein, dann konnte der nächstbeste von der Gruppe der Expedition den Brief schreiben.

Zur großen Verblüffung der Gestapobeamten setzte die Aktion schlagartig ein und rollte ohne Störung ab. Ungewollt hatten sie uns eine willkommene Chance geboten, weil sie unser Kolleg in Würzburg nicht am gleichen Tag wie Münsterschwarzach besetzten.

Dank guter Informationen konnte ich das Haus schon am Morgen des 8. Mai, bevor sich die übrigen Klosterinsassen von der Nachtruhe erhoben, ungesehen verlassen. Die Ereignisse des 8. und 9. Mai in Münsterschwarzach verfolgte ich von Rimpar und Würzburg aus. Am Nachmittag des 9. Mai erreichte mich im Kolleg in Würzburg die Nachricht, die Gestapo sei mit einem starken Aufgebot nach Münsterschwarzach gefahren. Unser Meldedienst funktionierte tadellos.

Um 19 Uhr kam P. Petrus Leisner mit der sicheren Nachricht, das Kloster sei aufgehoben worden, die Patres seien im verschlossenen Lieferwagen nach Kloster Kreuzberg transportiert. Das Unglaubliche war geschehen. Unsere Klosterheimat war uns genommen. Nun hieß es, ruhig Blut zu bewahren und zu retten, was zu retten war. Mindestens den guten Ruf unserer Abtei.

Beim Abendimbiß, der uns wenig mundete, berieten wir Patres, wie wir die Briefaktion ins Werk setzen wollten. Die Gestapo war für heute kaum noch zu erwarten. Wir konnten also die Arbeit im eigenen Hause leisten. Raum und Helfer standen uns hier zur Genüge zur Verfügung. Alle Anwesenden, die Patres, Brüder und Schüler, sagten ihre Hilfe gern zu.

Während die zwei oben erwähnten Kisten aus ihrem Versteck geholt wurden, entwarf ich den kurzen Text zum Rundbrief. Absichtlich enthielt ich mich jeglichen Wortes der Kritik oder des Tadels. Ich berichtete sachlich die vollzogene Aufhebung.

Der Wortlaut des denkwürdigen Briefchens ist folgender:

Freitag, den 9. Mai 1941.

Gelobt sei Jesus Christus!
Teure Freunde und Wohltäter!

Leider müssen wir Ihnen heute eine recht traurige Botschaft senden. Am 19. März wurden unser Kloster Königsmünster in Meschede, am 2. April die Abtei Schweiklberg, am 17. April die Erzabtei St. Ottilien und wenige Tage nachher auch die zugehörigen abhängigen Häuser von der Geheimen Staatspolizei aufgehoben. Heute, am Freitag, dem 9. Mai, löste die Gestapo auch unsere Abtei Münsterschwarzach gewaltsam auf. Damit sind alle Klöster unserer Kongregation vernichtet. Die Hochw. Patres von Münsterschwarzach wurden nach Kloster Kreuzberg transportiert. Vater Abt sowie zwei Patres werden in Gewahrsam gehalten. Eine Schuld wurde uns nicht zur Last gelegt. Offenkundig erleiden wir all dies wegen Christus, was unser Herz mit hoher Freude erfüllt. Wir danken Ihnen für Ihre bisherige opferfreudige Mithilfe, bitten Sie aber, in Zukunft weder Briefe noch Geld nach Münsterschwarzach zu senden, bis wir wieder an Sie schreiben werden. Helfen Sie uns weiterhin durch Ihr Gebet! Indem wir Ihnen das unsrige zusichern, grüßen von Herzen

Ihre treu ergebenen verbannten

Benediktiner-Missionäre
von Münsterschwarzach.

Sofort schrieb ich den Text zweimal auf eine Matrize. Da er kurz gehalten war, brauchten wir nur einen halben Briefbogen. Eine Erleichterung der Falzarbeit. Etwa um 8 Uhr, also zwei Stunden nach der Aufhebung, konnten schon die hierfür bestimmten Schüler an der Vervielfältigungsmaschine ihre Arbeit beginnen. Um noch mehr Arbeitskräfte zu erhalten, lud ich auch etwa ein Dutzend meiner opferbereiten Paramentenstickerinnen ein. Ich kannte sie schon jahrelang und wußte, daß sie sich bereitwillig einsetzen würden. So waren etwa dreißig bis vierzig Helfer am Werk. Ohne größere Stockungen kam die Arbeit rasch voran.

P. Petrus sollte schon in der Nacht um 1 Uhr mit dem Schnellzug nach München fahren, um Vater Erzabt Chrysostomus zu melden, daß nun auch die letzte Abtei unserer Kongregation aufgehoben sei. Er nahm den ersten Koffer voll Briefe mit, um sie in München einwerfen zu lassen.

Allmählich füllten sich auch die übrigen Koffer. Die jüngeren Schüler waren vor Mitternacht in die Betten geschickt worden, die älteren hielten brav durch. Etwa um 3 Uhr in der Frühe waren auch die letzten Briefe versorgt. Alle Abfälle und sonstigen Spuren wurden sorgfältig gesammelt und im Ofen der Dampfheizung verbrannt.

Bis zum Samstagnachmittag waren alle sechzehntausend Briefe aufgegeben. Manche erreichten schon am Sonntag oder Montag ihre Empfänger. Wie ein Lauffeuer verbreitete sich in wenigen Tagen über fast ganz Deutschland die authentische Nachricht von der Aufhebung Münsterschwarzachs und der gesamten Kongregation von St. Ottilien, obgleich die Gestapo alles vertuscht hatte und kein Wörtchen davon in den Zeitungen, auch nicht in den Heimatblättern, erscheinen durfte. Viele H. H. Pfarrer lasen am folgenden Sonntag den Rundbrief auf der Kanzel vor.

Wie es kam, daß mancher gute Freund von Münsterschwarzach den Brief nicht erhielt, wird im folgenden Kapitel gezeigt werden. Vergessen war niemand worden.

DIE GESTAPO FAHNDET

Ich hatte vorausgesehen, daß die Gestapo eines Tages das eine oder andere Exemplar unseres Rundbriefes erhalten werde. Deshalb hielt ich den Text absichtlich ganz objektiv. Bei unseren früheren Rundbriefen waren regelmäßig ein paar Dutzend unbestellbare Exemplare zurückgelaufen, entweder weil der Empfänger gestorben oder verzogen oder aus einem anderen Grund unauffindbar war.

Dieser Rundbrief trug keinen Absender, mußte also zur Ermittlung des Absenders geöffnet werden. Irgendein ängstlicher Postbeamter konnte ihn dann der Gestapo einschicken. Wie ich im Laufe des Verhörs erfuhr, war aber schon in Nürnberg eine Anzahl Briefe abgefangen und der Gestapo zugestellt worden. Sehr viel konnten es nicht gewesen sein. (Ich hatte nur etwa zweitausend in Nürnberg eingeworfen, die anderen gab ich in Fürth auf.)

Dies war der Grund, weshalb manch guter Freund des Klosters, der sicher nicht vergessen worden war, den Brief nicht erhielt.

Die Briefe setzten die Gestapobeamten in größte Erregung. Eine Reihe trug den 9. Mai als Versandtag. „Wir heben am 9. Mai das Kloster auf, und schon am selben Tage werden die Mitteilungen versandt?" Nein, das nicht! Es ist nur so zu erklären, daß ein Postbeamter vergaß, den Tagesstempel eine Nummer weiter zu drehen. Alle Briefe wurden am 10. aufgegeben.

Nun begann bei der Gestapo die Suche nach dem Briefschreiber. Hätten sie geahnt, daß er sich im nahen Rimpar befand! Die Unterschrift lautete: „Die verbannten

Benediktinermissionäre von Münsterschwarzach." So konnten nur die Obern unterschreiben, meinten sie. Deshalb fuhren sie zuerst nach Kloster Kreuzberg.

Es war am Abend des 15. Mai. Der ganze Konvent von Münsterschwarzach wurde in ein größeres Gastzimmer der Franziskaner zusammengerufen. Keiner durfte mit dem anderen sprechen. Beamte hielten Wache. Inzwischen durchwühlten andere die Zellen der Patres, um Spuren zu finden. Umsonst!

P. Subprior Wunibald bekam es mit der Angst zu tun. Auf seinem Zimmer lagen die eingelaufenen Briefe und seine Tagebuchnotizen. Eindringlich rief er die liebe Gottesmutter von Altötting an: „Mutter, laß es vor ihren Augen so schwarz werden wie in deiner Gnadenkapelle, daß sie meine Notizen nicht finden!"

Als ein Kommissar erschien und triumphierend verkündete, er habe viele Notizen und Briefe gefunden, glaubte P. Subprior schon, sein Gebet sei nutzlos gewesen. Doch wie erfreut war er, als er später in seine Zelle kam und alles unberührt fand! Die Gottesmutter hatte es ihnen wirklich schwarz vor den Augen werden lassen. Alle anderen Zellen waren durchwühlt worden, nur seine nicht.

Nach der Zellen-Razzia wurde jeder in Einzelverhör genommen, Vater Abt Burkard als erster.

„Kennen Sie diesen Brief?" Damit reichte ihm der Kommissar ein Exemplar hin. „Wie kommen Sie dazu, so etwas zu schreiben?"

Vater Abt: „Den Brief sehe ich zum ersten Male. Er ist vom 9. Mai datiert. Kann gar nicht von mir sein! Sie hielten mich ja vom 9. bis 13. Mai in Haft."

Weitere Fragen folgten. Der Abt müsse unbedingt davon wissen usw. Doch Vater Abt wußte dank unserer Vorsicht wirklich nichts. Die übrigen Patres wurden der

Reihe nach verhört. Der Kommissar wurde immer erregter, als keiner sich geständig zeigte.

Die einzelnen Patres mußten sich nach ihrem Verhör in das Refektorium der Franziskanerpatres begeben. Nach Abschluß der Verhandlungen erschien der Kommissar und schrie erregt: „Sie sind eine ganz verschworene Gesellschaft!“

Vater Abt entgegnete ruhig: „Wenn Sie damit sagen wollen, daß wir eine Gesellschaft von Verschwörern sind, protestiere ich auf der Stelle, wollen Sie aber zum Ausdruck bringen, daß wir zu dem stehen, was wir geschworen haben, dann sind Sie im Recht.“ Schließlich mußte jeder eine Erklärung unterschreiben, daß er den Rundbrief nicht verfaßt und versandt habe. Erst um 22 Uhr 30 zog die Gestapo wieder ab.

Am 30. Mai, einem Freitag, war von 8—22 Uhr Großuntersuchung in Münsterschwarzach. Besonders die Druckerei, Expedition und Verwaltung wurden genau durchsucht. Bruder Severin, der Druckermeister, P. Benedikt und P. Theophil von der Verwaltung, Bruder Hermann, der Expeditor, wurden lange verhört. Bruder Hermann zwei Stunden am Morgen, zwei Stunden am Abend. Er mußte die Adressiermaschine vorführen und tausend Fragen beantworten. Dabei kam die Gestapo auf die rechte Spur.

Am Abend des 30. Mai erhielt ich in Rimpar Besuch von Münsterschwarzach. Bruder Innocenz war als Eilbote geschickt worden. Eine wichtige Botschaft! Die Gestapo sei auf meiner Spur. Ich solle mich für morgen bereit halten. „Oho! Was ist denn los?“ Ja, sie hätten nach dem Bruder geforscht, der die Adressiermaschine bedient habe. Bruder Hermann habe sich gemeldet. Wann er das letztemal mit dem Apparat gearbeitet habe? Das sei lange her. Wie lange? Ein Vierteljahr. Was er mit den Briefumschlägen gemacht habe? Er habe sie Pater Sales gegeben. Was hätte er anders sagen sollen? Wer P. Sales sei, wo er sei? Was der mit den Umschlägen gemacht habe? Das wisse er nicht. Wie viele es gewesen seien? Etwa achttausend. (Stimmt! Die andern waren mit der Schreibmaschine geschrieben.)

Bruder Hermann wurde von der Gestapo verhaftet und im Auto nach Würzburg mitgenommen. Beim Umkleiden hatte er noch die Geistesgegenwart, einem Bruder die obigen Angaben zu diktieren, und so kam ich durch den Eilboten in ihren Besitz.

Ich meldete meinem Pfarrer die neue Lage und fuhr noch am Abend nach Würzburg in unser Kolleg, wo neben einem weltlichen Direktor unsere ehemaligen Seminarpatres wohnen konnten. Einige andere Patres waren anwesend. Wir besprachen, was zu tun sei. Ich brauchte mich nicht selbst zu belasten, konnte nach dem Recht die Aussage verweigern, konnte leugnen. Die Beweislast hatte die Gestapo.

Einige Mitbrüder stellten sich auf den Rechtsstandpunkt, der mir die Möglichkeit gelassen hätte, einfach alles zu leugnen. Mir behagte diese Art nicht. Sollte ich mir meine Tat nachweisen lassen und dann wie ein Schulbub vor der Gestapo stehen und den Vorwurf hinnehmen, daß ich gelogen hätte?

Soviel stand fest: Bruder Hermann würde in Haft bleiben, bis der Schreiber gefunden war. Sollte ich einen anderen leiden lassen für das, was ich getan hatte? Ich hätte mich vor Bruder Hermann und allen geschämt, die um die Sache wußten. Darum entschloß ich mich, meine Tat zu bekennen, auf keinen Fall aber jemand anders hineinzuziehen. Dies versprach ich, auch wenn es meinen Kopf kosten sollte. In Gedanken sehr beschäftigt, radelte ich um Mitternacht nach Rimpar. Schlief aber bald und ruhig.

Der 31. Mai 1941, einer der großen Tage meines Lebens, brach an. Ein prächtiger Maientag und Pfingstsamstag. Mit einigen Ahnungen las ich die hl. Messe; für längere Zeit meine letzte. Nach dem Frühstück machte ich mein Kaplanszimmer im ersten Stock besuchsfertig für die Gestapo: ich ließ alles verschwinden, was mich belasten konnte, besonders Briefe.

Kaum hatte ich diese Arbeit beendet, als vor dem Pfarrhaus ein schwarzes Auto hielt, dem zwei Herren entstiegen. Der eine trug eine Reiseschreibmaschine.

Die Gestapo! Mir fiel noch eben meine neue Pfingstpredigt ein, die schon geschrieben war. Sie war etwas zeitgemäß und feurig gehalten. Pfingstfeuer! Schnell brachte ich sie — die Gestapo hatte schon die Hausglocke gezogen — dem Herrn Pfarrer im Zimmer nebenan. „Die Gestapo ist da. Bitte, verwahren Sie meine Pfingstpredigt!" Kehrte in mein Zimmer zurück, setzte mich an den Arbeitstisch, zündete eine gute Zigarre an und heuchelte Ruhe.

Die zwei Beamten klopften an meine Tür, kamen herein, stellten sich vor und begannen sofort, Razzia in meinem Zimmer zu halten. Ich ließ sie eine Zeitlang gewähren, schaute ihnen zu, wie sie Schrank, Kommode, Schubladen usw. öffneten. Auf dem Tisch lagen einige Briefe.

Schließlich brach ich das Schweigen mit der Frage, was sie denn suchten.

„Das wissen Sie besser als wir", antwortete Herr Keil, den ich schon von früher kannte.

„Wie soll ich das wissen?" gab ich zurück.

Inzwischen las Herr Keil den Brief, den ich in der letzten Woche von meinem Vater erhalten hatte. Er schien mir ungefährlich. Deshalb ließ ich ihn liegen. Dabei hatte ich nicht bedacht, daß er eine Stelle enthielt, wo sich der Vater beklagte, daß ich in Nürnberg, so nahe an der Heimat, gewesen sei und ihn nicht besucht habe. Herr Keil hielt inne.

„Wann sind Sie in Nürnberg gewesen?"

„Am 10. Mai."

„Was haben Sie dort gemacht?"

„Meine Verwandten besucht."

„Das ist eine Lüge", fuhr Herr Gundelach dazwischen, der Begleiter mit der Schreibmaschine.

„Das verbitte ich mir! Ich bin ein anständiger Mensch und habe keinen Grund zu lügen."

Der bedächtigere Herr Keil bemerkte mein Ausweichen und fragte weiter: „Was haben Sie außerdem in Nürnberg gemacht?"

Nun hielt ich den Augenblick für gekommen, mein Geständnis einzuleiten.

„Ich habe Briefe aufgegeben."

„Welche Briefe?"

„Die Rundbriefe über die Aufhebung unseres Klosters."

„Wer hat den Brief verfaßt und vervielfältigt?"

„Ich selber."

Herr Gundelach hatte schon eifrig zu schreiben begonnen. Herr Keil forschte nach weiteren Einzelheiten. Als er merkte, daß ich geständig war, meinte er, es wäre besser, ich führe gleich mit nach Würzburg, wo sie das Protokoll leichter aufnehmen könnten. Weil ich wußte, daß man als Angeklagter keine andere Meinung haben durfte, schloß ich mich der Ansicht der Polizei an und erklärte mich bereit. Nur fragte ich, ob ich bis zum Nachmittag wieder zurückkommen könne. Hätte ja gern gleich gewußt, ob ich eingesperrt würde wie Bruder Hermann. Um diese Neugier zu tarnen, wies ich auf den großen Beichtkonkurs des heutigen Pfingstsamstag-Nachmittags hin.

Herr Keil erwiderte ausweichend: „Das ist wohl möglich."

Nun wurde ich noch zudringlicher „Soll ich Rasierzeug und sonstigen Bedarf mitnehmen?"

„Das können Sie für alle Fälle."

Nun also: Ich packte das Nötigste in eine Aktenmappe und bat, den Herrn Pfarrer zu verständigen.

Während ich ins Auto stieg, warf ich einen letzten Blick zur offenstehenden Kirchentür, grüßte den Heiland im Tabernakel und sprach im Herzen: „In Gottes Namen!" Rasch ging die Fahrt durch den sonnigen, farbenprächtigen Maimorgen Würzburg zu.

Bei der Gestapo in der Ludwigstraße mußte ich im Vorzimmer warten, während die beiden Beamten beim Chef und den anderen über ihren Fang Bericht erstatteten. Ein Stuhl wurde mir nicht angeboten, ich war ja Delinquent. Kommissar Völkel trat heraus, stellte sich wie ein beleidigter Gott vor mich hin und fauchte mich an. Ich sei ein gemeiner Mensch. Die Gestapo hätte in schonendster Weise Münsterschwarzach aufgehoben, und ich hätte solch einen Wisch in die Welt gesetzt. Ich hätte nun alles verdorben und müsse die Folgen tragen.

Ich hielt es für das Klügste, zu schweigen. Zu Tätlichkeiten kam es nicht. Als er seinen Zorn herausgekollert hatte, verschwand er wieder, und Keil und Gundelach trafen die Vorbereitungen zum Verhör.

Nach der Feststellung der Personalien kamen sie zur Sache. Eine Unzahl von Fragen, die ich alle beantwortete bis auf die zwei: Wer geholfen habe? Wo der Brief geschrieben worden sei? Ich betonte, daß ich bereit sei, alles bekannt zu geben, was meine Person beträfe. Ueber die Helfer könne ich keine Angaben machen. „Warum nicht?" — „Ich bin Priester und auf das Vertrauen der

Leute zur Ausübung meines Berufes angewiesen. Gäbe ich meine Helfer an, dann wäre ich für alle Zukunft als Verräter gebrandmarkt. Jedermann müßte vor mir ausspucken, und ich könnte als Seelsorger nicht mehr wirken." Ähnliches gelte von der Angabe des Tatortes. Sie sei ein Wegweiser für die Gestapo und für mich eine ebensolche Schande wie die Nennung der Namen selber.

Die Beamten versuchten mir vorzureden, daß niemand von meinen Angaben erfahre. Stellten Kreuz- und Querfragen. Aber ich wich immer aus. Schließlich zogen sie sich in das Zimmer des Chefs zurück.

Gramowsky hieß er, ein wohlbeleibter Herr. Er ließ mich kommen, lud mich zum Sitzen ein, bot mir eine Zigarette an. Er stellte mir vor, wie unsinnig es von mir wäre, die so wichtige Frage nach den Helfern nicht zu beantworten.

Ich antwortete genau so höflich. Der Herr Chef möge mir es nicht als Eigensinn oder Halsstarrigkeit auslegen! Ich könne und dürfe bei meinen Aussagen nicht zum Verräter werden. Sonst sei mir eine weitere Ausübung der Seelsorge unmöglich. Meine Tat sei auch gar kein Verbrechen gewesen, sondern meine selbstverständliche Pflicht. Jede Geschäftsfirma würde im gleichen Fall ihre Kunden benachrichtigen dürfen. Weshalb sollte dies meinem Kloster verwehrt sein?

Gramowsky merkte, daß auch er nicht weiter kam, und schickte mich wieder zu Keil und Gundelach zurück. Diese versuchten mich von neuem durch Querfragen zur Aussage zu zwingen. Einmal hatte ich mich schon versprochen. Keil fragte: „Mit welchem Zug sind Sie nach Nürnberg gefahren?" Ich erwiderte unbedacht: „Mit dem 8-Uhr-Zug", merkte aber im selben Moment, daß damit Würzburg als Tatort verraten war. Deshalb fügte ich rasch hinzu: „Natürlich mit dem Zug, der um 8 Uhr von Würzburg abfährt."

Keil war in diesem Stadium des Verhörs der vorgefaßten Meinung, daß Kitzingen Tatort sei, und überhörte die verfängliche Angabe. Als die Querfragen mich nicht zu fangen vermochten, fingen sie an, mir mit Gefängnis zu drohen. Ich könnte nicht eher entlassen werden, bis ich die Namen der Helfer genannt hätte.

Ich fragte Herrn Keil, ob er an meiner Stelle anders handeln würde. Er gab mir eine ausweichende Antwort. Die Polizei vermute ein Komplott. Ich versicherte, daß es sich nur um eine einmalige Arbeit gehandelt habe, daß zu Helfern nur gerade anwesende Personen genommen worden seien. Ein Komplott sei ausgeschlossen.

Herr Keil behauptete, davon könne sich die Gestapo nur überzeugen, wenn sie die einzelnen Helfer vernommen habe. Ich aber entgegnete, zu einem Komplott, das die Polizei interessiere, gehöre notwendig eine polizeiwidrige Handlung. Mein Brief sei inhaltlich einwandfrei und durchaus nicht gegen Staat oder Partei gerichtet. Die Polizei interessiere sich auch nicht für die tausend anderen geschäftlichen Rundbriefe, die jährlich geschrieben würden.

So und ähnlich lief das Verhör den ganzen Vormittag. Zwischendurch wurde am Protokoll weitergeschrieben.

Nach 12 Uhr besprach sich Herr Keil mit dem Chef und eröffnete mir, es bliebe nichts anderes übrig, als mich in Haft zu nehmen, bis ich bereit sei, die geforderten Angaben zu machen.

„Gut, dann nehmen Sie mich in Haft! Verständigen Sie aber Herrn Pfarrer Bötsch, damit er sich für heute nachmittag und für die Festtage eine Aushilfe suchen kann!"

Herr Keil telephonierte, während ich mir meine Lage vorstellte. Ins Gefängnis! Zum erstenmal in meinem Leben! Wie wird es da aussehen? Nun, ich brauchte mich nicht zu schämen. Vater Abt und verschiedene Patres waren auch schon eingesperrt. Ich würde wohl auch P. Prior Richard Lebert und Bruder Hermann treffen. Also Mut! Alles wegen Christus! So hieß es ja in meinem Brief.

Ich unterschrieb meinen Haftbefehl. Herr Keil gab mir das polizeiliche Geleite in die Ottostraße, ins Gefängnis.

TAGE DER TRÜBSAL

Ein Wachtmeister führte mich durch Gänge und Stiegen hinauf in den ersten Stock. Zum ersten Male sah ich ein Gefängnis von innen. Alle Fenster vergittert. Im Gang ein starkes Gitter! Die Doppeltüren der Zelle 66 wurden aufgeschlossen. Ich trat ein. Welch enger, düsterer Raum! Aber im Herzen strahlte ein Lichtgedanke auf: „Ach, in einem solchen Kerker waren auch der hl. Petrus und Paulus! Bist also in guter Gesellschaft!"

Wachtmeister Seufert war freundlich und erklärte mir alles! „Links in der Ecke ein Kleiderbrett mit ein paar Haken. Da hängen Sie Ihre Kleider her! Die Schüssel dort dient zum Waschen. An der Wand ein aufklappbares Bänkchen und Tischchen. Aus dem Wasserkrug können Sie Ihren Durst löschen. Das Fenster — es war zwei Meter hoch angebracht — läßt sich mit der Stange hier öffnen und schließen. An der zweiten Längsseite das Bett, das untertags aufgeklappt und verschlossen wird. Aber weil heute Samstag ist, nehmen wir es gleich herunter."

Er breitete auf die Seegrasmatratze mit dem Seegras-Kopfpolster ein Leintuch, ein zweites war für die zwei Wolldecken. In der Ecke stand der altertümliche Kübel, der sehr verdächtig roch und sein „Aroma" der ganzen Zelle mitteilte.

„Für die menschlichen Bedürfnisse! Ein Austreten gibt es nicht. Wollen Sie noch etwas zu Mittag essen?"

„Nein, ich danke."

„Um 5 Uhr wird durch die Klappe an der Türe das Abendessen gereicht."

„Weshalb sind Sie denn hier?"

Ich erzählte ihm kurz meine Geschichte.

„Es wird nicht schlimm werden“, tröstete er mich. Seine freundliche Art tat mir wohl. „Sie können sich heute ruhig aufs Bett legen. Sonst dürfen die Häftlinge das nicht.“ Er verabschiedete sich. Ich war allein.

Nach der Aufregung des Vormittags tat mir das Alleinsein wirklich wohl. Es war Entspannung. Ich legte mich aufs Bett und versuchte zu schlafen. Vergebens! Ich hatte so viel zu denken. Der ganze Vormittag mit all den vielen Einzelheiten trat vor die Seele. Immer wieder, immer wieder! Das Barometer der Seele stand auf Sturm.

Ein Trost war mir der Gedanke: „Gott sei Dank! Du hast dich nicht verplappert. Hast niemand verraten. Der Brief war notwendig. Einer mußte ihn schreiben. Du trägst es für deine Mitbrüder und dein Kloster.“ Trotz dieser Trostgedanken wollte die aufgewühlte Seele nicht ruhig werden.

Ich erhob mich und schritt auf und ab. In der Herzgegend schmerzte es. Was war das? Es kam offenbar von dem Weinkrampf heute morgen. Während des Verhörs war einmal die Sprache auf das gemeine Unrecht gekommen, das in der Aufhebung unseres Klosters lag. Ohne eine Schuld werden wir von Haus und Hof verjagt. Etwa zweihundert unserer Mitbrüder stehen draußen an der Front, kämpfen für das Vaterland. Die Regierung dieses Vaterlandes raubt ihnen unterdes die Heimat! So und so viele Patres und Brüder werden ohne Schuld in die Verbannung geschickt, werden ohne Existenzmittel auf die Straße gesetzt, können sehen, wo sie gute Leute finden, die ihnen Obdach gewähren. Ich geriet dabei in solch einen Eifer und Zorn über diese Niederträchtigkeit, daß mich ein Weinkrampf überfiel. Wohl eine Viertelstunde lang konnte ich vor Schluchzen nicht sprechen. Herr Keil wartete geduldig, bis ich ausgeweint hatte und mich wieder fassen konnte.

Von diesem Weinkrampf tat mir noch am Nachmittag und Tage danach das Herz weh, und ich glaube, daß auch meine Schlaflosigkeit, die das folgende halbe Jahr andauerte, dieselbe Ursache hatte.

Im Auf- und Abgehen wurde ich ruhiger. Ich nahm mein Brevier zur Hand und betete das Offizium vom Pfingstsamstag, dann die erste Vesper vom hl. Pfingstfest. Von Herzen dankte ich dem Heiligen Geist, daß er mir die Augen offen gehalten und die Zunge behütet hatte. Es war ja schmerzlich, ein so schönes Fest im Kerker begehen zu müssen. Aber der Heilige Geist würde mein Tröster sein. Er hatte auch den Aposteln Kraft gegeben und sie in ähnlichen Lagen wunderbar gestärkt.

Allmählich fand die Seele Ruhe. Körper und Sinne freilich hielten nicht Schritt. Gräßlich, diese Zelle! Zementboden! Die Wände voll schmutziger Flecken, Zeichnungen und Bleistiftgekritzel! Der Tisch war verschmiert und ebenso der Wasserkrug darauf. Dazu roch es so übel aus der Kübelecke, obwohl den ganzen Tag das Fenster offen stand.

Zwischen 4 und 5 Uhr wurde das Abendessen zur Türklappe hereingereicht. Ein Stück Blutwurst, Margarine und Brot. Ich konnte vor Ekel nichts anrühren. Appetit fühlte ich keinen. Gegen Abend legte ich mich zu Bett. Eine neue Beleidigung meines Geruchsinnes. Die Leintücher rochen fürchterlich nach Schimmel. Es dauerte lange, bis ich einschlief. Etwa um 1 Uhr nachts erwachte ich wieder, und von neuem begann das Grübeln, das bis zum Morgen dauerte.

Um 6 Uhr aufstehen! Gott sei Dank! Wie oft hatte ich mich hin- und hergewälzt! Anziehen, Waschen,

Bettmachen und Hochklappen des Bettes, Kübelleeren. Ich schob dem Nachbarn, einem Polen, schnell mein Abendbrot von gestern in die Tasche. Er nahm es mit Dank an.

Gegen 7 Uhr kam der Anstaltsgeistliche, der sich freundlich nach meinem Befinden und nach dem Grund meiner Verhaftung erkundigte. Ich durftte mit ihm in die Kapelle gehen. Ein großer und luftiger Raum! Gott sei Dank, wenigstens ein paar Stunden in anderer Umgebung und dazu im Gotteshaus! Einige Häftlinge beichteten. Später kamen auch die anderen. Amt und Predigt. Wie freute ich mich! Wenigstens die Hauptsache des Festes, der Gottesdienst, sollte mir zuteil werden.

Dann ging es leider wieder in die übelriechende, schmutzige Zelle. Neues Grübeln! Wie lange wird die Haft dauern? Mindestens bis nach den Feiertagen!

Das Mittagessen kam, aber der Appetit kam nicht. Ich holte eines der Brote hervor, die mir die fürsorgliche Haushälterin von Rimpa gerichtet hatte. Ohne Appetit würgte ich es hinunter, denn nach mehr als vierundzwanzig Stunden mußte etwas genossen werden. Das sagte mir der Verstand. Der Magen hätte weiterhin verzichtet.

Am Nachmittag und am nächsten Tag stieg das Stimmungsbarometer auf und nieder. Ruhige Stunden wechselten mit Grübeln und Unruhe. Oft und oft nahm ich meine Zuflucht zum Herrgott im Gebet. Ich wußte ja, daß er bei mir war. „Cum ipso sum in tribulatione = Ich bin bei ihm in der Trübsal", betete ich im Psalm zur Complet. Ich war ja eingesperrt wegen Christus. Der göttliche Beistand konnte nicht fehlen. Also weg, ihr schwarzen Gedanken! Er wird auch mich herausreißen. Das Brevier, mein einziges Buch, das offizielle

Gebetbuch der Kirche, wurde mir in diesen Tagen besonders lieb und erschloß mir seine Schätze wie nie zuvor. Ich hielt mich genau an die Tagzeiten. Betete alles sehr langsam. Ich hatte ja Zeit. So schön, wie nie in meinem Leben! Wie viele Stellen der Psalmen erhielten durch meine neue Lage und Umgebung ein ganz neues Gesicht, einen ganz neuen Inhalt. Es war, als glichen die Psalmen gemalten Fensterscheiben, die ich jetzt von innen betrachtete. Wieviel Trost ergoß sich durch sie in die gedrückte Seele!

Am Dienstag schwand allmählich der Ekel. Das Hungergefühl stellte sich ein. Zum ersten Male schmeckte die Morgensuppe. Von 8 bis 9 Uhr war Spaziergang im Hof. Ich kam nach zweieinhalb Tagen endlich einmal an die frische Luft! „O, welche Lust, in freier Luft den Atem leicht zu heben!“ Ich erlebte die Freude des Gefangenenchores im Fidelio. Strengstes Stillschweigen war geboten. Häftling hinter Häftling! Im Gänsemarsch also! Zwei Meter Abstand. Etwa fünfzig Häftlinge.

So ging es eine Stunde lang um den viereckigen Hof, der als Gemüsegarten angelegt war. P. Prior Richard und Bruder Hermann waren auch dabei. Aber weit weg von mir, daß wir nicht miteinander sprechen konnten. So war es von der Gestapo befohlen. Die Sonne schien wohlig und warm. Ich pumpte mir ordentlich die Lunge voll frischer Luft und Sonnenschein.

Nach dem Spaziergang regte sich schon wieder Appetit. Zum Glück hatte ich einigen Vorrat in der Tasche. P. Prior Richard, der in der Zelle unter mir in Haft saß und der schon regelmäßig Pakete erhielt, hatte mir einige Liebesgaben geschickt. Nach einem kurzen Imbiß versuchte ich, gegen den Schmutz in der Zelle aktiv zu werden. Ich goß das Wasser aus dem Krug in die Schüssel, netzte den unteren Teil des Handtuches, reinigte und rieb den Wasserkrug blank, fuhr über den Tisch und ließ nicht nach, bis die Schmutzflecken verschwunden waren. Auch die Flecken an der Wand wurden durch meine Kaltwasserbehandlung blasser und blasser. Hakenbrett, Bettlade und dergleichen staubte ich ab. Gegen den garstigen Kübel in der Ecke war ich machtlos. Später hörte ich, daß an seiner Stelle in modernen Gefängnissen ein Spülklosett stand. Würzburg war also rückständig.

Mehr und mehr wurde es ruhig und hell in der Seele. Als gegen 4 Uhr nachmittags die Sonne ihre ersten Strahlen in meine Zelle schickte — sie lag gegen Norden — und sich ihr goldenes Licht über die schmutzigen Wände ergoß, während ich still und beschaulich die Hymnen und Psalmen des Breviers betete, da wurde es fast schön in diesem düsteren Winkel.

Wachtmeister Rehhäuser, der in diesen Stunden hereinkam und die Veränderung bemerkte, lobte in seiner freundlichen Art: „Na, Sie haben sich schon eingewöhnt." Ein paar Tage später erhielt ich als Beweis des Vertrauens von der Gefängnisleitung meinen Rasierapparat, offenbar weil keine Gefahr mehr bestand, daß ich mir den Hals abschneiden würde Nun, das hätte ich ohnedies nie und nimmer versucht! Warum denn? Ich hatte ein reines Gewissen!

Hauptwachtmeister Rehhäuser brachte mir Arbeit in die Zelle. „Jeder Häftling muß arbeiten", das war Hausgesetz. Ich mußte Kartons kleben für eine Würzburger Firma. Würde mir damit auch ein Taschengeld verdienen können. Was nicht gar! Es waren Kartons für den Reibansatz „Kosmos", „wodurch erst die Fleischhackmaschine vollkommen wird". Tausendemal las ich diesen Satz. In diesen Tagen war mir die Handarbeit willkommene Ablenkung, und Wachtmeister Rehhäuser sah sich veranlaßt, meinen Eifer zu zügeln.

Am fünften Tage meiner Haft, also am 4. Juni, interessierte sich die Gestapo wieder für meinen Fall. Ich wurde von einem Wachtmeister aus der engen Zelle geholt und in den unteren Stock in ein luftiges, schönes Zimmer geführt. Fast freute ich mich ob dieser Abwechslung. Doch der Zweck meines Verhörs dämpfte meine Stimmung. Man wollte nur hören, ob ich schon mürbe geworden sei. Ich aber versicherte, daß ich mir die Sache reiflich und lange überlegt hätte und noch mehr überzeugt sei, daß ich die Namen der Mithelfer und des Tatortes unbedingt verschweigen müsse, wenn ich nicht als Verräter und gemeiner Denunziant in die Freiheit zurückkehren wolle. Mein Beruf als Seelsorger verbiete mir jede Angabe. Wieder Kreuz- und Querfragen. Wieder Protokollaufnahmen. Aber wieder gelang es mir, ihren Fallen zu entgehen.

Drei Wochen später, am 21. Juni, fand das dritte und letzte Verhör statt. Schon glaubte Herr Keil, mir mein Geheimnis entwunden zu haben. Als er die Frage an mich stellte, ob ich in jener Nacht beim Luftalarm in den Keller gegangen sei, antwortete ich wahrheitsgemäß mit „Ja". Darauf hielt er sich die Hand vors Gesicht und lächelte triumphierend zu seinem Kollegen. Ich erschrak. Zu mir aber sprach er: „Gut, dann wurde der Brief in Würzburg geschrieben; denn nur in Würzburg wurde diese Nacht Alarm gegeben."

Wirklich, Herr Keil war mit Würzburg auf der rechten Spur, und doch war sein Schluß falsch. „Oho", erwiderte ich schlagfertig, „die Rechnung stimmt nicht. Alarm wurde auch in Nürnberg gegeben." Davon hatten mir ja meine dortigen Verwandten am nächsten Tag erzählt. Ferner wußte ich, daß Alarm immer im ganzen Luftgau, nicht bloß in einer Stadt ausgelöst wird. Deshalb fügte ich im

Brustton der Überzeugung auch die übrigen Städte Frankens hinzu: „Auch Kitzingen, auch Schweinfurt, auch Aschaffenburg wurden alarmiert."

Herr Keil mußte dies gelten lassen; sein Triumph war verfrüht gewesen. Auch bei diesem Verhör kam nichts heraus. Wie ich später hörte, hielten meine Mitarbeiter ebenso gut dicht — ich konnte sie auf schwarzem Wege von meiner Haltung informieren — und so gelang, was mir Herzensangelegenheit war, daß keiner meiner Helfer in mein Schicksal hereingezogen wurde. Mir schien dies ein herrlicher Sieg, konnte kommen, was wollte. Alle sollten es wissen: Die Treue ist doch kein leerer Wahn. Später hörte ich auch, daß selbst die Gestapo meinem Verhalten Anerkennung zollte, wenn sie mir gegenüber auch immer betonte, es sei meine Pflicht, die Mitarbeiter zu nennen, und mich durch Drohungen zermürben wollte. Einer von ihnen sagte, er habe Respekt vor dem Pater.

So war ich denn je länger je mehr über die Richtigkeit meines Verhaltens beruhigt, und gar manchmal tönten frohe Lieder aus meiner engen Zelle: „O, mein Christ, laß Gott nur walten" und die anderen schönen Lieder unseres Würzburger Diözesan-Gesangbuches. Besonders wenn nachmittags die liebe Sonne durchs kleine vergitterte Fenster leuchtete. Täglich wartete ich auf sie, zählte auf dem gegenüberliegenden Dach die Ziegel, über die der Schatten der Mansardenfenster strich, um zu wissen, wie lang ich noch warten müßte. Eine Taschenuhr durften wir Häftlinge nicht tragen. Warum, weiß wohl niemand. Wenn ich des Nachmittags dann im Schein der Sonne saß und ein interessantes Buch aus fernen Landen las — die Bibliothek stand uns zur Verfügung — konnte ich oft stundenlang den Kerker vergessen und — wer möchte es glauben — von Herzen froh und glücklich sein.

Wie rasch gewöhnt sich der Mensch auch an eine rauhe und arme Umgebung, und wie wenig äußerer Komfort gehört zum Glücklichsein! Dank dem weisen Schöpfer, der dem Menschen die Fähigkeit lieh, sich allen Lagen anzupassen! Diese Zufriedenheit dauerte nicht bloß die paar sonnigen Abendstunden, sie wurde bald Dauerzustand, der sich über den ganzen Tag erstreckte. Besonders, als ich mehr Bücher bekam. Vor allem hatte ich mir das Meßbuch von P. Anselm Schott bestellt. Pfarrer Bötsch widmete mir ein Exemplar der neuesten Auflage mit den vielen Erklärungen, die ich täglich mit neuem Interesse las.

Leider durften wir Gefangenen nur am Sonntag dem hl. Meßopfer beiwohnen. Soviel ich sehen konnte, besuchten alle katholischen Häftlinge den Gottesdienst mit Eifer. Diözesangebetbücher lagen in genügender Anzahl auf. Dann die trostvollen, freundlichen Worte der Predigt — Pfarrer Schober, der Gefängnisgeistliche, verstand es, zu trösten und aufzumuntern —, schließlich der Empfang der hl. Sakramente. Der Gottesdienst bedeutete in unserem Gefängnisleben eine Freudenquelle ersten Ranges. Leider bloß am Sonntag! Von Anfang an habe ich es sehr bedauert, daß es keine Möglichkeit gab, im Gefängnis zu zelebrieren. Zum Ersatz betete ich wenigstens die hl. Messe, und zwar täglich. Am Anfang ohne Buch, so weit ich die Texte gedächtnismäßig beherrschte, nach den ersten Wochen aber aus dem Schottschen Meßbuch. Wie lieb gewann ich den Meß-Schott, dessen Texte mir so viel Trost und Freude boten! Auch Breviergebet und Schriftlesung taten dieselbe Wirkung. Ja, das Evangelium ist ein Euangelion, eine Frohbotschaft!

Soweit es anging, wollte ich auch meine Gefängniswochen — ich hoffte, daß es mit einigen Wochen ausgestanden sei — für die Seelsorge nützen. Die kostbare Zeit, die für das Studium so fruchtbare Einsamkeit dauerten mich. Deshalb bestellte ich mir schon in den ersten Tagen ein paar Predigtbücher. Es waren Predigtsammlungen. Deutlich verspürte ich einen geistigen Gewinn und brachte meine Erkenntnisse und Urteile zu Papier, um sie nach der erhofften baldigen Freiheit dem Drucke zu übergeben. Leider kam es anders, aber der Gedanke, auch im Gefängnis am Bau des Gottesreiches mithelfen zu können, verscheuchte die letzten Reste von Traurigkeit. Rasch verschmerzte ich es, daß meine beiden Mitbrüder, P. Prior Richard und Bruder Hermann, nach ein paar Wochen entlassen wurden, ich aber als einziger von unserem Kloster bleiben mußte.

Dafür erhielt ich zwei andere Kollegen im geistlichen Kleid, Pfarrer August Eisenmann von Alsleben und Pfarrer Konrad Weigand von Hendungen. Den ersten hatte sein Eifer für Münsterschwarzach ins Gefängnis gebracht. Er hatte den prächtigen Hirtenbrief des Hochwst. Herrn Diözesanbischofs Matthias Ehrenfried über die Aufhebung unseres Klosters Münsterschwarzach nicht bloß mit Nachdruck verlesen, sondern auch einige Erklärungen dazwischengestreut. Einige zweifelhafte Charaktere, denen ihr Nazitum lieber war als die Kirche, zeigten ihn an. Er kam ins Gefängnis und schon vor mir nach Dachau. Erst kurz vor Kriegsende wurde er entlassen.

Der zweite Leidensgenosse war der Märtyrer der Schulkreuze, Pfarrer Weigand. Ich war überrascht und erfreut, als ich eines Tages beim Spaziergang im Hof sein Gesicht auftauchen sah. Ich hatte ihn erst nach der Aufhebung unseres Klosters zufällig in der Bahn kennen gelernt. Zum Glück durfte ich auch ihn, wie den Herrn Pfarrer Eisenmann in die „Kunst“ des Tütenklebens einführen. Zu diesem Zwecke wurde ich einen halben Tag in seine Zelle mit eingesperrt, wo wir einander unsere Geschichte erzählen konnten. Er hatte in seiner Gemeinde eine junge Nazi-Lehrerin, die dem Hitlerbild den ersten Platz in der Schule mit Gewalt erzwingen wollte.

Als Pfarrer Weigand eines Tages in den Unterricht kam und zu beten anfing, gewahrte er, daß die Kinder zur Seite gewendet standen. Wie erstaunte er, als er tatsächlich das Kreuz an der Seitenwand hängen sah, auf seiner Stelle an der Vorderwand dagegen das Hitlerbild! Er brach das Gebet ab und hängte das Kreuz wieder an seinen Ehrenplatz. Am nächsten Tag fand er dieselbe Veränderung. Er tat wie am Vortag. Aber auch am dritten Tag hing das Kreuz an der Seitenwand und das Hitlerbild am Ehrenplatz. Das „feinfühlige" Fräulein wollte nicht nachgeben. Der Pfarrer hatte ja in der Schule nichts zu sagen und zu ändern. Am Sonntag erzählte Pfarrer Weigand den Vorfall der versammelten Gemeinde in der Kirche. „Ich habe nun dreimal das Kreuz an seinen Ehrenplatz gehängt, ohne Erfolg. Wenn Ihr wollt, daß das Kreuz in der Schule Eurer Kinder weiterhin den Ehrenplatz einnehmen soll, dann tragt selbst dafür Sorge!" Bei den Katholiken entstand große Entrüstung über die dreiste Lehrerin, bei den Hitlerfreunden über den Pfarrer. Ihnen war Pfarrer Weigand jetzt der große Störenfried, der das Volk aufwiegelte. Er mußte angezeigt werden, er mußte verschwinden. Pfarrer Weigand kam ins Gefängnis und später nach Dachau, wurde aber nach einem Vierteljahr wieder entlassen und konnte sogar nach Hendungen zurückkehren.

Ich reichte dem Herrn Konfrater die Hand, versicherte ihm, daß ich ihn um die Ehre beneide, für das Kreuz Christi kämpfen und leiden zu dürfen, und gratulierte ihm zu solchem Glück. Später erhielt er einen Brief von einem Geistlichen, der ihm schrieb: „Oh, wenn die Herren wüßten, was für einen Gefallen sie uns erweisen! Wir müßten ihnen eigentlich aus Dankbarkeit die Hand küssen."

Pfarrer Weigands Zelle befand sich der meinigen gegenüber. Wir hatten oft Gelegenheit, Neuigkeiten und Erlebnisse auszutauschen.

DACHAU IN AUSSICHT

Aufrichtig gestanden — soviel Bedeutung hatte ich meinem harmlosen Brieflein nicht beigemessen, um glauben zu können, daß ich deswegen eine größere Strafe erleiden würde. An Dachau dachte ich überhaupt nicht.

Anders die Gestapo. Freilich war auch sie sich nicht einig. Herr Keil und andere wollten die Sache als bedeutungslos abtun. Der Chef Gramowsky aber bestand hartnäckig darauf, daß sie nach Berlin weitergeleitet werde.

Dies alles erfuhr ich erst später. In den ersten Wochen der Haft hoffte ich täglich auf Freilassung. Besonders das Fest der hl. Apostelfürsten Petrus und Paulus, deren Andenken mir beim Eintritt in meine Zelle so viel Licht gegeben hatte, schien mir ein recht günstiger Termin. Der Introitus der Festmesse wäre ein zu schönes Dankgebet für den Tag der Freilassung gewesen: „Nun weiß ich sicher, daß der Herr seinen Engel gesandt hat. Er hat mich der Hand des Herodes und aller Erwartung des Volkes der Juden entrissen." Dazu der Psalm 138, 1—2. „O Herr, du prüftest mich und du durchschautest mich. Du kennst mein Sitzen und mein Aufstehen." Vielleicht war meine Ahnung doch nicht ganz falsch. Die erste Messe, die ich etwa vier Jahre später in der Freiheit las, die Messe des Ostersonntags, enthielt tatsächlich den genannten Psalmvers.

In jenen Tagen des Juli 1941 kam einmal Hauptwachtmeister Rehhäuser zu mir und klagte, mein Zellennachbar, ein Mann in den 50er Jahren, komme nach Dachau. Er sei ein so guter Mensch, habe nur einmal ein schiefes Wort gesagt, weshalb er denunziert worden sei. „Wer nach Dachau kommt, kehrt meist nicht wieder." Ich hatte schon manches Üble von Dachau gehört, aber solch schwarze Gedanken waren mir neu. Sollte dies wahr sein? Die Sache ging mir im Kopf herum. „Wenn nicht bloß dein Nachbar, sondern auch du nach Dachau kämest?" So grübelte ich...

Am 9. Juli wurde ich von Wachtmeister Seufert in den unteren Stock zur ärztlichen Untersuchung geführt. Seufert fragte mich, ob ich mich zum Arzt gemeldet hätte. „Nein!" Weiter wollte er nichts wissen. Nachher fragte ich, was diese Untersuchung zu bedeuten habe. Er gab mir eine ausweichende Antwort, und ich beruhigte mich. In den folgenden Tagen wurde mir doch etwas zweierlei. Befand ich mich wirklich in Gefahr?

Ende Juli wurde ich von Herrn Keil in die Ludwigstraße geholt. Natürlich fragte ich, was der Gang zu bedeuten habe. Ich würde dem politischen Erkennungsdienst zugeführt, erwiderte er.

„Was ist das?"

„Nun, da werden Sie photographiert, Ihre Fingerabdrücke werden aufgenommen, Ihre äußeren Merkmale genau verzeichnet."

„Wozu geschieht das?"

„Das tut die Gestapo mit allen, für die sie sich interessiert."

Herr Keil wich aus. Er wollte mir nicht ins Gesicht sagen, daß ich ins deutsche Verbrecheralbum eingereiht werden sollte. Ihm war die Sache leid, das merkte ich, und sein Ernst fiel mir auf. Doch zum Grübeln hatte ich auf der Straße keine Zeit. Ich mußte alle Vorübergehenden ansehen, ob sich kein Bekannter unter ihnen fand.

Die Sache beim Erkennungsdienst war bald erledigt. Herr Keil führte mich ins Gefängnis zurück. Als ich Wachtmeister Rehhäuser traf, erzählte ich ihm, wo ich

Abtei der Missionsbenediktiner von Münsterschwarzach

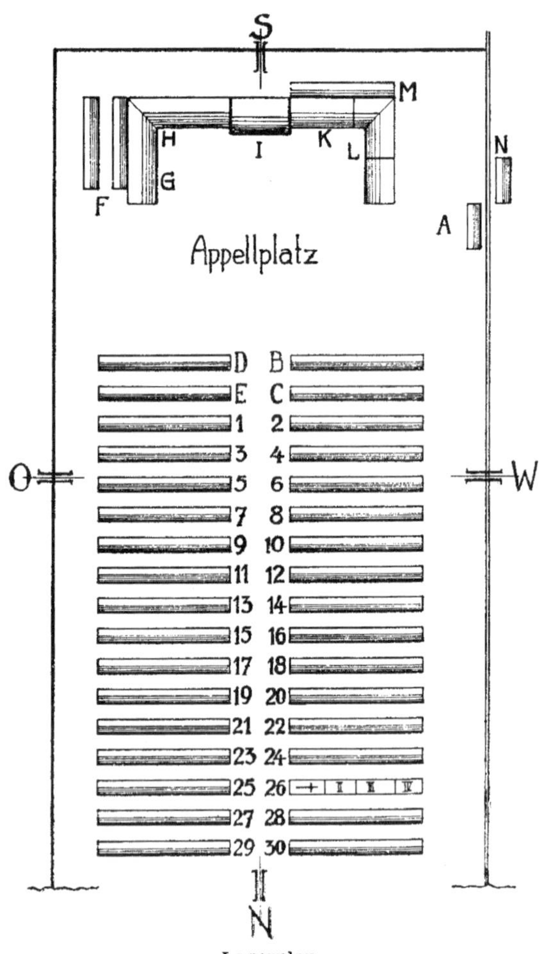

Lagerplan

A Lagerleitung
B Kantine
C Schulungsbaracke
DE Revier
F Sträflinge der SS
G Kleiderkammer
H Wäscherei
I Küche
K Baderaum
L Effektenkammer
M Bunker
N Politische Abteilung
1—30 Häftlingsbaracken

war, und fragte, was dies zu bedeuten habe. Rehhäuser war immer aufrichtig zu mir. Er machte ein bedenkliches Gesicht und sagte: „Ich glaube, die wollen Sie nach Dachau schaffen."

Dieses Wort fuhr mir in die Glieder. Als ich wieder allein in der Zelle saß, begannen meine Ölbergstunden. Es wurde allmählich Abend. Die Ruhe des Gefängnisses, die mir sonst so wohl tat, schreckte mich. Meine Arbeit an den Predigtbüchern interessierte mich nicht mehr, auch nicht meine fesselnde Romanlektüre. Die guten Eßwaren in den Liebespaketen? Nein, ich konnte nichts essen. Immer tönte es in mir: „Ich glaube, die wollen Sie nach Dachau schaffen."

Wirklich? Kam es zum Schlimmsten? Ich erinnerte mich wieder an Rehhäusers Sorge um meinen ehemaligen Zellennachbarn. „Wer nach Dachau kommt, kehrt meist nicht wieder." Mir pochte das Herz bei solchen Gedanken. — — Kein Arbeiten mehr in der Seelsorge, keine Rückkehr ins Kloster, kein Wiedersehen mit dem lieben Vater, der Schwester, dem Bruder, den Verwandten? Schluß? Vielleicht vorher schmerzliche Martern? Ich hatte schon manches Fürchterliche, Unglaubliche über Dachau gehört.

Nein! „Vater laß diesen Kelch an mir vorübergehen!" So innig hatte ich das Wort noch nie in meinem Leben gesprochen.

Die Sonne war untergegangen. Im Haus war alles still, auch von der Straße herauf drang nur noch selten ein Laut. In meiner geängstigten Seele aber tönte es lauter und lauter: Nach Dachau! Nach Dachau! „Vater, laß diesen Kelch vorübergehen!" Bald kniete ich am Boden, bald schritt ich auf und ab, sechs Schritte hin, sechs Schritte her, wie ich es schon tausendmal getan, doch nie in solcher Angst wie heute. Und wenn ich auch schon oft die Ölbergszene des Heilandes betrachtet hatte, noch nie hatte ich die Todesangst gefühlt. Aber jetzt, jetzt umklammert diese Angst die Seele. „Tristis est anima mea usque ad mortem." Betrübt ist meine Seele bis in den Tod. Ach, könnte ich so wie der Heiland sprechen: „Doch nicht mein, sondern dein Wille geschehe!" Ich versuchte es, dem Heiland dies mutige Wort nachzusprechen. Aber es war nur äußerlich. Die Seele schwang nicht mit. Im selben Atemzug bettelte ich: „Aber gelt, Vater, es ist dein Wille nicht?"

In der Zelle war es schon finster geworden, als ich zu Bett ging. Immer noch zu früh für meine geängstigte Natur. Das Grübeln wollte kein Ende finden. Nach ein paar Stunden Schlaf begann es von neuem. Als der Morgen graute und wieder menschliche Laute zu hören waren, wurde die Sorge leichter. Von neuem suchte ich Hilfe im Gebet. Der Rosenkranz glitt noch häufiger durch die Finger. Zeitweilig kehrte Ruhe ein. Oder war es nur Müdigkeit? Dann wieder erwachte das Leidensproblem in der Seele mit all den spitzen Stacheln. Warum muß gerade ich von allen Mitbrüdern solch einen bitteren Kelch trinken? Was habe ich gefehlt? Immer wieder durchforschte ich mein Gewissen. Das Auge der göttlichen Gerechtigkeit mochte manches Anstößige finden. Aber weshalb eine so schwere Strafe? Sollte das wirklich der Wille Gottes sein?

Doch ich wußte: Gott kann auch einen Unschuldigen leiden lassen. Er hat ja seines eingeborenen, vielgeliebten Sohnes nicht geschont. Mußten die Apostel nicht ähnliche Leidensstunden durchkämpfen? Und wer starb als erster des Martertodes? Jakobus, einer von den drei Vorzugsjüngern Petrus, Jakobus und Johannes. Dann der hl. Petrus, dann der hl. Paulus, das „erwählte Werkzeug", die übrigen Apostel, die hl. Märtyrer aller Zeiten, lauter Freunde Gottes! Ich sah es ein: es war falsch, unbedingt eine schwere Schuld konstruieren zu wollen, um solch ein schweres Leid zu verstehen. Gott denkt anders als wir Menschen. Das überzeugendste Beispiel war immer der Heiland selbst.

Aber auch er hatte seine Ölbergstunden durchzukämpfen. Manchmal schämte ich mich meiner Angst, meines Mangels an Gottvertrauen. In solchen Augenblicken war ich dem Heiland von Herzen dankbar für seine Ölbergstunden. Obwohl er der Gottmensch war, hatte auch ihn das Grauen vor dem Tod erfaßt, und er betete: „Vater, laß diesen Kelch an mir vorübergehen!" Gern betete ich ihm dieses Wort nach. Ich wollte mich auch zu dem anderen zwingen: „Doch nicht mein, sondern dein Wille geschehe!" Je öfter ich es betete, desto leichter fiel es mir. Freilich kamen immer wieder Stunden, wo ich hinzufügte: „Aber lieber wäre es mir, es wäre nicht dein Wille!"

Nach einigen Tagen, nach vielem Beten wurde ich ruhiger. Einmal fing ich auf der Treppe ein Wort auf, das ein ehemaliger Dachauer, der zum zweiten Male dorthin kommen sollte, zu seinem Kameraden flüsterte: „Oh, in Dachau ist es auch ganz schön." Es war ja nur ein Strohhalm, dieses kleine Wort, aber in meiner Angst klammerte ich mich daran, und es beruhigte mich zeitweise. Gottes Allmacht kennt keine Grenzen. Er würde auch mir durch das Tränental von Dachau helfen.

Übrigens war es ja im Gefängnis auf die Dauer unerträglich. Ich litt je länger je mehr unter dem Mangel an Sonne und Luft. Wiederholt hatte ich den Hauptwachtmeister Wendler gebeten, er möge mir gestatten, den anderen Häftlingen im Hofe beim Holzspalten zu helfen. Aber nach den Vorschriften des Würzburger Gefängnisses durften mit Rücksicht auf die Bevölkerung die Geistlichen zu solchen Arbeiten nicht herangezogen werden.

Es gab tatsächlich für Geistliche keine Arbeit im Freien. Selbst meine inzwischen frisch und hell getünchte Zelle gefiel mir nicht mehr. Schon im Hochsommer hatte sie zu wenig Sonne, jetzt noch weniger. Ich hätte sie gern getauscht.

Am 2. September saß ich nachmittags gegen 3 Uhr auf meinem Bänkchen und klebte wie immer Tüten. Plötzlich schoß mir, ich weiß nicht, wie, der Gedanke durch den Kopf: „Das ist doch ein ungezogenes Kind, das ständig eine Gabe ausschlägt, die ihm sein Vater anbietet. Ein Vater kann seinem Kinde doch nichts Schlechtes geben wollen." Sofort fiel mir die Beziehung zu Dachau ein. Wenn Dachau auch solch eine Gabe wäre, die dir dein Vater im Himmel schon so lange anbietet? Wäre es nicht ungezogen, sie dauernd auszuschlagen? Es ging mir ein Licht auf. Ich sagte innerlich: „Ja, Vater."

Ein paar Stunden später, gegen Abend, sperrte Wachtmeister Rehhäuser meine Kerkerzelle auf und übergab mir einen roten Schein, auf dem groß gedruckt stand: „Schutzhaftbefehl für Johann (P. Sales) Heß."

Also Dachau! Es war entschieden! — Ich erinnerte mich an mein vor ein paar Stunden gegebenes Versprechen: „Ja, Vater!" und blieb äußerlich und innerlich vollkommen ruhig.

Auf dem roten Schein stand auch die Begründung meiner Schutzhaft. „Er verbreitet Briefe staatsfeindlichen Inhalts, bringt Unruhe unter das Volk und untergräbt somit die innere Front."

Damit war ich zum Staatsfeind erklärt worden, zum Unruhestifter, zum Unterwühler der inneren Front.

Staatsfeind? Weshalb? Fand sich denn in meinem Brief auch nur eine einzige staatsfeindliche Äußerung? Oder war es staatsfeindlich, weil ich die Maßnahme der Gestapo verbreitet hatte? Dann war zugegeben, daß diese Maßnahme selber staatsfeindlich war. Unruhestifter? Ich hatte zu keinerlei Unruhe aufgefordert. Wenn das Bekanntwerden der Klosteraufhebung durch einen rein sachlichen Bericht Unruhe in die Bevölkerung brachte, dann war doch die Gestapo selber die Unruhestifterin. Ich gebe zu, daß manch bravem Katholiken durch die Klosteraufhebung die Augen aufgingen und er die damalige Regierung als Verbrecherregierung erkannte. Aber nicht ich war der Unterwühler; jene waren es, die sogar während des Krieges nichts Wichtigeres zu tun hatten, als Klöster aufzuheben.

Trotz alledem: nicht die Gestapo oder das Reichssicherheitshauptamt, das die Aufhebung verfügte, sondern ich war Staatsfeind, Unruhestifter und Unterwühler der inneren Front. So konnten jene Lügner Wahrheit und Recht verdrehen und einen Wehrlosen ins Unrecht setzen. Wenn es mir auch unmöglich war, mein Recht nach außen zu erzwingen, innerlich fühlte ich mich im Recht und behielt ein gutes und ruhiges Gewissen, ja, fast wäre ich ein wenig stolz auf den Titel Unruhestifter geworden. Gerade in jenen Tagen las ich im Evangelium des hl. Lukas die Leidensgeschichte. Der Hohe Rat war vor Pilatus hingetreten und erhob gegen den Heiland dieselbe Beschuldigung: „Wir haben gefunden, daß dieser unser Volk aufwiegelt.“ (Luk. 23, 2.) Sollte es für mich keine Ehre sein, mit derselben Verleumdung wie mein Heiland verurteilt zu werden?

Trotz Schutzhaft und Dachau schlief ich in der Nacht ruhig, ließ mir am nächsten Tag Papier und Tinte bringen und verfaßte ein Protestschreiben, obwohl ich dessen Nutzlosigkeit einsah. Sie sollten es schwarz auf weiß haben, daß ich ihre Lügen durchschaute.

In meinen Gebeten gab es jetzt eine Wendung. Ich betete nicht mehr um Bewahrung vor Dachau, sondern um Gottes Hilfe in Dachau.

Obwohl ich, wie man zu sagen pflegt, das Blaue vom Himmel gebetet hatte, der allmächtige Vater möchte Dachau von mir abwenden, und obwohl jetzt ein Transport ins gefürchtete Konzentrationslager sicher war, fühlte ich mein Vertrauen auf Gottes Vorsehung nicht im mindesten erschüttert. Ich wußte ja, daß der Vater seinem Sohne nicht einen Stein gab, wenn er um Brot bat, und der herrliche Gedanke von dem ungezogenen Kind und von der Gabe des Vaters, der mir ein paar Stunden vor Eintreffen des roten Schutzhaftbefehls unvermittelt durch den Sinn schoß, festigten mein Vertrauen von neuem.

Freilich: ich wußte in jenen Septembertagen des Jahres 1941 noch nicht, wie Dachau für mich zu einer Gabe werden sollte; aber ich glaubte es. Heute, vier Jahre später, weiß ich es.

Nicht immer geht unser Glauben in dieser Welt in Wissen über. Bei manchem Kreuz werden wir unser ganzes Leben glauben müssen, daß es ein Geschenk der Vatergüte Gottes war, aber ich bin sicher, daß wir es wenigstens in der Ewigkeit wissen, und daß wir dankerfüllt in die Knie sinken werden, die Vaterhand zu küssen, die uns ein so schweres Kreuz auferlegt hat. Ja, auch du wirst es tun, wenn dir dein Kreuz auch heute noch so unbegreiflich vorkommt. Glaube mir und vertraue!

Im Kreise der Mitbrüder und Freunde sprach es sich schnell herum: „P. Sales kommt nach Dachau." Überall großes Mitleid und Trauer, währenddessen ich im Gefängnis meine Lieder vom Gottvertrauen und andere frohe Weisen sang. Besonders verehrte ich die Gottesmutter, die ich täglich um ein Plätzchen unter ihrem Schutzmantel bat, den hl. Schutzengel, dessen Schutz ich damals bei meinem Motorradunglück in Konstanz ganz handgreiflich erfuhr, den hl. Vater Benedikt, die hl. Häftlinge Petrus und Paulus und viele andere liebe Heilige.

Der Tag der Abfahrt rückte immer näher. Frau Riedmann, die beauftragt war, für meine Wäsche zu sorgen, und mir fast täglich frische Lebensmittel ins Gefängnis brachte, besorgte mir am letzten Sonntag noch ein wahrhaft feudales Mittagessen, das ich mit Dank gegen Gott mir wohl schmecken ließ. Vater Abt sandte mir auf schwarzen Wegen einen letzten Gruß. Er machte sich große Sorgen. Zweimal wollte er mich besuchen, zweimal war er von der Gestapo abgewiesen worden.

Am Donnerstag morgen packte ich und verschenkte alle meine Habe. Gegen 3 Uhr hieß es antreten zum Abmarsch. Schon am Mittwoch waren etwa zwanzig Häftlinge von der Pfalz und von Frankfurt eingetroffen, die nach Dachau bestimmt waren. Darunter Pfarrer Emil Thoma von Eppingen in der Freiburger Diözese. Nachdem ich von Konrad Weigand, der erst später folgen sollte, Abschied genommen hatte, freute ich mich, gleich einen neuen Konfrater gefunden zu haben. Wir hielten auf dem ganzen Transport zusammen. Hauptwachtmeister Wendler hatte noch die Freundlichkeit, für uns beide ein gutes Wort beim Transportführer einzulegen, daß wir als Geistliche nicht gefesselt zu werden brauchten. Während die anderen jeweils auf den Wegen zum Bahnhof und vom Bahnhof paarweise gefesselt wurden, durften wir beide ohne Fesseln hinterdrein spazieren.

Am Bahnhof in Würzburg stand eine Menge Bekannter, die unsere Abfahrt erfragt hatten und mir den letzten Abschiedsgruß entbieten wollten. Unter anderen der mütterlich besorgte P. Berthold, der meine Pakete geschickt hatte, der eifrige P. Barnabas, der sich meinetwegen mit der Gestapo herumgezerrt hatte, viele treue Helferinnen vom Paramentenzimmer und Mitarbeiterinnen beim Rundbrief. Wenn die Gestapo das gewußt hätte! Es floß manche Träne. Ich mußte selber mich halten. Aber ihre Treue freute mich von Herzen.

Pfarrer Emil Thoma und ich hatten ein Häftlingsabteil für uns beide allein erhalten. Nach Dettelbach hatte ich noch einmal Gelegenheit, meine Klosterheimat Münsterschwarzach in nebliger Ferne zu grüßen. Als es Nacht wurde, zogen wir uns in unser Abteil zurück und erzählten uns nach Herzenslust. Wir waren nicht traurig, obwohl es nach Dachau ging. Pfarrer Thoma hatte ein „ganz schweres Verbrechen" begangen, er hatte die Ehre des deutschen Volkes verletzt, weil er am Ostermontag drei Polen erlaubte, am Gottesdienst der deutschen Katholiken teilzunehmen. Weil er an jenem Montag schon zwei Gottesdienste zu halten hatte, glaubte er, die drei Polen in den Gemeindegottesdienst kommen lassen zu dürfen. Die Denunzianten und die Gestapo dachten darüber anders. Deshalb kam er nach dreimonatiger Untersuchungshaft nach Dachau und blieb vier Jahre bis Kriegsende dort. Wenn man bedenkt, daß Konzentrationslager ein Todesurteil mit unbestimmtem Termin bedeutete, dann wundert man sich über diesen verbrecherischen Wahnwitz von Rechtsprechung. Das ganze deutsche Volk hätte im Jahre 1935 revoltieren müssen, als die Gestapo ermächtigt wurde, ohne Gerichtsverfahren über einen Menschen Schutzhaft zu verhängen. Ich weiß noch, wie mir damals schauderte, als ich jenes Gesetz las. Aber das deutsche Volk schluckte ahnungslos die größte Vergewaltigung des Rechtes. Vor allem hätten die Rechtsgelehrten diese Folgen voraussehen und sich wehren müssen.

Im Nürnberger Gefängnis übernachteten wir. Am Freitagmittag lief der Transport weiter. Gegen Abend trafen wir auf dem Bahnhof des berüchtigten und gefürchteten Ortes ein.

ANKUNFT IM LAGER

Heute war der 12. September, das Fest Mariä Namen. Ich hatte schon am Morgen der Himmelsmutter meine Gratulation entboten und mich gefreut, daß ihr Namensfest zum Tag meines Eintritts ins gefürchtete Konzentrationslager wurde. Wenn sie, die fürbittende Allmacht, den Schutzmantel über uns breitete, konnte es auch im Reiche des Todesschattens nicht schlimm werden. Ich gedachte auch meiner Schwester, die heute Namenstag feierte. Sie wußte wohl noch nichts von meiner Dachaufahrt.

Eine Weile mußten wir am Bahnhof warten. Das waren wir schon gewohnt. Auf einmal donnerte eine rauhe Stimme: „Alles raus!“ Wir machten uns fertig, fingen ein wenig zu zittern an und traten hinaus auf den Gang des Wagens. Pautsch! Ich spürte einen Schlag auf dem Kopf, daß mir die Mütze flog. Rasch wandte ich mich um. Hinter mir stand ein zorniger SS-Mann. Ich hatte übersehen, den Halbgott zu grüßen. Als höflicher Mensch entschuldigte ich mich im Weitergehen und blickte mich nun sorgfältiger um. Meine erste Berührung mit der SS war Tatsache.

Paarweise ging es über die Geleise zum Tor der Sperre, wo ein überdachtes Lieferauto auf uns wartete. Wir wurden alle hineingepfercht, Mann an Mann, daß keiner umfallen konnte. Unser Transport zählte etwa sechzig Häftlinge. Einige Geistliche in Talar waren darunter, die vom KZ Sachsenhausen-Oranienburg kamen. Ihnen war Geist und Tonart der SS schon bekannt.

Ein SS-Mann schloß den Wagen. Es wurde finster um uns. Der Wagen fuhr, geredet wurde nur wenig ob der allgemeinen Spannung. Fünf Minuten mochte die Fahrt gedauert haben, als der Wagen mit einem kräftigen Ruck hielt. Wir waren an Ort und Stelle — in der Hölle von Dachau!

„Alles raus und aufstellen! Los, los! Tempo! Tempo! Wir werden euch Beine machen. Ihr Sauhunde, ihr! Wollt ihr vielleicht laufen? Donnerkeil, Sakrament! Natürlich die vollgefressenen Pfaffen!"

Etwa ein halbes Dutzend SS-Leute sausten schon unter uns herum. Jeder wußte einen anderen Kraftspruch zum Empfang. Ohrfeigen klatschten; ein Schreien und Drohen, als wäre die Hölle ausgebrochen. Das war die erste Begrüßung in der Welt ohne Gott. Ein eisiger Lufthauch wehte uns aus diesen Schreien und Flüchen an. Es war das Wehen eines teuflischen Geistes, der unsere Herzen erstarren machte.

Inzwischen waren wir mit Beklemmung auf der Brust und Schrecken im Gesicht vor einer schwarzen Baracke angetreten, die sich „Politische Abteilung" nannte. Vor uns floß ein schnurgerader Bach. Jenseits erblickten wir einen stachligen Drahtzaun und dahinter eine Reihe düstergrauer Baracken. Das mußte das Lager sein. Links ein steinernes Torhaus, das Jourhaus, wie wir später erfuhren. Dort befand sich die tagesdiensthabende Lagerleitung. Weiter links noch weitere graue Baracken in langer Reihe. Alles machte einen beängstigend düsteren Eindruck. Wir wagten gar nicht auf die Seite zu schauen, geschweige denn einen Laut zu geben, um nicht die Aufmerksamkeit der polternden und schlagenden SS-Teufel auf uns zu ziehen.

Während die ersten aufgerufen wurden, fingen die rohen Kerle an, Mann für Mann auszufragen. „Was hast du angestellt?" „Warum kommst du her?" Einer kam wegen § 175. Er wurde nach allen Regeln geohrfeigt, mußte laut vor allen sein Delikt erzählen, genau beschreiben, was er gemacht habe und wie, dann fielen sie von neuem über ihn her und gaben ihm Ohrfeigen und Fußtritte. Man konnte ihnen Wollust und Sadismus vom Gesicht lesen.

Besonders lüstern waren sie auf die Geistlichen. „Wo sind die Pfaffen?“ Wir mußten die Arme hochheben. „Ihr Saupfaffen, ihr dreckigen, euch werden wir kommen.“ Jeder einzelne mußte sein „Delikt“ angeben. Dabei flogen von neuem die Ohrfeigen und Schimpfnamen ohne Zahl, und was für Dreckbrocken.

Als ich an die Reihe kam, sagte ich klopfenden Herzens: „Unser Kloster wurde aufgelöst. Ich habe das den Freunden unseres Hauses in einem Rundbrief mitgeteilt.“

„Aha, da haste tüchtig geschimpft.“

Ich versetzte, daß ich absichtlich jedes Wort des Tadels vermieden habe.

„Hund, lüg mi nit an!“

„Ich sage die Wahrheit.“

„Na, i werd mer morgen dein Akt anschaun!“

Er ging weiter, ohne mir eine Ohrfeige „hinzufahren“. Das war gut gegangen.

Ein andrer kam. „He, was bistn du? Bist a Bischof? He?“

Ich sah vom Gefängnis her sehr bleich und durchgeistigt aus. Das mochte ihn auf diesen Einfall gebracht haben. Er erhoffte sich vielleicht einen besonderen Spaß.

Ich erwiderte, ich sei kein Bischof, nur ein Pater.

„Was isn des?“

„Ein Geistlicher, der im Kloster ist.“

„Na bist aber im Kloster was Höheres.“

„Nein, ich bin nur ein einfacher Pater.“

Auch er zog ab, ohne eine Ohrfeige zu hinterlassen. Ich hatte also schon zweimal Glück und dankte meinem Schutzengel.

Inzwischen war auch ich an der Reihe zum Eintreten. In den Baracken waren gewöhnliche Schreibstuben. Die SS-Leute spazierten herum, Häftlinge an den Schreibmaschinen taten die Arbeit. Dabei sah ich zum ersten Male die blau-weiß gestreiften Häftlingskleider, „Zebrakleider" hießen sie unter uns. Jeder „Neuzugang" erhielt seine Nummer, die auf einem Zettel geschrieben stand, mit der Angabe der Kategorie, in die er eingereiht wurde. Meine Nummer war 27186, und ich war politischer Schutzhäftling, bekam also einen roten Winkel. Den Zettel mußte man überallhin in der Hand mittragen.

Je sechs oder acht Mann, die „fertig" waren, wurden von einem SS-Mann über die Brücke durch das Torhaus ins eigentliche Lager geführt. Ich sah zum ersten Male den weiten Appellplatz in seiner ganzen Ausdehnung. Tausende von Häftlingen waren blockweise angetreten, nicht zu unserm Empfang, sondern zum Appell. Alles in „Zebrakleidung" mit „Zebramützen".

Andere Blöcke rückten in Zehner-Reihen an. Jeder Block mußte während des Marschierens singen. Links vom Appellplatz standen die düstergrauen, niederen Baracken in zwei Reihen, dazwischen die breite Lagerstraße, rechts eine Flucht von ähnlichen Baracken in Hufeisenform. Wir wurden in die erste geführt. Es war die Effektenkammer oder die Häftlingseigentumsverwaltung. Hier mußten Geld, Wertsachen, Kleider und Wäsche abgegeben werden. Also gänzliche Trennung von der Außenwelt! Nur Hosenträger und Taschentuch durfte jeder behalten, die Geistlichen außerdem Brevier und Rosenkranz. „Wenn ich nur mein Brevier behalten darf!" dachte ich. Aber ich hatte zu früh gejubelt.

Das Entkleiden in breitester Öffentlichkeit war mir peinlich. Ich tröstete mich mit dem Heiland an der Geißelsäule. Im Adamskostüm ging es durch einen Gang in den Vorraum zum Bad. Hier standen etwa ein halbes Dutzend Häftlinge mit Haarschneidemaschinen. Schnell waren meine paar Kopfhaare geschoren, dann kamen sämtliche Körperhaare an die Reihe. Später erfuhren wir, daß dies wegen der Läuse geschehe. Wenn schon Läusegefahr bestand, dann war es ja besser, keine Haare zu tragen. Aber das Scheren der Kopfhaare hatte einen anderen Sinn. Lange Haare galten als Zeichen des freien Mannes, kurze als das Zeichen des Häftlings, wie ehedem als Zeichen der Sklaven. Wir waren also gezeichnet.

Im großen Baderaum gab es Hunderte von Brausen. Die vordersten waren im Betrieb. Jeder erhielt ein Stück K-Seife. Das Bad mit warmem Wasser war nicht unangenehm. SS-Leute ließen sich seltener sehen. Den Dienst versorgten Häftlinge.

Nach dem Bad erhielten wir Häftlingswäsche (blaue Hemden und Unterhosen) und die „Zebrakleider". Ich hatte meine liebe Not. Das Hemd war sehr kurz, Hose und Joppe waren viel zu eng. Ich wagte, den diensttuenden Häftling darauf hinzuweisen. Hose und Joppe standen mindestens zehn Zentimeter offen. „Macht nichts! Den vollgefressenen Pfaffen ist alles zu eng. In einem Jahr paßt alles. Der nächste!" Auch die „Zebramütze" war zu klein.

„Is wurscht", gab der Häftling zur Antwort. Nun noch die Fußbekleidung. Keine Socken! Barfuß in ein paar Holzpantoffeln, die schon zerrissen waren. Häftling Heß war eingekleidet.

Der Terror steckte mir zu sehr in den Knochen, als daß ich noch etwas zu sagen gewagt hätte. Ich erhielt Hosenträger und Taschentuch, nicht aber das Brevier. Ein Häftling mit einer schwarzen Armbinde, auf der mit weißen Buchstaben „Blockältester 9" stand, hielt es in der Hand. Der Rosenkranz hing am Arm. Ich bat darum.

„Nein, das kriegst du nicht.“

„Aber, es wurde doch vorne gesagt . . . “

„Nein, das kriegst du erst später.“

Blockältester 9 kommandierte uns zum Bad hinaus, führte uns zum Revier. Das Laufen, barfuß in Holzpantoffeln, ging schwer. Von Gleichschritt keine Rede! Wir wagten noch immer nicht zu sprechen, aber ein bißchen schaute ich mir doch die Gegend an. Die Häftlinge waren inzwischen wieder blockweise vom Appellplatz abgetreten. Vorn am Bad dehnten sich zwei große Rasenstreifen, mit Blumenrabatten eingesäumt. Das Grün tat meinen Augen wohl; schon drei Monate hatten sie eines solchen Anblicks entbehrt. Dazu die frische Luft! Die Sonne war leider schon untergegangen. Gerade vor uns zog sich die breite Lagerstraße durch den Appellplatz und zwischen den Barackenreihen bis hinunter an ein Fichtenwäldchen, rechts und links von halbwüchsigen Pappelbäumen flankiert. Vor jedem Block Blumenrabatten. Ein angenehmer Anblick im Land des Todes!

Im Revier mußten wir uns nochmals entkleiden: zur Arztuntersuchung. Immer noch standen wir stramm, so hielt uns der Terror in Bann. Da kam ein Häftling auf uns zu, der Mitleid mit uns zeigte. Er redete uns freundlich an: „Jetzt braucht ihr nicht mehr still zu stehen! Jetzt sind wir unter uns. Die SS kommt gewöhnlich nicht daher. Ihr dürft euch rühren. Wo kommt ihr her? Was gibt's Neues draußen? Was spricht man vom Krieg? Was seid ihr? Geistliche? Oh, ihr habt's gut! Ihr kriegt täglich einen Schoppen Wein, Kakao. Habt täglich Gottesdienst, braucht nicht zu arbeiten. Es sind viele Geistliche da, aber isoliert.“

So und ähnlich sprach er freundlich mit uns. Das mit dem Wein und Kakao hielt ich für Scherz. Jedenfalls, der gute Karl hatte es fertig gebracht, daß mir der

Terrorpanzer vom Herzen glitt, und daß ich zuversichtlicher wurde.

Es gab also doch auch Menschen im Reiche des Grauens. Ich sah, daß draußen auf der Lagerstraße die Häftlinge in Gruppen spazierten.

„Darf man frei umhergehen?"

„Gewiß", erwiderte Karl, „aber nur in der Freizeit." Ich freute mich auf meinen ersten Spaziergang in freier Luft und Sonne mehr als auf Wein und Kakao, so unerträglich war mir die Zellenhaft geworden.

Bei der ärztlichen Untersuchung wurden wir gewogen. 164 Pfund las der Häftling ab. In einem Jahr würde ich wesentlich leichter sein, meinte er. Das war mir vorläufig unwichtig, aber er behielt recht. Die „ärztliche" Untersuchung erstreckte sich nur auf Äußerlichkeiten. Ein Arzt war gar nicht dabei. Es drehte sich lediglich um die Registrierung des körperlichen Zustandes.

Ehemaliges Konzentrationslager Dachau

Die Plantage (im Hintergrund das Lager)

AUF DEM ZUGANGSBLOCK

Truppweise marschierten wir — es war schon dunkel geworden — vom Revier nach Block 9. Auf Stube 1 sollten wir „Neuzugänge“ vorläufig untergebracht und in die Lagergebräuche und Vorschriften eingeführt werden. Die älteren Häftlinge spazierten auf der Lagerstraße einher. Es war Freizeit. Die Gasse zwischen Block 9 und 7 war durch ein Tor gesperrt. Neuzugänge sollten nicht mit älteren Häftlingen zusammenkommen, damit die Neuen nichts von draußen berichteten, bevor ihnen erklärt war, daß politische Reden unter Umständen den Kopf kosten könnten. Trotzdem war das Tor beiderseits belagert, solange sich kein SS-Mann blicken ließ.

Die Häftlinge wohnten in 30 Blöcken. Jeder Block war neunzig Meter lang, hatte vier Wohnstuben mit den zugehörigen Schlafräumen. Jeder Raum 8 mal 8 mal 3 Meter. In der Mitte stand ein niederer Kachelofen; rings umher befanden sich etwa zehn Tische und an den Wänden die Serienschränke. Alles machte einen sauberen Eindruck. Der Fußboden zumal war ein Heiligtum. Niemand durfte mit Holzschuhen oder Holzpantoffeln eintreten. Nur barfuß oder in Socken, damit der Boden geschont würde. Die Reinlichkeit tat mir wohl.

Pfarrer Esch aus Luxemburg (Redakteur am „Luxemburger Wort“) und ich erhielten einen Spind gleich bei der Türe angewiesen. Dann wurden wir in den Schlafraum befohlen. Hier standen die Bettstellen in drei Stockwerken übereinander. Zwei Stockwerke hatten wir auch beim Militär, das dritte Stockwerk sah ich hier zum ersten Male. Die Betten waren primitiv: ein Strohsack, ein Kopfkeil, der mit Stroh gefüllt war, und zwei Wolldecken, wenn man das Wolle heißen konnte.

Pfarrer Thoma und ich wurden Bettnachbarn im unteren Stock. Wir waren froh, so konnten wir im Bett noch ein wenig plaudern. Im Gefängnis gab es doch wenigstens noch Leintücher, aber hier mußten wir auf dem bloßen Strohsack liegen. Wer mochte zuvor darauf gelegen haben? Mir gruselte ein wenig.

„Alles raus, zum Essenfassen!"

Ach so, zu Abend hatten wir noch nichts gegessen! Bei dem vielen Neuen dachten wir nicht mehr an unsere Mägen. Wir erhielten Aluminiumnäpfe, mußten in Reihe an einem kniehohen Kübel vorbeispazieren und erhielten vom Stubenältesten unsern Schlag Suppe. Eine Graupensuppe! Da wir seit 10 Uhr nichts mehr gegessen hatten, löffelten wir unsern dreiviertel Liter rasch aus. Draußen im Waschraum gab es fließendes Wasser, wo die Schüsseln sauber gespült werden mußten. Je zwei Stuben hatten gemeinsam einen Abort mit etwa sieben Sitzen in einer Reihe, offen natürlich, etwa die gleiche Anzahl Stehaborte und einen Waschraum mit zwei großen runden Emailwaschbecken und sechs kleinen Steingutbecken zum Fußwaschen und dergleichen. Die Einrichtung war in allen Baracken die gleiche. Wer eine Stube mit Schlafraum, Abort und Waschraum gesehen hatte, kannte sich im ganzen Lager aus. Elektrisches Licht war überall vorhanden.

Nach dieser ersten Einführung trieb es mich ins Freie. Die Sterne standen schon am Himmel, die gleichen Sternbilder wie in Münsterschwarzach und in Sassanfahrt, und wenn meine Lieben in der Heimat jetzt die Sterne betrachteten, mußten sich unsere Blicke dort kreuzen. Ich freute mich ob dieses Gedankens. Die Sterne konnten zwar nicht reden, trotzdem waren sie mir Vermittler zur lieben Heimat und brachten mir den ersten Gruß von dort. Sie wurden meine guten Freunde.

Die frische Luft tat der Lunge wohl. Wenn dann morgen noch die Sonne hinzukäme, dann wäre dieses drückende Luft- und Lichtbedürfnis, das mich in den letzten Wochen körperlich quälte, bald gestillt.

Am Tore standen eine Menge älterer Häftlinge. Einer von ihnen rief: „Ist kein Würzburger dabei?"

„Hier, hier!" antwortete ich.

Wir stellten uns gegenseitig vor. Es war Herbert Georg, der schon vor sieben Jahren wegen Werkspionageverdacht verhaftet worden war und seitdem von seiner Frau und seinen sieben Kindern getrennt leben mußte. Er war ganz begierig nach Neuigkeiten von Würzburg. Wir spazierten im Geiste an all den sonnigen Herrlichkeiten Würzburgs vorbei, während wir in dunkler Nacht auf der Blockgasse hin und her wandelten.

Um 9 Uhr brummte „der Bär", ein elektrisches Summerzeichen, und gleichzeitig erscholl es von allen Seiten: „In die Baracken!" Die Freizeit war aus. Um halb 10 Uhr mußten alle Lagerinsassen im Bette liegen und die Lichter ausgeschaltet sein.

„Kleider und Unterhosen müssen ausgezogen werden", kündigte der Stubenälteste im Schlafraum an. Ich gestehe, auch für mich war die Versuchung sehr groß, wenigstens mit Unterhose schlafen zu gehen. Wer weiß, ob nicht mein Vorgänger eine Hautkrankheit hatte.

„Befehl ist Befehl!" Einer von den Alten erzählte, die Unterhosen im Bette hätten einmal siebenunddreißig Häftlingen das Leben gekostet. Ein Rapportführer, der nächste Dienstgrad nach dem Lagerführer, kam an einem Sonntag Abend in betrunkenem Zustand ins Lager zurück. Einige SS-Leute mit ihm, ebenfalls berauscht. Sie kontrollierten, um noch eine „Gaudi" zu erleben, auf einem Block, ob alle ohne Unterhosen schliefen. Damals gab es noch keine Bettstellen und Strohsäcke; die Häftlinge schliefen am Boden auf Stroh. Verständlich, daß manche aus Bedürfnis nach Reinlichkeit das Unterhosenverbot übertraten. Jene betrunkenen SS-Leute fanden also bei der Kontrolle mehrere in Unterhosen schlafen. Nun ging die „Gaudi" los. Es begann eine wilde Schießerei. Als die Munition ausging, bewaffneten sich die Barbaren mit Hockern und schlugen auf die Häftlinge ein. Am nächsten Morgen lagen siebenunddreißig der wehrlosen Menschen tot auf dem Stroh nebst vielen Leicht- und Schwerverwundeten . . . Wir zogen gern unsere Unterhosen aus und schliefen vorschriftsmäßig.

Ein anderer Befehl lautete, daß auf beiden Seiten in der Nacht die Fenster geöffnet sein mußten. Verständlich, wo so viele Menschen im engen Raum zusammenschliefen! Doch die Septembernächte waren damals kühl, gerade in dieser Woche waren manchmal in der Frühe die Wasserpfützen auf der Straße gefroren. Die zwei dünnen Decken boten deshalb in der Nacht keinen genügenden Schutz gegen die Kälte. Ich erwachte gegen Morgen und fror erbärmlich. Abhilfe gab es keine. Ich half mir, indem ich oft die Seiten wechselte. Meinem Nachbar ging es nicht besser. Am nächsten Tag vereinbarten wir, uns ganz nahe aneinander zu legen, um uns gegenseitig zu wärmen.

Um halb 5 Uhr erlöste uns der „brummende Bär" von unserem kalten Lager. Bettmachen, Waschen! Letzteres nur bei entblößtem Oberkörper. „Wer sich im Hemd im Waschraum blicken läßt, kriegt eine Meldung." Vor der „Meldung" hatten wir schon einigen Respekt; sie bedeutete Prügelstrafe oder ähnliches. Hernach Kaffeefassen und frühstücken. Zimmerdienst bis zum Morgenappell um 6 Uhr.

Auch wir Neuen mußten antreten. Aufstellen in Zehner-Reihen! Blockweise aufmarschieren! Jeder Block brüllte dabei ein anderes Lied. Die Lagerstraße war so breit, daß die Blöcke in zwei Reihen aufmarschieren konnten. Auf dem Appellplatz stand schon die SS zum Abzählen bereit. Jetzt hieß es besonders aufpassen. Das kleinste Auffallen wurde mit Ohrfeigen und Fußtritten geahndet. Sobald der Block aufgestellt war, zählte das Blockpersonal die Leute durch. Es standen alle in Zehner-Reihen ausgerichtet. Die gefundene Zahl wurde in ein Heft eingetragen. Ein SS-Mann kontrollierte durch nochmaliges Abzählen, während wir die Mützen abnehmen und stillstehen mußten. Der wirkliche Stand aller Blöcke wurde vorn bei der Lagerleitung mit dem Sollstand verglichen. Stimmte alles und kam endlich der Lagerführer, dann kommandierte der Rapportführer für alle Blöcke: „Mützen ab!" und erstattete Meldung.

Während die älteren Häftlinge zur Arbeit antraten, mußten die Neuzugänge zum Exerzieren auf dem Appellplatz bleiben. Welches Geschiebe und Gedränge von den zwölf- bis dreizehntausend Menschen.

Wir Neuzugänge sammelten uns um unseren Blockältesten Guttmann, der uns zunächst einmal eine Begrüßungsansprache hielt. Unter anderem führte er aus: „Täuscht euch nicht! Viele kommen herein mit der eitlen Hoffnung: Ich werde sicherlich in ein paar Wochen wieder entlassen. Ich habe ja nichts Großes angestellt! Die meisten kommen nicht mehr lebendig raus! Dachau ist eine Menschenmühle. Den einen erfaßt das Schicksal früher, den anderen später. Einmal kommt jeder dran Die meisten werden entlassen durch den Kamin. Täuscht euch nicht mit leerer Hoffnung! Denkt lieber an etwas anderes! Es gibt in jedem Menschenleben einen dunklen Punkt. Irgend etwas Großes, das nicht in Ordnung war.

Denkt daran, daß es eine ausgleichende Gerechtigkeit gibt, und nehmt all das Harte hin, das hier zu tragen ist, als Abzahlung dieser Schuld!" Guttmanns Ansicht über das Leid hatte Hand und Fuß, wenn sie auch nur Teillösung blieb. Leider sollte auch er nicht mehr lebendig aus dieser Menschenmühle kommen.

Mir klapperten vor Kälte die Zähne. Kein Wunder, barfuß in Holzpantoffeln! Dazu Hose und Joppe weit offen, nur mit einem Stückchen Schnur zusammengehalten! Die „Zebrakleidung" war nur dünner Drillich. Pfarrer Thoma und die anderen froren genau so.

Deshalb freuten wir uns fast, als Guttmann zum Exerzieren überging. Erst mußte das Marschieren geübt werden. Gleichschritt, Schwenkungen in Fünfer- und Zehner-Reihen! Am meisten Schwierigkeit machte der Gleichschritt. Das Gehen in Holzpantoffeln mußte geübt sein. Hätten wir nur unsere Füße mit Socken schützen können! So aber schnitten die harten Lederkanten unbarmherzig in die Füße. Am zweiten Tag gab es schon Wunden und Blut, aber kein Verbandzeug. Gleichwohl mußten wir weitermarschieren. So wurde uns das bißchen Exerzieren zu einer Qual. Aber niemand kümmerte sich darum. Ich zeigte Guttmann meine Wunden und fragte, ob ich mir im Revier Heftpflaster holen könne. „Komm mit einem solchem Dreck nicht ins Revier! Sonst kriegst du Fußtritte statt Pflaster. Erst muß der halbe Fuß weghängen!" Ich schüttelte ob solch eines Unverstandes den Kopf. Aber Dachau war eine andere Welt.

Zum Glück dauerte das Exerzieren nur etwa eine Stunde täglich. Hernach war Unterricht über die Lagerordnung.

Was da verboten war! Eigentlich alles! Wenigstens das, was dem Menschen ein bißchen Freude macht. Es wehte aus diesen Paragraphen die eisig kalte Luft der

Welt ohne Gott. Ein Recht gab es überhaupt nicht. Nicht auf Freiheit, die uns schon längst geraubt war, nicht auf Familie, nicht auf Eigentum, nicht auf Nahrung und Kleidung und Wohnung, nicht auf Beruf und Arbeit, nicht auf Leben. Wenn wir dies alles teilweise noch hatten, war es bloß eine Gunst der Lagerleitung, die uns jederzeit entzogen werden konnte. Wir seien eben Volksfeinde. Des deutschen Grußes seien wir unwürdig; deswegen hätten wir jeden SS-Mann mit Abnehmen der Mütze und Anlegen der Hände zu grüßen.

Wer bei einem Verstoß gegen die Lagerordnung ertappt wird, erhält eine Meldung. Es wird Name, Geburtsdatum, Block und Stube des Delinquenten notiert, ferner die Angabe seines Deliktes. Die Meldung wird der Lagerleitung vorgelegt, die bestimmt, mit welcher Art von Strafen das Vergehen gesühnt wird. Arrest, Prügelstrafe (genannt „Fünfundzwanzig"), „Baumhängen", Strafarbeit, Todesstrafe. Eine Untersuchung des Delikts wurde von der Lagerleitung meines Wissens nie eingeleitet.

Jede Art der religiösen Betätigung ist verboten — Welt ohne Gott! Bei einem Häftling wurde einmal ein Gebetbuch gefunden. Er erhielt fünfundzwanzig Doppelschläge. Dieselbe Strafe stand auf dem Tragen eines Rosenkranzes.

Briefschreiben ist zweimal im Monat erlaubt, nur an die nächsten Angehörigen, Eltern oder Geschwister. Ebenso dürfen zwei Briefe im Monat empfangen werden. Jeder weitere Brief wird zurückgewiesen. In den Briefen darf nichts erwähnt werden vom Leben im Lager, außer: „Es geht mir gut." Aber es besteht kein Zwang, dies zu schreiben. Bilder und Fotos dürfen den eintreffenden Briefen nicht beiliegen; wenn sie beiliegen, werden sie entnommen und in der Effektenkammer aufbewahrt. Also auch der Trost, daß wir ein Bild unserer Angehörigen bei uns trügen, sollte uns verwehrt sein! Monatlich durften 40 RM. an uns geschickt werden, nicht dagegen Pakete, „da die Gefangenen im Lager alles kaufen können". Diese gemeine Lüge stand jahrelang auf unseren Briefvordrucken an die Angehörigen, obwohl es in der Kantine fast nichts mehr zu kaufen gab. Briefe aus dem Lager zu schmuggeln, wird schwerstens bestraft, auch mit dem Tode.

Die scharfe Briefzensur war eine der geistigen Mauern, die eine Absperrung dieser Welt ohne Gott von der übrigen Gotteswelt ermöglichte. Die zweite Mauer war das strenge Verbot an Entlassene und SS-Leute, von den Zuständen und Vorgängen der KZ-Lager das Geringste zu berichten. Entlassene verloren, wenn Ausplaudern vorlag oder von der Gestapo vermutet werden konnte, neuerdings die Freiheit, wurden ein zweitesmal eingeliefert und waren nicht mehr lange am Leben.

Es war eine Qual, eine Stunde lang die teuflische Rohheit anhören zu müssen, die aus dieser Lagerordnung sprach.

Nachher war Singen. Beim Marsch mußte jederzeit gesungen werden, innerhalb und außerhalb des Lagers, auch wenn die Abteilung klein war. Nicht etwa zur Hebung unseres Gemütes. Es sollte der Außenwelt, weiß Gott, welcher Frohsinn vorgetäuscht werden. Natürlich durften weder die Lieder der Partei noch vaterländische Weisen gesungen werden. Wir waren unwürdig, weil ausgestoßen von der Volksgemeinschaft. Eigentlich waren nur etwa ein halbes Dutzend Lieder erlaubt und in Gebrauch. Wir übten als erstes: „Die blauen Dragoner, sie reiten ..." Erst lernten wir den Text, dann die Melodie. Für die älteren von uns keine Kleinigkeit! Am überzeugtesten klang immer der Refrain: „Weit ist der Weg zurück ins Heimatland, so weit, so weit ..." Da sang und trauerte das Herz; denn wir begriffen allmählich, wo wir waren.

In der Mittagspause erlebte ich eine Freude. P. Albrecht, mein Mitbruder aus St. Ottilien, war schon ein paar Monate vor mir ins Lager gesteckt worden. Ich schickte ihm gestern Abend noch einen Gruß. Heute kam er, mich zu besuchen. Obwohl wir uns nur dem Namen nach kannten, freuten wir uns wie zwei Brüder, die in fernen Landen einander wiedersehen.

Ich mußte ihm das Neueste von St. Ottilien und Münsterschwarzach berichten. Er erzählte mir von dem Leben in den Baracken der Geistlichen, von den Blöcken 26, 28, 30. Es sei besser dort, im Vergleich zum übrigen Lager. Gottesdienst, Bettruhe auch unter Tags (das fand ich weniger reizend, da ich schon die Nacht nicht durchschlafen konnte), mehr Brot, keine Arbeit, dafür Studium, Wein, Kakao usw. Nur das Essentragen sei schlimm. Etwa acht Tage müßten wir auf Block 9 bleiben, dann kämen wir zu den Alten. Er schenkte mir auch ein paar Mark Geld — solches war damals erlaubt —, damit ich mir aus der Kantine etwas kaufen könnte, und versprach, in den nächsten Tagen wieder zu kommen, obwohl das eigentlich verboten sei. Die Geistlichen dürften ihren Block nicht verlassen. Ich freute mich riesig, und fühlte, daß ich in der eisigen Welt von Dachau nicht ohne ein warmes Bruderherz war.

Acht Tage würde ich schon herumbringen. Dann gab es täglich wieder Gottesdienst. Lesen, Studieren, täglichen Umgang mit Geistlichen, mit meinesgleichen. Mein Optimismus hob sich beträchtlich. Zudem schien die Sonne unter Mittag so schön, daß ich beim Spazieren auf der Blockgasse neu auflebte. Leider dauerte die Pause nur von halb 12 bis halb 1 Uhr.

Der Nachmittag war dem Innendienst gewidmet. Jeder Neuzugang mußte sich selbst Nummer und „Winkel“ an die Kleider nähen. Bei der Joppe in der Herzgegend, bei der Hose rechts außen in der Höhe der rechten Hand, wenn diese angelegt war. Die Nummer wurde in der Kleiderkammer auf einen Streifen weißer Leinwand gedruckt, die Zahlen beinahe drei Zentimeter groß. Die „Winkel“ erhielt man ebendort. Es waren farbige Leinenstücke in der Form gleichseitiger Dreiecke von sieben Zentimeter Seitenlänge. Die Farben waren durchweg hell und leuchtend gehalten. Rot kennzeichnete die politischen Schutzhäftlinge, grün die Vorbestraften (Devisen-, Sittlichkeitsvergehen, Hören ausländischer Sender), rosa die Homosexuellen, auch Hundertfünfundsiebziger genannt, schwarz die Asozialen, violett die Bibelforscher, gelb die Juden.

Die alten Lagerinsassen, die gute Verbindung zur Kammer oder Schneiderei hatten, und die Krankenwärter kamen ganz nobel daher. Sie trugen nur neue Kleider: blendend weißen Drillich, mit den himmelblauen Zebra-Streifen, saubere Nummern, leuchtend rote Winkel an Joppe und Hose, dazu eine Schildmütze, die ein guter Kamerad mit geschickter Hand gefertigt hatte. Sie wußten sich auch Lederschuhe zu verschaffen und stolzierten daher, als ob sie in einem Strandbad an der Riviera lebten. Eitelkeit auch noch im Lande des Todesschattens! Wir Neuzugänge und die Masse der Lagerinsassen waren gekleidet wie die Zigeuner. Die vorherrschende Winkelfarbe war rot. Grüne und schwarze Winkel gab es nur ein paar Hundert.

An den folgenden Tagen wurden wir auch in der Kunst des Bettmachens unterwiesen. Das Wichtigste war die Formgebung des Strohsacks. Als Ideal wurde uns der Strohsack hingestellt, der Ecken, Kanten und glatte Fläche wie eine Zündholzschachtel besaß. Mit Stopfhölzern, die auf jeder Stube (allerdings in ungenügender Zahl) vorhanden waren, mußte täglich die Idealform wiedergewonnen werden. Eine verdrießliche Arbeit! Aber sie wurde verlangt. Wer sie unterließ, machte sich strafbar. Die Wolldecken mußten, ebenfalls in straffen Flächen und Kanten, Kopfteil und Strohsack bedecken. Hierfür gab es eigene „Bügelbretter“. Eine sauere Arbeit! Alte Häftlinge berichteten, daß sie zur Zeit der Hochblüte dieser Schikanen des Nachts vorzogen, unter ihren Betten zu schlafen, um die Form des Strohsackes nicht zu verderben und eine Meldung mit nachfolgender Strafe zu verhüten.

Im Schrank durfte nicht der leiseste Hauch eines Fleckens zu finden sein. Da das Aluminiumgeschirr leicht schwarze Spuren auf dem weißen Holz hinterläßt, mußte alle paar Tage das Holz mit Glaspapier abgerieben werden, eine unangenehme und staubige Arbeit. Zum Reinigen des Aluminiumgeschirrs boten geschäftstüchtige Kameraden Metallwolle feil. Becher, Teller, Schüsseln durften nur auf Hochglanz poliert im Spinde stehen. Da wir Häftlinge buchstäblich nichts besaßen — wenigstens in jenen Jahren —, waren die Spinde fast leer, obwohl zwei Häftlinge ihr Hab und Gut darin bargen. Auf dem oberen Brett standen Schüsseln und Becher, auf dem zweiten Brett lagen die Brotrationen. Unter dem Brett befanden sich zwei Haken, an denen Waschlappen und Handtücher hingen, die Tücher mit „Bügelfalten“, wozu man sie dreifach zusammenlegte und über die Tischkante zog. Auf dem unteren Brett durften der letzte Brief und die Rauchwaren liegen. An der Tür hing in einer Löcherleiste das Eßbesteck, darunter staken, ebenfalls in Leisten, zwei Teller. Fertig! Das war die ganze Habe des Häftlings, das übrige trug er tagsüber am Leibe. Die Spindordnung war für alle Konzentrationslager von Berlin aus vorgeschrieben. In jeder Stube hing ein gedrucktes Schema.

Für die Reinlichkeit und Ordnung war der Stubenälteste — ein Häftling — verantwortlich. War diese nicht einwandfrei, wurde er ebenso hart gestraft. Daher der ständige Refrain, den der Stubenälteste bei seinen täglichen Mahnungen anfügte: „Meint ihr, ich halt für euch den Arsch ins Feuer!" Er erhielt genau so fünfundzwanzig wie der Säumige. Wie beim Militär waren Sauberkeit und Ordnung Mittel zu Schikanen, nur hier im Lager in teuflischerem Ausmaß.

Die SS-Leute ließen sich auf dem Zugangsblock selten blicken. Kam einer, mußten im Freien alle die Mützen herunterreißen und stramm stehen. Betrat er eine Stube, dann hatte der nächste beste „Achtung" zu rufen; alle Anwesenden mußten aufstehen und stillstehen, während der Stubenälteste Meldung zu machen hatte: „Stube I mit 60 Häftlingen. Ohne Neuigkeit." In jenen ersten Jahren setzte es meist einen Radau ab, wenn diese „Satans-Söhne" (so wurde die Abkürzung SS im Lager erklärt) eintraten. Meistens kamen sie nur, um eine „Gaudi" zu machen. Fanden sie keinen Anlaß, so suchten sie nach den „Grünen" oder nach den Hundertfünfundsiebzigern mit dem Rosawinkel. Erst forschten sie aus, dann kamen sie ins Feuer und mißhandelten die wehrlosen Menschen mit Ohrfeigen und Fußtritten, bis ihr Sadismus gekühlt war.

Am dritten Tage hörten wir von einer „Heldentat" der „blonden Bestie". Dies war ein Hamburger, ein dicker, stämmiger Kerl, der schon Hunderte auf dem Gewissen hatte. Auf einem Nachbarblock war er wieder einmal über einen Häftling hergefallen und hatte ihm einen

Fußtritt in den Leib versetzt, daß der Arme vor Schmerzen zusammenbrach. Am nächsten Tage starb der Unglückliche an seinen inneren Verletzungen.

Es war immer geraten, wenn ein SS-Mann kam, rechtzeitig zu verschwinden oder in der Masse unterzutauchen. Irgendein Knopf, der offen stand, die Nummer die nicht gut lesbar war, oder sonst eine Kleinigkeit genügten als Anlaß zu Mißhandlungen.

Das Recht zu Körperstrafen hatten auch die Blockältesten — also Häftlinge! In früheren Jahren mußten sie sogar Henkersdienste verrichten. Wenn ein SS-Mann dem Blockältesten sagte: „Den und den will ich morgen nicht mehr sehen", mußte der Blockälteste den Bezeichneten bis zum nächsten Tag getötet haben. Entweder er erschlug ihn mit einem Knüppel oder stellte ihn im Waschraum unter die kalte Dusche, bis der arme Teufel vom Hirnschlag getroffen tot zusammenbrach. Von einem Blockältesten wurde uns erzählt, er habe einmal siebzehn Häftlinge auf einmal erledigen müssen. Er preßte sie in einen kleinen Verschlag im Waschraum, in dem höchstens fünf Mann stehen konnten, schloß den Verschlag, und in ein paar Stunden waren die Opfer erstickt.

Eine eigene „Justiz" hatte sich gegenüber Denunzianten herausgebildet. Kurz vor meiner Ankunft wurde solch ein Denunziant festgestellt. Er wurde auf dem Wege zu seinem Block von Mithäftlingen überfallen und auf der Stelle totgeschlagen. So barbarisch diese Justiz war, so ist sie menschlich gesprochen zu begreifen. Wenigstens bei Denunzianten, die sich mit ihrem Geschäft selber Vergünstigungen verschaffen wollten. Die Lagerleitung strafte diese niederträchtigen Subjekte selbstverständlich nicht. Mancher anständige Mensch konnte durch sie sein Leben einbüßen. Er brauchte nur eine schiefe Bemerkung über Hitler oder einen seiner Unter-Häuptlinge zu machen, schon war's um ihn geschehen. Deswegen war unter den alten Lagerinsassen der Grundsatz allgemein: Jeder Denunziant wird umgelegt. Besonders Neuzugänge hatten sich das zu merken.

Ebenso drakonisch griff unser Blockältester bei Brotdiebstahl durch. Er erklärte uns: „Das Essen ist im Lager so knapp, daß für jeden seine Ration Brot lebensnotwendig ist. So ein Drecksack geht her und will sich sein Leben mit der Subsistenz eines anderen verlängern. Ein solcher gehört erbarmungslos vernichtet." Der Blockälteste auf 24 ertappte einmal einen Brotdieb von seinem eigenen Block. Er prügelte ihn jeden Tag, fast eine Woche lang. Schließlich nahm sich der Brotdieb aus Verzweiflung selbst das Leben; er lief in der Nacht den elektrischen Drahtzaun an, der rings das Lager umschloß.

Nachdem wir Neuen in den ersten drei oder vier Tagen den nötigen „Lagerschliff" erhalten hatten, sollten wir dem ersten Lagerführer vorgestellt werden. Am ersten Nachmittag warteten wir vergebens zwei Stunden auf den hohen Herrn. Am nächsten Tag hatten wir nach längerem Warten das hohe Glück. Er leitete seine Rede ein, indem er einem Häftling, der schlecht ausgerichtet dastand, heftig anschrie. Dann holte er zu seiner Standrede aus.

„Ihr seid als Feinde des deutschen Volkes in das Konzentrationslager gekommen. Das deutsche Volk hat euch ausgestoßen, das deutsche Volk hat euch iseliert (die Fremdwörter lagen ihm nicht!), das deutsche Volk will nichts von euch wissen ... Ihr seid rechtlos und wehrlos. Jeder SS-Mann, auch der letzte Rekrut, kann mit euch machen, was er will. Eine Möglichkeit, sich zu beschweren, gibt es nicht. Ihr seid auch dem Blockpersonal zum Gehorsam verpflichtet. Widersetzlichkeit wird streng bestraft, eventuell mit sofortiger Todesstrafe ..."

In diesen Tönen ging es etwa eine Viertelstunde lang. Wir wußten: es waren nicht leere Drohungen, was er sagte. Es waren die Spielregeln dieser Welt ohne Gott.

Das Blockpersonal, von dem er sprach, waren jene Häftlinge, die auf Block und Stube die Aufsicht zu führen und die Verwaltungsgeschäfte zu besorgen hatten. Sie waren die Gehilfen der SS und konnten nach Belieben ein- und abgesetzt werden. Mit ihrer Hilfe terrorisierten wenige SS-Leute Tausende von Häftlingen. Das Blockpersonal genoß manche Vorteile. Sie brauchten nicht zu arbeiten, bekamen mehr zu essen, waren in der Kantine bevorzugt, in der Kammer, in der Schneiderei. Es war also ein „feiner" Posten, den manche um keinen Preis verlieren wollten. Lieber führten sie alle Befehle der SS hundertprozentig durch und wurden so oft selbst zu Teufeln.

Über dem ganzen Block stand der Blockälteste, über jeder Stube der Stubenälteste. Die Schreibarbeiten besorgte der Blockschreiber, die Einkäufe mit der Führung der Rechnungsbücher der Kantinier, Haarschneiden und Rasieren der Blockfriseur. Über dem gesamten Blockpersonal stand der Lagerälteste, ebenfalls ein Häftling und der wichtigste Handlanger der Lagerleitung. Auf Schritt und Tritt war der Häftling beaufsichtigt. Je nach dem Blockpersonal war das Leben gemütlicher oder ungemütlich.

Auf dem Zugangsblock wurden wir noch einmal dem Erkennungsdienst zugeführt und von neuem, jetzt in Häftlingstracht, für das Verbrecheralbum photographiert. In dem Stuhl, auf dem der Häftling beim Photographieren saß, war eine Nadel eingebaut. Stand der Photographierte nicht rasch genug auf, brauchte der SS-Mann nur auf einen Knopf zu treten, und die Nadel fuhr dem

Häftling in das Gesäß, ein Patent, das für Dachau bezeichnend war.

Alle, besonders die Geistlichen, freuten sich auf den Tag der Versetzung. Für das religiöse Leben gab es auf dem Zugangsblock wie im ganzen Lager keine Möglichkeit der Betätigung. Sogar das private Beten vor und nach dem Essen war verboten. Wer katholisch dachte, verrichtete sein Tischgebet trotzdem, nur durfte es niemand vom Blockpersonal oder von den SS-Leuten sehen.

Endlich, am Donnerstagmittag, wurden Pfarrer Emil Thoma und ich zu den „Pfarrern" auf Block 30 versetzt.

EINE HEILIGE INSEL

Mit der Versetzung auf Block 30 begann ein neues Kapitel in unserem Häftlingsdasein.

Wir wurden der Stube 2 zugeteilt, gleich hinübergeführt und dem Stubenältesten vorgestellt. Hernach begrüßten wir die gerade anwesenden Geistlichen vom Stubendienst: Berchtold, Almer, Schelling und noch einige. Wir wurden so herzlich aufgenommen, als wären wir alte Freunde. Wir erzählten von diesem und jenem, sie zeigten uns unsere Plätze im Spind, im Schuhgestell, boten uns Kaffee an, zeigten uns die Zeitungen und Zeitschriften, die zur allgemeinen Benützung auflagen, zeigten uns vor allen Dingen die Breviere, die ebenfalls jeder benutzen konnte.

Die Sonne leuchtete warm zu den drei Fenstern auf der Südseite herein. Auf der Gegenseite hatte man einen herrlichen Ausblick auf den hellen Garten, in dem noch mancherlei rote und gelbe Blumen leuchteten. Es war so still und friedlich, so wohlig warm, und alles blinkte von Sauberkeit.

Wie freute ich mich, daß ich mein Brevier, das Guttmann samt dem Rosenkranz abgegeben hatte, wieder zur Hand nehmen und nach einer Woche wieder beten durfte. Es steckt nicht bloß Himmelsheimat, es steckt auch ein großes Stück Klosterheimat darin.

Als sich die Konfratres von der Mittagsruhe erhoben, ließ ich mich zu P. Albrecht nach Block 26 führen, der sich mit mir von Herzen über die erfolgte Versetzung freute. Er erzählte mir noch ausführlicher von den angenehmen Vergünstigungen der Geistlichen. Wir hatten sie dem Heiligen Vater zu verdanken, der durch die Königin von Italien bei der deutschen Regierung Fürsprache eingelegt hatte. Die wertvollste Vergünstigung war der tägliche Gottesdienst in der Kapelle, die seit etwa einem halben Jahr eingerichtet war. Die Geistlichen durften in der Frühe zwei hl. Messen halten. Für alle auf einmal wäre der Raum zu eng gewesen. Am Nachmittag beteten wir die Vesper.

Wir gingen in die Kapelle. Mit welcher Freude, welch innerem Glück ich hier in der Welt ohne Gott den heiligen Raum betreten habe, kann ich nicht beschreiben. Ich nahm gern meine Holzpantoffeln von den Füßen, nicht bloß aus Rücksicht auf den wohlgepflegten Boden, mehr noch aus Rücksicht auf den lieben heiligen Ort. Ich kniete nieder und vergoß Tränen der Freude und des Dankes gegen den Heiland, der seine Geistlichen in der Gefangenschaft nicht verlassen wollte, und der durch seinen Stellvertreter das Unglaubliche erreicht hatte, daß ihm hier ein Tabernakel errichtet werden durfte.

Armut umhüllte den Tabernakel, den Altar, den ganzen Kapellenraum, aber ich glaube, daß in keiner Kirche das Gold einer ganz innigen Heilandsliebe heller strahlte als hier. Ich sah diese Liebe strahlen aus der Andacht, in der die Konfratres den Raum mehr und mehr füllten, ich hörte sie klingen aus dem begeisterten Psalmengebet, das folgte. Gibt es einen reicheren Schmuck für ein Gotteshaus? Was bedeutete es schon, daß der Altar ein einfacher Holztisch war, der Tabernakel aus einigen Kistenbrettchen bestand, die anbetenden Engel auf der Tabernakeltüre aus dem Messingblech eines ausgedienten Marmeladeeimers ausgestanzt waren und die Strahlen der hölzernen Monstranz denselben Ursprung hatten! Alle Welt ist sich einig, daß dem Heiland hölzerne Monstranzen und goldene Priesterherzen lieber sind als hölzerne Priesterherzen und goldene Monstranzen. Unter den Dachauer Priesterherzen waren bestimmt viele aus echtestem Gold.

Zum primitiven Altar paßten die primitiven Geräte und Gewänder; Kunstwerke gab es hier keine, weder an den Wänden noch auf dem Altar.

Nach der Vesper hieß es zum Essenholen antreten. Wir Neuen durften zurückbleiben und mußten unterdes auf Block 30 unser Bett richten. Der Schlafraumkapo Georg Schelling, ein Geistlicher aus Vorarlberg und die Hilfsbereitschaft selber, machte fast die ganze Arbeit allein. Hätte ich damals gewußt, daß ich jahrelang sein Gehilfe sein würde! Die Geistlichen hatten in jener Zeit noch ordentliche Betten. Es gab ein Leintuch für den Strohsack. Die Wolldecken steckten in einem blaukarierten Überzug, ebenso wie der Kopfkeil. Fehlte nur das Kopfkissen, sonst hätten wir ein Bett gehabt wie im Kloster. Aber ich war sehr zufrieden. Mein Kopf war schon an hartes Lager gewöhnt, und die sauberen Überzüge taten mir wohl.

Nach dem Abendessen besuchte ich wieder P. Albrecht, der mich zu den anderen Landsleuten führte. Zuerst zu Pfarrer Eisenmann. Er war vierzehn Tage vorher denselben Weg gekommen und war schon eingewöhnt. Kaplan Dümig von Faulbach stellte sich vor, der erste aus unserer Diözese. Ein Nachbar aus der Freiburger Diözese, der in der Würzburger Gegend viele Bekannte hatte, war Pfarrer Schneider, gebürtig aus Hundheim bei Wertheim. Ich hatte gehört, daß auch Jesuitenpater Lenz, der Verfasser des schönen Sternenbuches: „Die Himmel rühmen", anwesend sei. Ich freute mich, ihn persönlich kennen zu lernen, und gratulierte ihm zu seinem wertvollen Werk.

So stand im Nu ein ganzer Kreis von Bekannten und Landsleuten um mich herum, und ich fühlte, daß ich nicht allein war. Von allen Seiten wurde ich mit Fragen bestürmt. „Unternehmen die Bischöfe was für uns?" P. Lenz forschte, ob ich keine neuen „Parolen“ wüßte. Ich verstand die Frage nicht; „Parole“ war zwar ein altes Wort, aber im Munde der Dachauer ein neuer Begriff, den ich erst später verstand. Die Konfratres boten mir Zigaretten an. Neuzugänge hatten noch kein Taschengeld und konnten sich nichts kaufen.

Nur zu rasch brach die Dunkelheit herein. Es war Zeit, sich in die Baracken zu begeben. Schnell noch einen Besuch in der Kapelle beim lieben Heiland. Wie traut und warm war doch dieser Ort! Ich dankte von Herzen für die Freuden des heutigen Tages und bat Gott, er möchte doch meinen Obern und Mitbrüdern, meinen Angehörigen und allen, die sich meinetwegen sorgten, spüren lassen, daß ich an seinem Herzen und in seiner Nähe wohl geborgen sei.

Mein Bettnachbar war ein polnischer Geistlicher, der schon fast zwei Jahre im Konzentrationslager darben mußte und schwerste Zeiten in Sachsenhausen mitgemacht hatte. Etwa tausend dieser polnischen Geistlichen waren hier. Zwei Bischöfe waren schon gestorben; der dritte, Weihbischof Kosal, lebte noch. Ihn sollte ich morgen zelebrieren sehen. Er war gekleidet und gehalten wie die anderen Häftlinge auch. Die armen Mitbrüder aus Polen! Morgen schon standen ihnen neue Leiden bevor, und sie ahnten alle noch nichts!

Ich schlief bald ein mit dem frohen Bewußtsein: Wenn auch harte Zeiten kommen sollten, mit deinem Heiland, mit soviel prächtigen Konfratres wird dir auch das Härteste erträglich sein. „O mein Christ, laß Gott nur walten! ...“ Hier auf den drei Blöcken der Pfarrer war eine heilige Insel in der Welt ohne Gott.

Wie glücklich und wohlgeborgen fühlte ich mich auf Block 30! Meine Freude sollte keine vierundzwanzig Stunden dauern. Am Freitag, dem 19. September, etwa um 3 Uhr, kamen einige Häftlinge von der Schreibstube: „Alle Pfaffen antreten auf der Lagerstraße!"

„Was ist los?" Einer fragte den andern. Keiner wußte eine Erklärung.

„Tempo, Tempo! Antreten! Alle Pfaffen raus!"

Einige SS-Leute mit großen Listen kamen hinzu. Allmählich sickerte es durch die Reihen: „Neue Verlegungen!" O je! Ich bekam es mit der Angst zu tun. Mein schönes Plätzchen auf Block 30! Hoffentlich darf ich bleiben. Ich wartete klopfenden Herzens. Name um Name wurde verlesen. Schon über hundert! Ich war nicht dabei. Weitere folgten.

Endlich Schluß. Mein Name war nicht dabei. Ein SS-Mann verkündete: „Alle, die verlesen wurden, nehmen sofort ihre Sachen und kommen auf Block 26! Die übrigen werden auf Block 28 und 30 verteilt."

Der SS-Mann verkündete weiter, und seine Worte schlugen wie Bomben bei den polnischen Geistlichen ein: „Block 28 und 30 verlieren alle bisherigen Vergünstigungen wie Gottesdienst, Schonung usw. Die Isolierung wird für die beiden Blöcke aufgehoben, sie sind ab heute wieder Arbeitsblöcke."

Ich begriff die neue Lage nicht so schnell, da mir die Erfahrung fehlte. Daß wir nicht mehr in die Kapelle gehen durften, fiel mir am ehesten aufs Herz. Mein Nachbar tröstete mich: „Für dich ist es nicht schlimm. Du bist ja Deutscher. Du wirst sicher bald auf Block 26 verlegt, aber wir Polen!" Mit einem Schlag herrschte allgemeine Trauer. Ernste Gesichter, noch ernstere Reden. Zum Glück verstand ich nicht polnisch, sonst wäre mir das Herz noch schwerer geworden.

Die Polen selbst mußten sich erst besinnen, wie sich die neue Maßnahme auswirken werde. Der Gottesdienst fiel weg. Das war sicher. Ob sie aber Brevier und

Rosenkranz nicht behalten dürften? Der Wein, der Kakao würde verschwinden. Statt des drittel Brotes (= 330 g) ein Viertel (= 250 g)! Die Bettruhe untertags, an die sich manche schon gewöhnt hatten, würde wegfallen. Dafür Arbeit oder Exerzieren! Es war gewiß eine tief einschneidende Maßnahme.

Aber warum eigentlich? Kein Mensch, auch jene nicht, die gute Verbindung zur Schreibstube und damit zur Lagerleitung hatten, konnten eine Antwort geben. Später sickerte durch, der Befehl sei von Berlin gekommen.

Die polnischen Mitbrüder hatten schon viel und Härteres ertragen, sie schickten sich auch in die neue Lage. Die Isolierung für Block 26 wurde nun streng. Vom Morgenappell bis zum Schlafengehen in der Nacht mußte ein Posten am Tore stehen, der keinen Blockfremden einlassen durfte. Die Kapellenfenster gegen Block 28 wurden zugenagelt und mit Kalk undurchsichtig gemacht. Ich konnte nun auch P. Albrecht nicht mehr öffentlich treffen. Pfarrer Emil Thoma war wieder der einzige, den ich auf Block 30 kannte. Schlimmer war, daß die Polen unter sich natürlich polnisch sprachen und ich mich den ganzen Tag wie in fremdem Lande fühlte.

Block 26 mußte isoliert bleiben, deswegen mußten Block 28 und 30 allein das Essen tragen. Ich mußte selbstverständlich auch mit antreten. Ein Blockältester, dem das Essenausteilen übertragen war, rief uns durch einen schrillen Pfeifenton aus den Baracken. Paarweise marschierten wir zur Küche, wo wir gewöhnlich lange warten mußten.

Die Küche kochte mit Dampf. Über ein Dutzend Kessel, die achthundert oder tausend Liter faßten, standen in Reihen. Häftlinge besorgten die Arbeit des Vorrichtens, Kochens und Austeilens. Zwei SS-Leute in weißer Uniform überwachten den gewaltigen Kochbetrieb.

Es wurde mir berichtet, daß für zwanzigtausend Menschen auf einmal gekocht werden könne. Natürlich nur Suppe oder Eintopf. Nie gab es etwas Gebratenes oder Gebackenes. Selbstverständlich wurde der Küchenzettel dadurch sehr eintönig. Aber Hunger ist der beste Koch. So waren wir täglich froh, wenn das Essen kam. In der Frühe gab es entweder Kaffee oder eine dünne Mehlsuppe (ein halbes Liter), mittags Kraut- oder Rübensuppe, dazu drei oder vier mittlere Kartoffeln in den Schalen, am Abend Tee (ein halbes Liter) oder dünne Graupensuppe (drei viertel Liter). Fleisch lag meist nur am Sonntag in der Suppe, und zwar in zerhackter Form. Wer Glück hatte, konnte sich freuen, wer leer ausging, wartete bis nächsten Sonntag.

Wir stellten manchmal mit Schmunzeln fest, daß auch in der Welt ohne Gott der Sonntag berücksichtigt wurde. Es gab an diesem Tag immer ein etwas besseres Essen. Entweder Nudel- oder Bohnen- oder Erbsensuppe und immer mit Fleisch. Der Sonntagabend fiel regelmäßig recht mager aus: ein Stückchen Wurst und Tee. Dasselbe am Dienstagabend. Am Donnerstagabend Margarine (40 g) mit Pellkartoffeln und Tee, am Samstag 20 g Margarine mit 20 g Käse (oder einen Eßlöffel voll Topfenkäs-Quark).

Die Speisen wurden vom Küchenpersonal aus den Kochkesseln in blaue Tragkessel verteilt, deren jeder etwa vierzig Liter faßte. Sie hielten, wenn sie geschlossen waren, die Speisen wohl einen halben Tag warm, waren aber sehr schwer gebaut, so daß auch ein starker Mann seine Kraft anwenden mußte. Für ausgehungerte Häftlinge bedeuteten sie eine fast unmögliche Last.

Jeder Kessel trug die Nummer des Bestimmungsblockes mit Kreide aufgeschrieben. Zwei Mann trugen einen Kessel. Fast im Laufschritt mußte man in der

Küche den Kessel aufnehmen und verschwinden. Gab es Stockungen, dann setzte von seiten der SS-Leute oder des Küchenpersonals — es gab ganz eklige Leute darunter — ein Donnerwetter ein. Ohrfeigen und Fußtritte waren an der Tagesordnung.

Beinah alle zwanzig Schritte mußte man rasten und wechseln. Vor den Baracken nahm das Blockpersonal die Kessel in Empfang, besorgte das Austeilen, gleich darauf mußten die Geistlichen die leeren Kessel wieder zur Küche bringen. Das Tragen der schweren Kessel war ein großes Kreuz, das jeder Block von sich abzuwenden und auf die Geistlichen zu wälzen suchte. Auf glitschiger Straße kam es manchmal vor, daß die Träger stürzten und sich das Essen auf die Straße ergoß. Zur Strafe erhielt der Block, dem die unglücklichen Träger angehörten, einen Kessel abgezogen. Eine barbarische Strafe, da ja das Essen immer sehr knapp war!

Vom Kesseltragen waren nur die ganz alten und gebrechlichen Geistlichen dispensiert. Gar mancher hat sich durch die schweren Kessel ein Bruchleiden zugezogen. Am Sonntag waren wir frei, weil auf jedem Block arbeitslose Leute genug vorhanden waren. Alle unsere Vorschläge für eine andere Lösung blieben ungehört. „Die Pfaffen sollen sich nur plagen!" Als aber alle Geistlichen später in Arbeit standen und die Russen das Essentragen übernehmen mußten, war bald eine menschliche Lösung gefunden. Man stellte einige Brückenwagen ein, lud bei der Küche die Kessel auf und führte sie von Block zu Block. Das Einsammeln geschah ebenso. Man merkte deutlich: das Kesseltragen war nur eine Schikane für die Geistlichen gewesen.

Bitter war, daß auf Block 28 und 30 auch Brevier und Rosenkranz wieder abgegeben werden mußten. Ich habe meinen Rosenkranz, ein teures Andenken von meiner Pilgerfahrt nach Rom, seitdem nicht wieder gesehen.

Den Sonntag wollten die Konfratres keinesfalls ohne Gottesdienst vorübergehen lassen. Aber gemeinsamer Gottesdienst konnte nur geheim gehalten werden. Wir machten eine Zeit aus und fanden uns zum Lesen auf der Stube ein, warteten, bis das Blockpersonal spazierenging, und dann beteten wir Teile des Offiziums und der heiligen Messe. Einer las die treffende Epistel und das Evangelium vor. Freilich, wir durften uns nicht erwischen lassen; deshalb mußte einer der Konfratres vor der Türe Wache halten. SS und Blockpersonal durften uns nicht überraschen. Später wußten sich die polnischen Konfratres Wein und Hostien zu verschaffen. Jede Stube wurde zur Kapelle. Ohne Paramente und sonstiges Gerät, nur mit der Stola angetan, zelebrierte einer das hl. Opfer, und die übrigen wohnten andächtig bei. Arkandisziplin wie damals in Rom in den Katakomben! Es ging nicht anders in dieser Welt ohne Gott. Je mehr aber die äußere Pracht fehlte, desto größer war die Liebe. und Sehnsucht der Herzen.

Wer vermutet, daß die polnischen Geistlichen wegen Mangels an Arbeitskräften zur Arbeit herangezogen worden wären, der kennt die Dachauer Verhältnisse nicht. Hunderte von anderen Häftlingen standen arbeitslos herum. Die Geistlichen waren noch über ein halbes Jahr ohne Arbeit.

Für die Arbeitslosen bestand die Vorschrift, daß sie während der Arbeitszeit nicht auf ihrem Block bleiben durften. Sie mußten entweder in Kolonnen auf dem Appellplatz stehen oder auf der Lagerstraße exerzieren. Ich hatte eine neue Rekrutenzeit durchzumachen. Keine Kleinigkeit bei meinen Holzpantoffeln und wunden

Füßen! Zum Glück nahm das Blockpersonal das Exerzieren nicht allzu ernst. Weit weg vom Appellplatz ließen sie meist zu Freiübungen auseinandertreten oder Lieder üben. Nur mußte gut aufgepaßt werden, daß kein SS-Mann in die Nähe kam.

Allzusehr fürchteten sich die Polen auch nicht vor Strafen. Ihre Unvorsichtigkeit machte mir bisweilen Sorge. Wir Deutschen waren mehr der Ansicht: wir erfüllen, was verlangt wird, damit wir unsere Ruhe haben; die Polen aber vertraten durchwegs die Meinung, wir tun nichts von dem, was sie verlangen. Sie sollen uns nur strafen. Im Leiden waren sie bestimmt zäher als wir. Manche Schikane hätten sie sich mit unseren Grundsätzen ersparen können.

Sicher ist jedoch, daß vom 19. September 1941 an ein viel schärferer Wind gegen sie wehte. Nicht umsonst hatten sie so viele Todesopfer zu beklagen. Dazu kam, daß viele schon zwei Jahre lang durch die schlechte Ernährung entkräftet waren.

Als ich etwa eine Woche auf Block 30 zugebracht hatte, nahm ich mir ein Herz, ging zu dem Stubenältesten Richard Walenta, von dessen Sorge um seine Stubeninsassen ich mich schon überzeugt hatte, und bat ihn, er möge mir passende Kleider verschaffen. Ich war schon vierzehn Tage mit offenstehender Joppe und Hose herumgelaufen. Er ging mit mir zur Kammer, wo er einen Landsmann kannte. Der Landsmann, ein alter Kommunist, war gegen Geistliche äußerst gehässig. „Was! Für einen Pfaffen soll ich einen passenden Rock suchen? Fällt mir ein! Miteinander sollen sie verrecken! Überhaupt nichts sollte man ihnen geben zum Anziehen und zum Fressen!“ So ging es eine Weile lang. Walenta ließ ihn ausschimpfen, redete ihm begütigend zu, und schließlich ließ er sich unter Brummen und Knurren bestimmen, mir etwas Passendes zu suchen.

In diesen Tagen hatte ich zwei Zusammenstöße mit dem Lagerpersonal. Einmal mit einem Lagerältesten, einem Nürnberger. Er war ein williges Werkzeug der SS und hatte schon Hunderte von Häftlingen ans Messer geliefert. Auf die Pfaffen war er genau so schlecht zu sprechen wie seine Herren. Ich hatte von einem der abziehenden deutschen Geistlichen ein Glas mit etwas Senf geerbt. Ich hatte schon mehrmals davon gegessen und nicht bemerkt, daß er verdorben war. Den Rest hob ich auf, bis es wieder einmal Wurst gäbe. Ich hatte keinen Anlaß, das Senfglas täglich zu kontrollieren, weil ich nicht wußte, daß Senf verderben kann.

Eines Tages kontrolliert der Lagerälteste Kapp die Spinde, findet mein Senfglas, schaut hinein und sieht den Senf mit Schimmel überzogen. „Wem gehört das Glas?“ Ich meldete mich. Nicht bloß ich, auch der Stubenälteste und die ganze Stube kriegen einen Heidenkrach zu hören. Alle Gläser — Marmeladegläser — müssen eingesammelt werden. Der Stubenälteste bekommt eine Meldung. Die ganze Stube läuft Gefahr, auf den Kopf gestellt zu werden. Und das alles wegen einiger Messerspitzen Senf.

Nachher muß es den Lagerältesten doch wohl gereut haben, weder Walenta noch ich hörten etwas von einer Meldung. Trotzdem war mein Schrecken groß. Ich hatte die ganze Stube in Unannehmlichkeiten gebracht und dem Stubenältesten sorgenvolle Stunden bereitet. Ich suchte ihn später durch einige Schachteln Zigaretten schadlos zu halten, als ich schon versetzt war und niemand das Geschenk als Bestechung deuten konnte.

Den zweiten Zusammenstoß hatte ich mit einem Kommunisten, der Blockältester auf 25 war, wo wir Geistliche

Bettstellen tragen mußten. Offenbar hatte er vorher verboten, mit Pantoffeln die Stube zu betreten. Ich hatte es nicht gehört. Auf anderen Blöcken durften wir beim Arbeiten mit Pantoffeln eintreten. Wahrscheinlich stand er auf der Lauer. Kaum setzte ich den Fuß über die Schwelle, als er über mich herfiel, mich beschimpfte und tobte. Ich mußte im Laufschritt die Blockgasse hinunterlaufen und wieder herauf, so dreimal hintereinander mit den unförmigen Holzpantoffeln, dann notierte er meine Personalien, drohte mit einer Meldung wegen Widersetzlichkeit. Mir wurde recht übel zumute.

Keine Gerechtigkeit in dieser Welt ohne Gott! Eine Kleinigkeit, der Schein eines Fehltrittes genügte, um schwerste Strafen, ja selbst den Tod, auf sich zu ziehen. Ich bekam eine unheimliche Sehnsucht nach dem isolierten Block 26.

AUF BLOCK 26

Endlich — nach etwa vierzehn Tagen — ging mein großer Wunsch in Erfüllung. Ich kam zu den reichsdeutschen Geistlichen auf Block 26. Es erschien mir fast wie eine Heimkehr aus der Fremde. Pfarrer Emil Thoma kam gleichzeitig mit herüber. Wir ahnten damals nicht, daß wir hier dreieinhalb Jahre beieinander bleiben würden. Auch die anderen, die uns vor vierzehn Tagen auf Block 30/2 als erste begrüßt hatten, trafen wir hier wieder: Pfarrer Schelling, Berchtold, Almer. Auch sie sollten bis zum Ende des KZ-Lebens bei uns bleiben und Freud und Leid mit uns teilen. Angenehm fiel mir auf, daß hier viel mehr Platz war als auf Block 30/2. Es waren nur eben etwa siebzig Geistliche der Stube zugeteilt, während dort drüben etwa hundertfünfzehn lagen. Zudem gab es hier auf der Nachbarstube (Stube 1) keine Belegschaft. Stube 1 mit Schlafraum war Kapelle. So standen Vorraum, Waschraum und Toilette uns allein zur Verfügung.

Unser erster Besuch galt dem Allerheiligsten. Jetzt waren wir Hausgenossen geworden, durften wie im Kloster mit Ihm unter einem Dache wohnen. Wir brauchten nur zu unserer Tür hinauszutreten, fünf Schritte durch den Vorraum zu gehen, und schon waren wir in der Kapelle. Wer hätte das gedacht? Hätte ich das im Gefängnis zu Würzburg gewußt, meine Ölbergstunden wären keine Ölbergstunden gewesen. Wir sollen uns doch immer Gottes Führung anvertrauen. Ich dankte dem Vater im Himmel von Herzen für seine gütige Vorsorge. Er hatte mir ja schon vor einem Jahr diese Wege bereitet, als ich noch gar nicht an die Aufhebung unseres

Klosters dachte. Damals schon wurden jene Vergünstigungen vereinbart. In Sachsenhausen-Oranienburg fand die erste hl. Messe am 5. August 1940 statt, in Dachau am 22. Januar 1941.

Jetzt durfte ich auch wieder Brevier beten. Das meine konnte ich erst am nächsten Tag aus der Effektenkammer zurückholen. Ich benutzte daher eines der Lagerbreviere, die zum allgemeinen Gebrauch im Regal standen. Sie waren ganz neu, ein Geschenk des Hochwst. Kardinals Bertram von Breslau. Im ganzen 116 Stück.

Vom nächsten Tag an durfte ich wieder täglich dem heiligen Meßopfer beiwohnen. Leider war es unmöglich, daß jeder Geistliche selbst zelebrierte. Es konnte täglich nur eine Messe sein. Sie wurde immer vom Lagerkaplan Franz Ohnmacht gehalten. Ich war mit vielen anderen der Ansicht, daß wir konzelebrieren dürften. In unserer Abgeschlossenheit konnte eine Anfrage nach Rom nicht eingeleitet werden; deshalb setzten wir die Erlaubnis voraus und zelebrierten täglich mit, so wie am Tag der Priesterweihe. Wir hielten täglich Gemeinschaftsmesse, beteten auch den Kanon wegen der Konzelebration gemeinsam.

Als später eine Eingabe möglich wurde, fragten wir an. Leider erhielten wir eine verneinende Antwort. Wir mußten unsere liebe Übung aufgeben, taten dies auch, schlossen uns aber dem hl. Meßopfer so eng an, als dies für einen Priester möglich ist. Von da an wurde auch der Kanon nicht mehr gemeinsam gebetet, aber doch so vernehmbar, daß alle mitbeten konnten. Die meisten hatten ja kein Buch. Ich hatte in dieser Beziehung wieder Glück. Bei meinen mir von Würzburg nachgesandten Sachen befand sich auch der mir von Pfarrer Bötsch gewidmete „Schott". Der war fast den ganzen Tag ausgeliehen, ging von Hand zu Hand zur Vorbereitung für die Messe des nächsten Tages. Vor der Messe beteten wir meist die Prim.

Schön war unser Sonntagsgottesdienst. Erst hielt einer der Konfratres eine Predigt. Dann folgte das Choralamt. Leidig war nur die Bücherfrage. In dieser Not erinnerten wir uns an die alten Klostergebräuche, daß im Chor ein Buch mit großen Noten und Buchstaben aufgelegt wurde und der ganze Sängerchor in dieses Buch schaute. P. Albrecht, der Benediktiner von St. Ottilien, begann mit dem Abschreiben. P. Brunke, der Franziskaner vom Kloster Frauenberg bei Fulda, setzte es Monate lang mit viel Kunst und Fleiß fort, Alfons Duschak, Kaplan von Dresden, führte das Werk mit großem Fleiß zwei Jahre lang weiter.

So erhielten wir nach und nach die Choralvorlagen für alle Sonn- und Festtage des Kirchenjahres, und der Choral fand ständige Pflege. Aber auch die Freunde des deutschen Andachtsliedes kamen auf ihre Rechnung. An den hohen Festtagen leistete ein mehrstimmiger Männerchor sein Bestes. Auch für diesen Chor mußten die Noten mit der Hand geschrieben werden. Nach und nach bildete sich der Gesang beim Gottesdienst mehr aus. In den letzten Jahren war das Programm so reichhaltig wie fast an einer Kathedralkirche. Die Beteiligten freilich mußten in den armen Verhältnissen von Dachau viele Mühen auf sich nehmen.

Unsere Tagesordnung war in dieser Zeit (bis April 1942) etwa folgende:

5.00 Uhr Aufstehen, Waschen, Bettmachen, Frühstück,
6.30 Uhr Zählappell,
7.15 Uhr Prim und hl. Messe. Vom Gebot der Nüchternheit waren wir dispensiert.
9.00 Uhr — 10.00 Uhr Studienzeit mit Stillschweigen,
10.00 Uhr — 11.30 Uhr freie Beschäftigung,

etwa 11.30 Uhr Mittagessen,
12.30 Uhr — 13.00 Uhr Mittagsruhe,
15.30 Uhr Vesper, hernach freie Beschäftigung,
etwa 17.00 Uhr Abendessen,
18.00 Uhr Zählappell, hernach Freizeit,
21.00 Uhr Schlafengehen.

Die Zeiten änderten sich mit dem Fortschreiten der Jahreszeit. Bestimmend waren die Zählappelle, die im Morgengrauen und in der Abenddämmerung stattfanden. Im Winter war deshalb das Tagewerk erfreulich kurz, im Sommer sehr lang.

Da wir dank der vom Hl. Vater erwirkten Vergünstigung von körperlicher Arbeit dispensiert waren, widmeten wir unsere Zeit dem Studium und der Lektüre. Es entwickelte sich allmählich inmitten des Lagerstumpfsinns auf dem Pfarrerblock ein geistiges Streben, um das uns die Besten der anderen Blöcke verständlicherweise beneideten. Allerlei Arbeitsgemeinschaften taten sich auf. Leider waren nur wenig theologische Bücher vorhanden. Von zu Haus etwas schicken zu lassen, war sehr schwer. Die SS-Leute begriffen nicht, wozu wir Bücher brauchten, und wetterten, wenn sie mehr als ein Buch im Spind fanden.

Für andere Wissenszweige war die Bibliothek vorhanden. Es gab neben manch Schlechtem auch viel Wertvolles darin. Jeder konnte sich jede Woche ein Buch bestellen. Die Bibliothekare, Häftlinge natürlich, waren immer freundlich und hilfsbereit. Es fiel mir gleich auf, daß die rauhe Tonart von Dachau in der Bibliothek keinen Raum fand. Es war fast wie auf Block 26 unter den Geistlichen. Übten die Bücher diesen wohltuenden Einfluß aus?

Auch Zeitungen und Zeitschriften durften abonniert werden und lagen zur Einsicht in der Stube auf. Selbstverständlich nur Naziblätter. Wir dachten aber selbständig genug, um zwischen den Zeilen lesen zu können. Besonders ersehnten wir täglich die Heimatblätter, in denen auch die Kleinigkeiten Interesse fanden.

Das Essen war bis Januar 1942 noch einigermaßen ausreichend. Es gab fast täglich ein paar Kartoffeln zur Krautsuppe am Mittag. Manchmal fanden sich sogar an den Werktagen einige Fleischreste in der Schüssel. Block 26 hatte zeitweilig sogar ein drittel Brot (330 g). Das Brot wurde täglich von der SS-Bäckerei auf einem hochaufgestapelten Wagen ausgefahren. Jeder Block mußte ein paar Tische auf die Lagerstraße stellen. Von Hand zu Hand flogen dann die ersehnten Kommißbrote, wobei einer laut mitzählte, bis jeder Block sein bestimmtes Quantum auf den Tischen liegen hatte. Der Wagen fuhr, von Häftlingen, dem Brotkommando, geschoben, zum nächsten Block weiter, während vier Kollegen unter Aufsicht des Blockpersonals die zugeteilte Anzahl auf dem Tisch in die Stube trugen und dort den einzelnen zuteilten.

Je drei Kollegen, eine Brotgemeinschaft, erhielten einen Laib, den sie zerteilen oder abwechselnd nach festgelegter Reihe dem einzelnen ganz zustellen konnten. Meist hielten wir es so, daß jeder jeden dritten Tag einen ganzen Laib empfing. Später jeden vierten Tag. Es war dasselbe Brot, das die SS-Leute aßen. Wir wären mit seiner Beschaffenheit zufrieden gewesen, nur hätten wir bei dem Mangel an anderen gehaltvollen Nahrungsmitteln eine größere Menge nötig gehabt. Unsere Kost bestand größtenteils aus Gemüse. Eier und Mehlspeisen gab es überhaupt nie. Zucker nur in geringsten Mengen. Jeden Sonntag einen Eßlöffel voll Marmelade! Sonst nichts! Kaffee und Tee waren immer bitter!

Aus der Kantine brachte der Kantinier in diesen Monaten noch einiges Eßbare. Meist Gemüsekonserven, besonders rote Rüben. Dann und wann die wertvollere Fischpaste und Muscheln. Weil eine Kochgelegenheit für so viele Menschen nicht vorhanden war, mußten die Muscheln roh gegessen werden.

Rauchwaren, Zigaretten und Tabak gab es damals für den Durchschnitt genügend, später wenig oder nichts. Außerdem konnte auch Schreib- und Nähzeug in der Kantine gekauft werden. Zum Einkauf konnte sich der Häftling von seinem Eigentum im Monat 40 RM. schicken lassen und davon alle vierzehn Tage 20 RM. in bar abheben. Im Brief durfte aber nicht um Geld gebeten werden. Das wurde als Betteln ausgelegt und der Brief zurückgewiesen. Das Bargeld durfte der Häftling in der Tasche mit sich tragen. Dazu ein Taschentuch, wenn er eines besaß. Auf legalem Weg konnte man sich keines beschaffen, nur auf Schleichwegen.

Bei der Geldauszahlung gab es fast jedesmal turbulente Szenen; die SS-Leute verstanden nicht, große Massen zu organisieren.

Eine besondere Affäre wurde aus dem Schoppen Wein gemacht, der aus einer Stiftung des Hl. Vaters jedem Geistlichen auf Block 26 zustand. Eine Freude durfte es ja in dieser Welt ohne Gott nicht geben. So wurde uns auch der Weingenuß vergällt. Die Weinflaschen wurden am Morgen in Kisten auf den Block geliefert, genau abgezählt. Wenn der Blockführer — ein SS-Mann — kam, war „Weinkommando“. Vor seinen Augen mußten die Flaschen entkorkt werden. Die Konfratres setzten sich in festgelegte Dreiergruppen zusammen. Jede Gruppe erhielt ihre Flasche. Der Blockführer kommandierte „Einschütten!“ Jeder erhielt einen Schoppen (ein Viertelliter) in seinen Aluminiumbecher eingeschenkt.

Dann folgte das Kommando: „Aussaufen!“ Auf einen Zug mußte der ganze Schoppen hinuntergestürzt werden, wobei mancher SS-Mann noch zur Eile trieb! Hierauf das Kommando: „Becher hoch!“ Jeder mußte den Becher umgestürzt hochhalten, daß ja nicht ein Rest zum vernünftigen Trinken zurückbehalten wurde. Zum Schluß: „Becher absetzen!“ Damit war das „Weinkommando“ vorbei. Die Tageszeit wählte sich der SS-Mann nach seinem Belieben: in der Frühe, oder vor oder nach dem Essen.

Diese Art des Trinkens wurde auch eingehalten, wenn ob der Saumseligkeit des SS-Mannes einmal das „Weinkommando“ ausgefallen war und am nächsten Tag die doppelte Menge zutraf. Auch das halbe Liter mußte auf einen Zug geleert werden. Daß dann die Stimmung in der Stube sehr hoch hinaufstieg, ist verständlich, aber es war nicht unsere Schuld. Schwer taten sich die Abstinenten. Sie hätten gern ihren Anteil verschenkt, aber es wurde ihnen nie erlaubt. Daß sie allmählich doch Wege fanden und die rohen SS Leute täuschten, wird ihnen kein Anständiger verübeln. Der Wein stammte aus der Moselgegend und war gut.

Als angenehm wurde das Baden empfunden. Block 26 durfte damals sogar zweimal in der Woche ein Brausebad nehmen. Hierbei konnten wir unsere Taschentücher waschen, falls wir nicht beobachtet waren.

In jener ersten Zeit versorgte uns die Kammer jede Woche mit frischer Leibwäsche. Im Winter kamen in größeren Abständen Socken hinzu, manchmal unglaublich zerflickt. Im großen und ganzen konnte man die Verhältnisse auf Block 26 damals erträglich nennen; aber gute Zeiten dauerten in der Welt von Dachau nie lange.

KLEINE UND GROSSE WIRBEL

Fehlten größere Katastrophen, so kam mindestens alle paar Tage eine Aufregung durch irgendeinen „Wirbel". Solche „Wirbel" lagen ständig in der Luft. Vor allem waren die Montage förmliche Gewittertage. Es bedurfte nur einer Bagatelle, daß der Blockälteste die ganze Stube auf den Kopf stellte, alles aus den Spinden herauswarf und Strafreinigen und Strafdienst, zum Beispiel mehrere Tage Abortdienst, kommandierte. An Montagen machten für gewöhnlich der Lagerälteste und der Rapportführer die Runde. Manchmal kontrollierten sie auch unter der Woche. Deshalb war das Blockpersonal an diesen Tagen besonders gereizt. Denn wurde etwas beanstandet, und irgend etwas gab es da immer zu beanstanden, dann mußte auch das Blockpersonal mitbüßen. „Wenn da einer kommt . . . " dieser Gedanke hielt es deshalb stets unter Druck, und dieser Druck wurde natürlich prompt auf die Häftlinge weiter-„verlagert".

Von den Rapportführern, deren es immer mehrere gab, ritt jeder ein anderes Steckenpferd. Der eine stieg auf die Tische und fuhr über die Lampenschirme, um ein Stäubchen zu entdecken, der andere wollte das Aluminium ständig auf Hochglanz, die Spinde ohne die geringsten Schatten von einem Flecken, die Ordnung streng nach Vorschrift, einem anderen waren die Betten nie gut genug gebaut. Wehe, wenn eine Decke Falten warf, wenn die Kanten nicht wie mit dem Messer geschnitten waren, wenn unter den Strohsäcken oder auf den Gestellen ein Stäubchen lag!

Der Schlafraum war deshalb eine ganz große Angelegenheit des Blockpersonals. Mancher Stubenälteste hatte deshalb schon fünfundzwanzig bekommen und sein Pöstchen verloren. Jeder Stubeninsasse mußte sich bemühen, sein Bett tadellos zu bauen. Weil für solche Feinheiten die Zeit am Morgen sehr knapp war, begann gleich nach dem Aufstehen eine wilde Hetze. Damit die Decken ganz glatt wurden und die Karos auf den Überzügen schnurgerade liefen, mußten die Decken auf den Tischen des Wohnraums ausgebreitet, glattgestrichen, gefaltet und gerollt werden. Eine zweite Hauptsorge bildete der Strohsack. Am meisten begehrt waren solche, die steinhart gestopft waren, weil sich bei ihnen keine Mulden bildeten und die Kanten scharf blieben. Im Strohsackkommando gab es fähige Leute, die es verstanden, die Strohsackkanten steif zu nähen. Ihre Kunst war gesucht. Sie verdienten sich damit gute Taschengelder.

Nach dem Bettmachen trat das Schlafraumkommando in Tätigkeit, das etwa ein Dutzend Leute zählte. Zwei kletterten von Stockwerk zu Stockwerk und staubten alle Bretter und Kanten ab. Sechs krochen mit Handbesen ausgerüstet, unter die Bettstellen und kehrten jedes Fleckchen. Zwei kontrollierten reihenweise die Kopfkeile, ob sie gerade gerichtet waren, ob die Kanten scharf standen, ob keine Falten auf den Decken lagen, ob die Karos gerade liefen und besserten Mängel rasch aus. Diese Tätigkeit war durch mehrere Jahre meine Arbeit.

Andere wieder rieben mit Wollappen den Boden nach und blockten mit dem Bohner den Holzboden, um einen weichen, durchsichtigen Hochglanz zu erzeugen. So gaben wir uns täglich unendliche Mühe. Unser Kapo, der unermüdliche Schelling Schorsch, kam oft den ganzen Vormittag nicht aus dem Schlafraum.

Wie oft war alle Mühe umsonst! Der Rapportführer kam, war schlechter Laune und wetterte los: „Was ist das für ein Saustall! Miserabel, wie diese Betten gebaut sind! Wo ist der Stubenälteste?" — „Hier!" — „Was fällt dir ein? Solch ein Saustall!" Patsch, patsch! flogen die Ohrfeigen. Er schrieb eine Meldung wegen „Unordnung im Schlafraum". Wenn die durchging, war der Stubenälteste abgesetzt, oder er bezog Fünfundzwanzig oder dergleichen.

Einer der Rapportführer hatte eine ganz gemeine Prüfungsart. Er warf seine Mütze unter der Bettreihe durch, so daß sie auf dem Boden bis an die Wand rutschte. Wehe, wenn ein Stäubchen daran zu sehen war!

Insbesondere wurde die sorgfältigste Pflege des Bretterbodens in Stube und Schlafraum verlangt. Auch auf Block 26 durften wir den Wohn- und Schlafraum nicht mit unseren Holzschuhen betreten, nur barfuß, in Strümpfen oder Hausschuhen. Die wenigsten konnten sich solche verschaffen. Manche versuchten, sich welche aus Lappen zu basteln. Ganz wunderliche Dinge brachten sie fertig. Andere liefen den ganzen Winter in bloßen Socken und froren. Das war alles gleichgültig, nur der Boden mußte geschont werden.

Dabei kümmerte sich die Lagerleitung nicht im mindesten um das zur Bodenpflege notwendige Rohöl. Es mußte „organisiert" werden. Das heißt, der Stubenälteste mußte einen Kameraden finden, der in einem Lager oder Betrieb arbeitete, wo es Rohöl gab. Der mußte das Öl stehlen und ins Lager hereinschmuggeln. Wurde er dabei erwischt, dann waren ihm Fünfundzwanzig oder eine Stunde Baum sicher. Wurde er aber nicht erwischt, dann lieferte er sein Öl beim Stubenältesten ab und erwartete eine Gegenleistung: Brot, Zigaretten, Geld.

Anderes Putzmaterial, wie Besen, Lappen und dergleichen, wurde monatlich gestellt, aber unzureichend.

Das Fehlende mußte ebenfalls auf dem Wege der „Organisation“ beschafft werden. So war ein beständiges Sorgen und Gespanntsein. Eine Kleinigkeit konnte einen „Wirbel“ auslösen. Beinahe täglich ereigneten sich solche Terrorszenen. Oft mehrmals am Tage. Das war das verhältnismäßig ruhige Leben auf Block 26. Auf anderen Blöcken war es noch viel schlimmer.

Die günstigste Zeit für „Wirbel-Bildungen“ war die Zeit der Appelle. Wir mußten täglich zweimal, am Morgen und Abend zum Zählappell antreten. Am Morgen wollte die Lagerleitung wissen, ob in der Nacht keiner der Häftlinge das Weite gesucht hatte, und am Abend, ob untertags keiner „stiften“ gegangen war.

Etwa eine halbe Stunde vor dem Antreten am Morgen mußten wir die Stube verlassen. „Zimmerdienst! Alles raus!“ kommandierte der Stubenälteste. Die zum Zimmerdienst eingeteilten Konfratres traten in Aktion. Währenddessen spazierten die andern draußen als betende oder betrachtende Einzelgänger, die anderen paar- und gruppenweise, auf und ab. Bei gutem Wetter ein schöner Morgenspaziergang, bei schlechtem Wetter, bei Regen, Sturm, Schnee und eisiger Kälte eine harte Buße! Dann wurde vom Appellplatz her das Kommando „Antreten“ durchgeschrieen. Dieses Durchschreien war unser Radio. Wenn die Lagerleitung oder die Schreibstube jemand suchte, stellte sich oben am Appellplatz einer hin und schrie, z. B. „Blockältester 26“, „Schreiber 28“. Jeder Häftling hatte die Pflicht, den Ruf weiterzugeben, und der Gerufene hatte im Laufschritt nach oben zu eilen.

Auf das Kommando „Antreten“ mußte jeder Block sich vor seiner Baracke versammeln. Der Blockälteste kommandierte, sobald die Reihe an den Block kam, den Abmarsch und nannte ein Lied. Jeder Block brüllte ein anderes. Es war ein Heidenspektaktel. Auf dem Appellplatz stand gewöhnlich ein Rapportführer, um die Art des Marschierens, die Richtung der Reihen und das Singen zu kontrollieren. Wehe, wenn nicht alles in Ordnung war! Schimpfen, Ohrfeigen, Strafexerzieren waren die Folgen.

Jeder Block hatte auf dem Appellplatz seinen angewiesenen Platz. Unser Block stand der Küche gegenüber. In der Dunkelheit strahlten rings um den Appellplatz große Scheinwerfer. Waren alle Blöcke aufmarschiert, dann begannen mit dem Ausrichten neue Schikanen. Alle Blöcke mußten vom ersten bis zum letzten durchgerichtet sein. Dieses Geschäft zog sich gewöhnlich eine Viertelstunde hin. Dann kam das Abzählen. Es mußte jeder angetreten sein, ausgenommen die Kranken im Revier und wer in Arbeit geschrieben war. Andere Ausnahmen gab es nicht. War jemand auf dem Block krank geworden, oder lag er schon im Sterben, zum Zählappell hatte er anzutreten. Oft führten die Kameraden solche Unglücklichen oder trugen sie mit. Auch die Toten! Sie mußten am Schluß des Blocks auf den Boden gelegt werden.

Wehe, wenn die Gesamtzahl nicht stimmte! Dann begann die berüchtigte Suchaktion, während der die Tausende auf dem Appellplatz stehen und warten mußten. Oft stundenlang! Der ganze Block, bei dem einer fehlte, mußte stubenweise antreten. Alle Leute wurden verlesen. So wurde der Name des Fehlenden festgestellt. Dann wurden Block- und Stubenälteste aufgerufen, auf das ganze Lager verteilt und zum Suchen weggeschickt. Die SS half mit. Oft fehlte einer nur aus Säumigkeit. Er hatte sich in irgendeinem Winkel zum Schlafen hingelegt. Natürlich fiel die ganze SS-Meute über ihn her und mißhandelte ihn. Zudem bekam er eine Meldung mit nachfolgender offizieller Strafe.

Bisweilen aber war einer wirklich „stiften" gegangen. Es gab auch in Dachau raffinierte Fluchtkünstler, obwohl das Lager mit elektrisch geladenem Draht gesichert war und auf den Wachttürmen Tag und Nacht die Posten standen. Die etwa drei Meter hohe Mauer war die ganze Nacht durch unzählige Lampen taghell erleuchtet. Die einen krochen durch den Kanal, die anderen wußten über Draht und Mauer zu flüchten. Einmal hatte sich einer als Schlotfeger maskiert. Unser Lagerschlotfeger kam immer von auswärts. Jener Ausreißer hatte beobachtet, daß der Schlotfeger am Tore nicht nach Ausweispapieren kontrolliert wurde. Er paßte den Schlotfeger ab, und während dieser seiner Arbeit im Lager nachging, zog er sich um, rußte sich ein, schulterte seine Leiter und die übrigen wohlvorbereiteten Werkzeuge und spazierte unbeanstandet zum Tor hinaus.

Ein anderer merkte, daß das große Jauchefaß manchmal leer zum Tor hinausfuhr, ohne kontrolliert zu werden. Er baute darauf seinen Fluchtplan. Es gelang ihm, ungesehen ins leere Faß zu kriechen, und er kam ebenfalls glücklich durchs Tor.

Noch mehr Gelegenheit zur Flucht fanden die Ausreißer bei Arbeiten außerhalb des Lagers, obwohl jedem Kommando Posten zugeteilt waren. Auf der Plantage war eines Tages ein ehemaliger Fremdenlegionär „stiften" gegangen, der in diesem Geschäft große Routine besaß. Er hatte sich Kleider verschafft, wie sie die alten Frauen in der Dachauer Gegend tragen. Ein Stück Weges war auf der Plantage für Häftlinge und Zivilisten freigegeben. Als alte Frau verkleidet, mit einem Korb am Arm, spazierte er diesen Weg hinaus, vorbei am hohen Eichbaum, in dessen Schatten der Kommandoführer auf einer Bank saß. Dieser SS-Mann sprach gewiß jedes Mädchen an, aber die alte Frau interessierte ihn nicht. Der Ausreißer entkam glücklich. Erst am Abend beim Abzählen wurde seine Flucht bemerkt. Über den Kommandoführer wurde heimlich viel gelacht. Eines Tages aber konnte er die Nachricht bringen, daß der Flüchtling eingefangen, der Gestapo in München aber zum zweiten Male entlaufen sei. So war ja seine Blamage etwas gemindert.

Wurde ein Flüchtling wieder eingefangen, so war das natürlich eine besondere „Sensation". Einen Fall habe ich noch gut in Erinnerung. Das arme Opfer war kurz vorher wieder eingeliefert und in den Bunker gesperrt worden. Am Abend mußte die Lagerkapelle vor dem Jourhaus antreten. Der Unglückliche wurde aus dem Bunker geholt, erhielt eine Stange mit einem Schild, auf dem groß gedruckt war: „Ich bin wieder da." Auf das Kommando des Lagerführers Hofmann ging die Komödie los. Ein öffentlicher Umzug mit Musik! —

Voraus schritt der Ausreißer mit dem Schild an der Stange, hinter ihm die große Pauke und die Musikkapelle, die einen Marsch blasen mußte. Einen häßlicheren Mißbrauch der Musik konnte ich mir nicht denken. Hofmann und die anderen SS-Rohlinge standen an der Ecke und grinsten in tierischer Wollust über den rohen Aufzug. Es war, wie wenn Jäger mit der Beute von der Jagd heimkehrten. Wir Häftlinge bissen die Zähne aufeinander und schauten stumm vor uns hin, obwohl es im Herzen gewaltig kochte.

Der Zug marschierte vom Jourhaus weg an allen blockweise aufgestellten Häftlingen vorbei zum Baderaum. Dort war die Exekution. SS-Leute und der Ausreißer traten in den Baderaum. Die Musikkapelle stand draußen und spielte weiter. Wir zählten die Schläge — Doppelschläge —, es waren nicht fünfundzwanzig, sondern fünfundsiebzig. Als die SS-Leute ihre Heldentat an dem wehrlosen Häftling vollbracht hatten, kehrte der Zug auf demselben Weg zurück. Der Gestrafte marschierte aufrecht, ohne Schwäche zu zeigen, dem Zuge voran in den Bunker zurück.

Wir Häftlinge hatten an solchen Ausreißergeschichten wenig Freude. In jenen Jahren war das Polizeisystem so durchorganisiert, daß jeder Flüchtling wieder eingefangen wurde, wenn ihm nicht Geld und Auto zur Verfügung standen. Es mußte ihm gelingen, in kürzester Zeit über die Grenze zu kommen. In wenigen Stunden waren alle Polizei- und Grenzstationen von der Flucht signalisiert und hatten Bild und Steckbrief des Flüchtlings zur Hand. Deswegen in den ersten Tagen die Aufnahme beim Erkennungsdienst.

Bei jeder Flucht wurde das ganze Lager durch Strafstehen schikaniert. In früheren Jahren mußten die Häftlinge oft die ganze Nacht, manchmal auch den folgenden Tag ohne Essen und Schlaf auf dem Appellplatz stehen bleiben. Zu meiner Zeit war diese Strafe gemildert, aber mehrere Stunden standen wir immer, einmal von 18—22 Uhr, und mußten ohne Abendessen in die Betten gehen. Meist kamen noch irgendwelche andere Verschärfungen dazu.

War der Flüchtling noch innerhalb des Lagers, dann wurde er meist nach kurzer Zeit entdeckt. Oft mit Hilfe der Polizeihunde, die an seinem Bette Geruch und Spur aufnahmen.

So konnte jeder Appell auf mannigfache Art zu einem „Wirbel“ werden, ganz abgesehen von den Einflüssen der Witterung, denen wir schutzlos preisgegeben waren. Bei Regenwetter z. B. wurde der Appell nicht abgebrochen. Oft kamen wir des Abends durchnäßt bis auf die Haut „nach Hause“. Da in den ersten Jahren meiner Haft jeder nur e i n e Garnitur Wäsche und e i n e Garnitur Kleider besitzen durfte, war es einem nicht möglich, sich umzukleiden. Mit nasser Wäsche mußten wir uns zu Bett legen, am nächsten Tag wieder die nassen Kleider anziehen. Alles mußte am Leibe trocknen. Wurden die Leute krank und starben, so war das der Lagerleitung nur willkommen. Wieder waren einige auf „legale Art“ weggeräumt. Eine Zeitlang halfen wir uns gegen den Regen mit Zeitungspapier, das wir falteten und unter der Joppe auf die Schultern legten. Kaum war die Lagerleitung dahintergekommen, war auch schon das Verbot da. Lagerälteste und Blockpersonal mußten die Leute untersuchen, ob das Verbot auch respektiert wurde. Wehe, wenn es einer übertrat!

In der Kälte des Winters — und wie scharf pfiff der Ostwind bisweilen über den Appellplatz! — war das Strafstehen noch härter. Wir halfen uns, wenn kein SS-Mann in der Nähe stand, dadurch, daß wir uns ganz eng aneinander drückten und uns gegenseitig warm hielten. Kam ein SS-Mann, mußte schleunigst wieder in die Reihe getreten werden.

Die Absicht war unverkennbar: Auch das Wetter war in den Dienst unserer Vernichtung gestellt. Wir halfen uns, so gut es möglich war. Das übrige ertrugen wir Geistlichen für Christus — denn seinetwegen waren wir ins Lager gekommen.

LAGERSTRAFEN

Die Ausreißer, die man wieder einfing, wurden, wie schon erwähnt, exemplarisch bestraft, mit Bunker, Mißhandlungen aller Art und Prügeln. Fünfundzwanzig waren ihnen sicher, nach Belieben auch mehr. Die erste Strafe war das Stehen beim Lagereingang mit einem großen Pappschild, das am Halse hing und worauf groß gemalt stand: „Ich bin schon wieder da." Dann kamen sie in den Bunker. Meist Dunkelarrest! Hernach gab es Prügel.

Die billigste Portion waren fünfundzwanzig. Das waren Doppelschläge mit Ochsenziemern. Der eine SS-Mann stand rechts, der andere links. Der Häftling lag auf dem Bock, einem eigens für diese Marter gebauten, tischartigen Gestell. Unten waren die Beine eingespannt, oben die Arme angeschnallt. Die Bekleidung war verschieden. Manchmal war Unterhose erlaubt, bisweilen hörte man, daß sich der Häftling nackt hinlegen mußte. Beide SS-Leute schlugen gleichzeitig aus Leibeskräften zu. Der Häftling mußte mitzählen. Verzählte er sich, begann der Tanz von vorne. So wurden zuweilen aus fünfundzwanzig auch dreißig und vierzig. Das Blut lief dabei in Strömen. Ein SS-Mann prahlte, daß, wenn er hinhaue, das Blut schon beim ersten Schlag spritze. Oft rissen die gekrümmten Spitzen der Ochsenziemer tiefe Wunden in das Fleisch.

Auch Geistliche waren von dieser Mißhandlung nicht ausgenommen. Unser Freund, Pfarrer Bettendorf aus der Trierer Gegend, ein schon älterer Mann, hatte davon eine tiefe Wunde, deren Heilung ein halbes Jahr dauerte. Das Revier nahm solche Patienten nicht an. Sie mußten sich selbst kurieren.

Aber nicht bloß größere Delikte, wie die Flucht, zogen jene qualvolle Strafe nach sich. Oft genügten Kleinigkeiten: eine Meldung wegen schlechten Bettenbaus, Unordnung im Spind, Unsauberkeit usw. Das Plantagekommando wurde öfters „gefilzt“, d. h. es wurden die Taschen der Leute durchsucht. Auf der Plantage gab es wenig Eßbares. Aber manchmal zupfte sich einer einige Blätter Schnittlauch, Porree oder Petersilie für die Suppe. Er erhielt eine Meldung wegen „Unrat in der Tasche“ und als Strafe „Fünfundzwanzig“.

Fürchterliche Dinge erzählten die älteren Häftlinge von der Strafkompanie. Sie war durch Drahtzaun vom übrigen Lager getrennt. Die Unglücklichen mußten schwere Arbeit verrichten z. B. in der Kiesgrube schaufeln, bis ihnen das Blut von den Fingern lief, Haut und Fleisch abfielen und die bloßen Knochen zum Vorschein kamen. Sie wurden wegen jeder Kleinigkeit geprügelt, mußten im Winter in Kälte und Schnee im Freien knien, alle Arbeiten im Laufschritt verrichten, sogar ihre Mahlzeit stehend einnehmen und dabei Laufschritt auf der Stelle treten. Sie wurden in der Freizeit mit Bettenbau und Geschirrputzen schikaniert, des Nachts aus den Betten herausgeholt und im Freien herumexerziert, mußten sich im Hemd auf die Straße legen und so fort.

Kleinigkeiten wiederum genügten als Anlaß für das Versetzen in die Strafkompanie. Bei Geistlichen waren auch diese nicht nötig. Laut Verfügung des Lagerkommandanten kamen ab 25. Juli 1938 sämtliche Geistliche im Lager, die damals nur Österreicher waren, in die Strafkompanie, also wegen ihres Berufes, und zwar für d a u e r n d. Bewährung gab es nicht. Die Entlassung eines einzelnen Geistlichen aus der Strafkompanie kam nie vor. Dekan Schelling mußte 18 Monate in dieser

Hölle aushalten. Alle neuankommenden Geistlichen wurden ohne weiteres in die Strafkompanie gesteckt. Erst am 11. Dezember 1940 wurden alle ins eigentliche Lager versetzt.

Das Leben in der Strafkompanie schildert in Einzelheiten das Kapitel: „Nachäffung der Peinigung Christi."

Eine andere Strafe war das „Baumhängen". Dem Häftling wurden die Arme kreuzweise auf den Rücken gefesselt und nach rückwärts in die Höhe gezogen, und dann wurde er freischwebend an einen Querbalken aufgehängt. Eine Stunde, auch zwei und vier Stunden mußten die Unglücklichen unter gräßlichen Schmerzen am Balken hängen. Zwischendurch wurden sie von der rohen SS geschaukelt, daß die Schmerzen noch größer würden. Sie wurden geschlagen und auf andere Weise gepeinigt, oder blutgierige Hunde wurden auf sie gehetzt. Wurden sie abgenommen, dann begannen die Schmerzen von neuem. Es dauerte oft wochenlang, bis die verzerrten Gelenke wieder geheilt waren. Jede Bewegung verursachte kaum erträgliche Schmerzen.

Auch für diese Strafe genügten Kleinigkeiten. Überdies wurde sie bei den Verhören angewandt, um Geständnisse zu erpressen. Oft gaben die Gefolterten die gewünschte Aussage, auch wenn sie nicht der Wahrheit entsprach, nur um von dieser Marter frei zu werden. Die Baumstrafe war nicht etwa eine Seltenheit. Es gab 1942 zwei Straftage in der Woche, an denen jeweils sechzig bis siebzig Häftlinge am „Baume" hingen.

Die Exekution wurde jeweils im Baderaum durchgeführt. Dort befanden sich am langen Querbalken die Haken, die wir uns jedesmal beim Baden anschauen konnten. Bei der Exekution zuzuschauen, war verboten. Es spürte auch niemand Verlangen danach.

Neben den „Fünfundzwanzig", Strafkompagnie und Baumhängen gab es andere Strafen in Menge: Rauchverbot, Brotzeitentzug, Entzug des Mittag- oder Abendessens, Verbot Briefe zu schreiben und Briefe oder Pakete zu empfangen, Strafstehen, Strafexerzieren, Strafarbeit, dann Bunker, Stehbunker, Verschicken in ein anderes Lager (Straflager) usw.

Um den Terror zu erklären, unter dem wir dauernd standen, muß ich auch ein Wort über die Schikanen aus den dreißiger Jahren verlieren, da die Totenkopfstandarte noch in ihrem ersten Blutrausch schwelgte. Im Kriege waren sie doch etwas zahmer geworden, sei es, daß die größten Rohlinge an der Front oder in anderen Lagern standen, oder daß manche schon mit einer Niederlage rechneten. Ich kann mich über jene Jahre nur auf die Aussagen der älteren Häftlinge berufen, Aussagen von Augenzeugen, die jedoch einwandfrei sind.

Die Feder sträubt sich, über derartige Scheußlichkeiten zu schreiben, und als Deutscher schäme ich mich, daß Deutsche solche Greuel verüben konnten.

Im Norden des Lagers befand sich in den dreißiger Jahren ein Weiher. Dort wurden Häftlinge von SS-Leuten wie Katzen ersäuft. Tauchten sie wieder auf, wurden sie mit Stangen auf die Köpfe geschlagen und wieder untergetaucht.

Auf freiem Platz wurde ein Strohsack mit Benzin begossen, der Häftling mitten draufgesetzt und der Strohsack an vier Enden angezündet.

Eines Tages ließ ein SS-Mann statt des Zements zwei Häftlinge in die große Trommel einer Zementmaschine stecken und die Maschine in Gang setzen. Statt des Zements kam nachher ein blutiger Brei aus Fleisch und Knochen zum Vorschein.

Eine „Spezialität“ dieser Sadisten war das Handschuhausziehen. Den Häftlingen wurde am Handgelenk ringsherum die Haut mit einem Messer eingeringelt. Dann mußten die Unglücklichen die Hand in siedendes Wasser tauchen, und dann — zog der SS-Mann ihnen die Haut wie einen Handschuh aus.

Anderen wurde ein Kasten mit Ratten auf die Brust gebunden, der nach der Brust zu offen war. Die hungrigen Ratten fingen an, die Brust zu zerfleischen, und der Arme mußte den Tieren bei lebendigem Leibe als Nahrung dienen.

Wieder andere wurden bis zum Kopf eingegraben, dann wurde ihnen eine Art Trog über den Kopf gesetzt und Schweinefutter hineingeschüttet. Die Schweine fraßen zugleich mit dem Futter auch Ohren und Nase des Unglücklichen ab.

Andere wurden ebenfalls bis zum Hals eingegraben, ein Kasten wurde darüber gestellt, der von jenen Sadisten als Abort benutzt wurde. —

Die paar Beispiele mögen genügen. Wir waren rechtlos und wehrlos. Jeden Tag konnten mit uns dieselben Greuel getrieben werden. Unsere Aufseher waren ja in demselben Geist erzogen wie jene Wüstlinge. Als der Vater dieses SS-Geistes (die Deutung Satans-Söhne für SS war am Platze) galt in Dachau allgemein Obergruppenführer Eicke, der zwei Jahre vor Kriegsende im Osten umgekommen ist. Er war ein williges Werkzeug Himmlers und Hitlers. In ihrem Auftrage handelte er. Daß in anderen Konzentrationslagern derselbe Ungeist dieselben Greuel verübte, erklärt sich daraus, daß die übrigen KZ direkt oder indirekt von Dachau gegründet und mit dem Personal der Totenkopfstandarte besetzt waren. Dieser wurden 1935 die Konzentrationslager von Himmler übertragen. Ihr Name war Programm.

Ein normaler Mensch hält solche Bestialitäten für unmöglich, und wohl jeder anständige Deutsche hätte nie Nazi gewählt, wenn ihm diese Scheußlichkeiten bekannt gewesen wären. Das wußten diese Betrüger sehr wohl. Deshalb wurde jene eiserne Mauer des Schweigens um die Konzentrationslager gezogen. Die deutsche Öffentlichkeit dachte viel zu christlich, als daß sie solche Greuel geduldet, ja überhaupt für möglich gehalten hätte.

Es ist kaum begreiflich, daß es solche Unmenschen geben kann! Und doch gab und gibt es sie zu allen Zeiten. Sie brauchen nur gesammelt zu werden. Hitler sagte einmal auf dem Parteitag, daß er so wie ein Magnet Stahl und Eisen an sich ziehe, die Besten aus dem Volke heraushole. Jene „Besten" waren in Wirklichkeit diese „Bestien", die ihr Untermenschentum an Wehrlosen austobten.

Die meisten von ihnen waren Burschen im Alter von zwanzig bis fünfundzwanzig Jahren. Je roher, desto besser! Sie mußten aus der Kirche ausgetreten sein, durften nicht an Gott glauben, mußten bereit sein, wenn es verlangt wurde, sogar auf Vater und Mutter zu schießen. Täglich wurde ihnen in Wort und Beispiel vorgemacht, daß die Häftlinge keine Menschen seien, daß sie ausgestoßen seien aus der Volksgemeinschaft, daß man sie vernichten müsse auf jede Art.

Nicht bloß die Anführer in Dachau redeten so. Erinnern wir uns nicht mehr, daß jener Oberanführer in Berlin in seinen Staatsreden dieselben Töne anschlug? „Wir werden die Feinde des Nationalsozialismus mit Füßen zertreten!" Solche Sprüchlein wurden in Dachau wörtlich aufgefaßt und wörtlich durchgeführt.

Deswegen darf man nicht jenen Totengräber Deutschlands entschuldigen wollen, etwa damit, er habe um die Zustände in den Konzentrationslagern nichts gewußt.

Alles, was in Dachau vorging, war von Berlin aus befohlen. Hinter allem stand Hitler selbst. Die letzten Kleinigkeiten des Lagerlebens waren von Berlin aus angeordnet, sogar das Schema unserer Spindordnung. Jede Kleinigkeit mußte nach Berlin berichtet werden. Sogar wenn ein Häftling Kapo werden sollte, mußte von Berlin die Erlaubnis eingeholt werden. Hitler und Himmler sind zweifelsohne für die Greuel der Konzentrationslager voll verantwortlich zu machen.

Wo aber sind sie heute, die damals so groß mit ihrer Verantwortungsfreude prahlten? Heute, wo es gilt, vor aller Welt jene Greuel zu verantworten? Durch Selbstmord entzogen sie sich feige der Verantwortung und ließen ihre Helfershelfer, die sie zu einem Kadavergehorsam dressiert hatten, den Gerichten anheimfallen.

NACHÄFFUNG DER PEINIGUNG CHRISTI

Pfarrer Andreas Rieser aus der Salzburger Diözese hatte in Dorfgastein eine neue Kirche bauen und in den Turmknauf derselben eine Urkunde einschließen lassen. In diesem historischen Dokument zeichnete er mit realistischer Deutlichkeit das Verbrechertum des Nazisystems. Der Inhalt der Urkunde wurde verraten, dieselbe von der Gestapo heruntergeholt, Pfarrer Rieser verhaftet und nach Dachau geschafft. Wir wurden in Dachau gute Freunde und Pfarrer Rieser stellte für unser Dachaubuch einen Originalbericht zur Verfügung, den ich gekürzt wiedergebe. Er bietet zugleich einen klaren Einblick in die unerhörten Quälereien der Strafkompagnie. Pfarrer Rieser schreibt:

Am 3. August 1938 wurde ich nach Dachau gebracht. Am 4. August, Vigil vom Feste Mariä Schnee, begann meine Sklavenarbeit. Da ein kurzes Begleitschreiben von der Salzburger Gestapo nach Dachau mitgegangen war über mein „schweres Verbrechen am Kirchturm von Dorfgastein", wußte man also bei meiner Einlieferung schon, welch ein gemeingefährlicher „Verbrecher" und „Volksschädling" ich sei.

Als ich durch das berüchtigte Lagertor geführt wurde, auf dem zu lesen steht: „Arbeit macht frei", schrie ein SS-Mann mir zu: „Mensch, laß' alle Hoffnung fahren! — Niemehr kommst du in Freiheit, außer durch den Kamin!" Ich sollte wie die anderen Leidensgenossen, schon gar als „Pfaffe", zu Tode gequält werden.

Am Marientag begann die Arbeit. Ich bekam einen extra für mich ausgesuchten, schweren Schubkarren, das Dachauer Marterwerkzeug. Im Laufschritt hatte ich nun mit dem stets vollbeladenen Karren zu fahren. Damals war das Lager noch im Aufbau. Überallhin, wo man Beton benötigte, mußte ich das Material in vollen Karren liefern. Damit ich nicht rasten und aussetzen konnte, wurde mir eigens ein SS-Mann zur Seite gestellt, der von der Lagerleitung entsprechend unterrichtet war und mich ständig begleitete, um mich allmählich zu Tode zu hetzen. Dieser junge, blondlockige Über- und Untermensch tat auch das Seinige. Zumeist lief er an meiner Linken und gab mir dauernd Fußtritte, Boxer und Schläge, so oft, wie und wo er mich nur treffen konnte. Wenn er müde wurde, blieb er stehen und bellte mir wie ein Höllenhund weithin nach und warf mich mit Steinen und Holzstücken. Fuhr ich mit dem schwerbeladenen Schubkarren an ihm vorbei, stellte er mir den Fuß oder gab mir Fußtritte, so daß ich der Länge nach zu Boden geschleudert wurde.

Der August 1938 war durch einen wolkenlosen Himmel ausgezeichnet. Wie eine glühende Erzscheibe brannte die Sonne den langen Tag hindurch auf unsere kahlgeschorenen Köpfe und entblößten Oberkörper, so daß jeder Neuling in seiner Kerkerblässe aufgebrannt wurde und den Sonnenbrand bekam. Mir schwoll der Kopf an wie zu einem Vollmond. Die überaus schmerzhafte Geschwulst war so stark, daß ich drei Tage blind war. Ich bekam Alkoholumschläge und drei Tage Blockruhe. Dadurch konnte ich mich wieder etwas erholen. Aber die Angst vor neuen Qualen und das gehetzte Leben in der Strafkompagnie ließen mich nicht zur Ruhe kommen.

Kaum war die Geschwulst gewichen, mußte ich wieder an die Arbeit. Die gleiche Marter begann von neuem. Was dieser Untermensch erwischen konnte, alles warf er nach mir: Steine, Latten, Knüppel, Blech- und Geschirrstücke, Ziegel usw. Wie besessen lief er dann wieder neben mir her und hieb auf mich ein. Dabei hagelte es von Zeit zu Zeit entsetzliche Flüche und Schimpfworte, Drohungen und Schmähungen.

Solche Behandlung erfuhr aber nicht bloß ich allein, sondern so ging es auch den übrigen Häftlingen auf dem ganzen Arbeitsplatz. Am meisten hatten die Neulinge und von diesen wieder die „Pfaffen" und Juden zu leiden. Wie viele sind durch diese Grausamkeit elend zu Grunde gegangen! Sie wurden buchstäblich zu Tode getrampelt und getreten. Es war die Hölle!

Nie in meinem Leben habe ich inniger um die sieben Gaben des Hl. Geistes gebetet. Gott hat mir fühlbar Kraft gegeben. Es kam mir vor, als griffen Engel unter meine Arme und hülfen mir, den schweren, vollbeladenen Schubkarren zu meistern.

Der SS-Mann selber war erstaunt. Einmal packte er mich am Genick und rief: „Der Pfaff hat mehr Kraft, als ich denk'." Vorher spöttelte er immerfort, daß der Federstiel doch viel leichter gewesen sei als Pickel und Schaufel, als Schubkarren und Balken.

Vor Übermüdung konnte ich in der Nacht sehr wenig schlafen, weshalb ich die Zeit der Bettruhe mit Gebet ausfüllte. Ich fand darin geradezu Erholung und Kraft. Besonders Psalmen, die ich auswendig konnte, und viele Schriftstellen aus beiden Testamenten lispelte ich vor mich hin. Ich versetzte mich ganz in die Gegenwart Gottes und schloß mich mit heiligem Ernst und Willen in alle hl. Meßopfer ein. So holte ich mir des Nachts Kraft und Mut für den Kampf mit den Handlangern des Heidentums und der Finsternis.

In den folgenden Tagen stieg der Sadismus auf den Höhepunkt. Einige alte und invalide Juden der Strafkompagnie waren mit dem Abmontieren der zerfallenen spanischen Reiter beschäftigt und mußten die rostigen Stacheldrahtstücke schön geordnet zusammenlegen.

Infolge der bisherigen Mißhandlungen, wohl auch durch die Hitze, war mein Körper voller Risse, Kratzer und Wunden. Der Schweiß rann in Bächlein vom Kopf den ganzen Leib herunter. Durch das Rieseln von Riß zu Riß und von Wunde zu Wunde, was schreckliches Brennen verursachte, wurden die Schweißbächlein mit Blut vermischt und ich sah aus, wie der blutschwitzende Christus. Ich wußte in dem Schmerz wahrhaftig nicht mehr, woher der Schmerz kam und was schmerzlicher war, das Schlagen und Boxen oder das Brennen der offenen Wunden. „Vom Brand verzehrt sind meine Lenden. Nichts Heiles ist an meinem Leib.“ (Ps. 37, 8.)

Dazu höhnte der SS-Mann. Ja, er nahm sogar Stacheldrahtstücke und schlug auf mich ein. Es war meine Geißelung ...

Der Unmensch lief mir nach. In seinem Zorn, in seiner Wut und Besessenheit zerrte er mich zu den Juden und schrie: „He, wie war's mit eurem Christus? Wer hat ihn gegeißelt und mit Dornen gekrönt? Wer hat ihn eigentlich gekreuzigt?“ „Die Juden“, sagte ich. Da erhoben die Juden lebhaften Protest und beteuerten: „Nein, nein! Das waren nicht unsere Vorfahren, sondern die gottlosen Heiden und römischen Sklaven, die unsere Vorfahren bedrückten!“ „Was!“ schrie der SS-Mann. „Nun, Kaplan, was sagst? Du schaust ja so aus, wie euer Christus! Ha, du sollst ihm g a n z gleich sehen! Da, nimm den Stacheldraht und mach dir eine Krone!“

Er reichte mir ein langes Stück des rostigen Stacheldrahtes und ich mußte es zusammenbiegen. Inzwischen rollte er einen Holzstock heran. „So, da setz dich hin!“ Ich tat es. Er drückte mir die Krone aus Stacheldraht auf den Kopf unter teuflischem Grinsen.

Zu den Juden schrie er: „Ihr habt Christus so behandelt!“ „Nein, nein! Wir nicht!“

„Aber a Jud, a stinkeder, war er, genau so wie ihr! — Und die Dreckpfaffen behaupten und predigen, dieser Christus wär der Herrgott! — So spuckt wenigstens den Saupfaffen an!“

Sie mußten es tun, wohl oder übel.

„A schweres Kreuz hat er auch noch trogn, euer Christus? Los, Kerl! Komm! Da drüben sind gnua Balken für den Dachstuhl, die tragst alle hin, wo sie's brauchen, aber alloan! Hast mi verstanden, du Sauhund, Mistpfaff elendiger!“

So trug ich denn schweigend die langen schweren Dachbalken an Ort und Stelle. Wie ein kläffender Hund war der Scherge immer hinterher. Die alte Quälerei ging wieder los. Mit Sehnsucht erwartete ich die Mittagspause.

Nachmittags war es dasselbe. In der ärgsten Hitze bot er mir Wasser an. Bevor er mir aber das Gefäß reichte, goß er höhnisch grinsend das Wasser aus. Er bewarf mich wieder mit allen möglichen Dingen. Fand er ein Stück Draht oder Strick, dann wand er es mir um den Hals und schleifte mich meterweit am Boden, so daß mein Gesicht, mein entblößter Oberkörper und meine Hände noch mehr zerschunden und mit Staub bedeckt wurden. Es war buchstäblich ein Kreuzweg und — „ein Tag der Not und der Züchtigung“ (Jesaias 37, 1).

Die Kreuzigung vorzunehmen, hat der Unmensch doch nicht gewagt. Aber es war ja das Leben in der Strafkompagnie eine ununterbrochene Kreuzigung. —

Soweit der Bericht des Pfarrers Andreas Rieser.

Abgründe, Abgründe — des Menschenherzens ohne Gott! —

EIN WEIHNACHTEN IN ARMUT

Von Anfang an fühlte ich mit innerer Sicherheit, daß sich mir eines Tages die eisernen Tore öffnen würden und ich in die liebe Klosterheimat zurückkehren dürfe. Wer den Riegel zurückstoßen sollte, wußte ich nicht. Am meisten Vertrauen hatte ich zu meinen Oberen und Mitbrüdern. Ich wußte, sie würden alle Hebel in Bewegung setzen. Von Anfang an, schon bevor ich nach Dachau kam, war P. Barnabas Liebisch von Vater Abt Burkard mit meiner Sache betraut worden. Er scheute keinen Weg und keine Reise, sprach bei der zuständigen Gestapostelle in Nürnberg und beim Reichssicherheitshauptamt in Berlin vor. Größte Hoffnung machte ich mir zu Ende des ersten Vierteljahres, das am 12. Dezember 1941 auslief. Manche Mithäftlinge wollten wissen: „Entweder gelingt die Freilassung nach dem ersten Vierteljahr oder nie." Sie hatten nicht recht. Es wurden auch Häftlinge freigegeben, die ein halbes Jahr, zwei oder mehr Jahre gefangen waren.

Ende November hatte mir P. Barnabas, mein Korrespondent, in einem Brief getarnt angedeutet, daß Hoffnung vorhanden sei. Meine Stimmung hob sich gewaltig. Die Freude war verfrüht. Weder am 12. Dezember noch an den folgenden Tagen wurde ich in der Frühe nach dem Appell mit den Freigelassenen gerufen. Dafür traf das Glück am 22. Dezember einen anderen, der mir sehr nahe stand, meinen Mitbruder, P. Albrecht von St. Ottilien.

Die Hoffnung auf Freilassung ist sehr nahe der Adventsstimmung verwandt. Ich erlebte deshalb im KZ den Advent wie nie zuvor. P. Maurus Münch gab am Samstag vor dem ersten Adventssonntag eine gedankentiefe Einführung. Die Parallele lag auf der Hand: Damals eine gottferne Welt. Das Gottesvolk schrie nach dem Erlöser. „O komm, o komm, Emanuel!" Wir heute im Konzentrationslager, in einer Welt ohne Gott, wir riefen ohne Unterlaß: „Komm, komm, Erlöser aus aller Not, aus der Not der Gefangenschaft! Führ uns, führ unser Volk wieder hinaus zum Licht, zur Freiheit, zu dir!"

Jeden Adventssonntag sangen wir bei der Aussetzung das „Rorate caeli desuper..." mit seiner gemütstiefen Melodie. Wie tröstend klang in unseren Seelen die letzte Strophe: „Tröste dich, tröste dich, mein Volk! Bald nahet deine Erlösung... ich werde dich retten. Fürchte dich nicht! Ich bin der Herr, dein Gott, der Heilige Israels, dein Erlöser." Die Texte der Adventsmessen und des Breviers waren uns aus der Seele gesprochen.

Besonders tief empfanden wir die herrlichen O-Antiphonen, die Rahmengesänge zum Magnifikat in den Vespern der vorbereitenden Weihnachtsnovene. Beinahe in jeder fand P. Maurus Münch eine Beziehung zu unserer KZ-Not, als er sie uns allabendlich vor dem Schlafengehen erklärte. Eigens für das KZ gemacht schien uns die vom 20. Dezember: „O Schlüssel Davids und Zepter des Hauses Israel! Der du öffnest und niemand schließt, der du schließt und niemand öffnet, komm und befrei die Gefangenen aus dem Hause des Kerkers, die sitzen in Finsternis und Todesschatten!" Wir betrachteten diese Antiphon als unsere und sangen sie am nächsten Tag mit innerster Sehnsucht und Andacht.

Wenigstens ein kleines Adventszeichen hatten wir uns „organisieren" können: einen Adventskranz mit vier roten Kerzen. Er wurde neben dem Altar aufgehängt, damit alle ihn sehen konnten. Wie stimmungsvoll, wenn nach dem Gottesdienst am Abend alle anderen Lichter und

Lampen erloschen und nur die Kerze auf dem Adventskranz noch schimmerte! Ein Symbol unserer Hoffnung.

Obwohl wir ärmer waren als die sprichwörtlichen Kirchenmäuse, wollten wir das Weihnachtsfest doch so schön wie möglich gestalten. Ein Konfrater, der sich etwas auf Farbe und Pinsel verstand, unser prächtiger Andritzky, malte auf einer großen Leinwandtafel die Szene von Bethlehem. Sie wurde als bedeutendster Festschmuck über dem Altar an der Wand aufgestellt. Ein anderer bastelte eine Weihnachtskrippe, einfach und schlicht. Sie fand neben dem Altar Aufstellung. Auch für die Stube wurde ein Kripplein improvisiert. Es gelang auch, zwei Christbäume zu „organisieren", einen rechts, den anderen links vom Altar. Dazu ein kleineres Bäumchen für die Stube.

Mit Paramenten war es sehr schlecht bestellt. Wir hatten damals nur ein einziges Meßgewand, auf der Außenseite weiß, auf der Innenseite schwarz. Trotzdem wollten wir zum Fest ein levitiertes Amt halten. Zum Glück besaßen wir drei Alben. So traten unsere Leviten in Alben auf.

Die für den Leib bestimmten Vorbereitungen sind rasch aufgezählt. Die einzige Süßigkeit, die im Bereich der Möglichkeit lag, waren drei Büchsen „Karo", kleine Dosen mit Sirup, und neben den üblichen Zigaretten eine Zigarre. Wir zeichneten eine Spende für die Mittellosen im Lager, damit sie wenigstens diese einzige Weihnachtsfreude erstehen konnten; denn von der Lagerleitung aus geschah nichts für das Fest.

Unsere Feier begann schon in der Frühe des Hl. Abends. P. Maurus konnte sich im Gedächtnis noch die Ankündigung des Festes rekonstruieren, denn ein Buch stand uns nicht zur Verfügung. Er sang den Text einfach und schlicht, wie er im Kloster gesungen wurde: „Anno a creatione mundi, quando in principio Deus creavit caelum et terram, ... Im Jahre 5199 seit Erschaffung der Welt, da im

Anfange Gott den Himmel und die Erde ins Dasein rief, im Jahre 2597 seit der Sintflut, im Jahre 2015 seit Abrahams Geburt...., im Jahre 752 seit der Gründung Roms, im zweiundvierzigsten Jahre der Regierung des Kaisers Augustus, als die ganze Welt in Frieden lag, da wurde Jesus Christus, ewiger Gott und Sohn des ewigen Vaters..., in Bethlehem, im Lande Juda von Maria, der Jungfrau, geboren."

Als der Kantor bei den letzten Worten seine Stimme hob und alle ehrfürchtig und dankerfüllt in die Knie sanken, da konnten ich und viele andere die Tränen der Ergriffenheit nicht mehr zurückhalten. Solch gewaltige Wirkung hatte dieser einfache Text noch nie auf uns gemacht: Christus, der Erlöser, ist geboren. Nicht in häuslicher Gemächlichkeit in Nazareth! Nein, in Bethlehem, in herzloser Fremde, in Armut, fern der Heimat, genau wie wir. Weshalb sollten wir noch traurig sein? Was konnten jene Menschen ohne Gott uns antun? Sie konnten wohl den Leib aushungern und töten, aber der Seele konnten sie nicht schaden. Es schwebte damals der Schatten des Todes über unserer Priestergemeinschaft. Jeder Dritte war gezeichnet, sollte das nächste Weihnachtsfest nicht mehr erleben. Aber uns war ja Christus geboren! Würde das Weihnachtsfest im Himmel nicht viel herrlicher sein?

Mit echter Weihnachtsfreude im Herzen sangen wir gegen Abend des Vortages die Mette mit den herrlichen Lektionen und das Mitternachtsamt. Die Kapelle war an diesem Abend bis auf den letzten Platz gefüllt. Nicht bloß mancher der polnischen Konfratres, auch mancher katholische Laie hatte sich eingeschlichen, obwohl dies streng verboten war. Wir freuten uns mit ihnen. Viele aber standen draußen und konnten nur von ferne mit Wehmut im Herzen die Weihnachtslieder hören.

Hernach saßen wir einige Stunden in der Stube um unser brennendes Christbäumchen, sangen Weihnachtslieder: „Stille Nacht, heilige Nacht“ und andere. Konfrater Berchtold hielt eine packende Ansprache, und am Schluß kam es aus übervollem Herzen, als wir uns gegenseitig händeschüttelnd eine recht gnadenreiche Weihnacht wünschten.

In den Tagen nach Weihnachten gestattete die Lagerleitung jedes Jahr einen kleinen Varietéabend für die Häftlinge, den die Blöcke abwechselnd besuchen durften. Akrobatenkunststücke, kleine Bühnenbilder, Tänze und ähnliches wurden zur Belustigung geboten. Damals trat zum ersten Male die Lagermusik auf, eine Häftlingskapelle mit etwa zwanzig Blasinstrumenten. Ein paar Wochen vor Weihnachten war im Lager eine Spendeliste für Musikinstrumente herumgereicht worden. Auch Block 26 hatte tüchtig gezeichnet. Die Instrumente wurden angeschafft, und selbst der Lagerführer förderte dieses Unternehmen, was uns mit mancher Härte versöhnte. Sein Nachfolger hat allerdings die Lagerkapelle sehr bald wieder abgeschafft.

DÜSTERE ANZEICHEN

Am Silvesterabend 1941 wünschten wir uns nach einer kleinen, bescheidenen Feierstunde auf Stube 2 ein recht glückliches neues Jahr. Möge es das Jahr der Freiheit werden! Es wurde für viele das Jahr der Entlassung, aber einer „Entlassung durch den Kamin", wie die derbe Sprache des Lagers den Tod nannte.

Am Neujahrstage kamen die Bekannten von anderen Blöcken. Ältere Häftlinge, Bekannte unseres Blockpersonals von anderen Blöcken, durften ungehindert zu uns kommen. Sehr oft sprach Blockältester Guttmann vor. In seiner lauten, jovialen Art redete er gleich bei der Tür die ganze Stube an. „Ich wünsche der ganzen hochw. Klerisei ein recht glückliches neues Jahr! Aber ich sehe schwarz für den Block 26!" Er machte gerne Spaß. Deshalb nahmen wir seine düstere Prophezeiung nicht so ernst, wenn auch Guttmann bei seinen guten Verbindungen oft mehr als die anderen wußte.

Ein paar Tage nach Neujahr redete sich die schlimme Nachricht herum, Block 26 sei wieder als Arbeitsblock eingeteilt. Bisher waren wir in „Schonung" geschrieben.

Zunächst merkten wir noch keine Veränderung. Dann und wann kam zwar ein Kapo, der Leute zum Schneeschippen herausholen wollte. Die Hauptarbeit bestand in jenen Monaten im Schneeschippen. In Dachau fiel reichlich Schnee. Bei der Schmelze vermochten die Kanäle die Wassermassen nicht zu fassen. Um Überschwemungen vorzubeugen, hatte die Lagerleitung befohlen, daß der neugefallene Schnee täglich abtransportiert werden müsse.

Eine recht unangenehme Arbeit, die von den nicht zur Arbeit eingeteilten Häftlingen geleistet werden mußte.

Unangenehm und beschwerlich, weil es an Ausrüstung fehlte, und weil die Kleider für die Arbeit in der Winterkälte und Nässe zu dünn waren. Das Schuhwerk bestand meist nur aus Holzpantoffeln. Zwar sollten die Arbeitskommandos mit Holzschuhen versorgt werden. Aber diese reichten bei weitem nicht aus.

Schneeschippen galt nicht als regelmäßige Arbeit. Deshalb erhielten die armen Leute keine Brotzeit. Sie mußten die Platten ihrer Tische mitbringen. Der Schnee wurde auf die Tischplatten geladen und von vier Mann durch das Lager über den Appellplatz zum Tor hinausgetragen und dort in den Bach geworfen. Andere mußten die Schneemassen auf demselben Weg mit Körben und Schubkarren abtransportieren. Weil dieser Weg über den Appellplatz und durch das Jourhaus führte, wo immer SS-Leute ab- und zugingen, war die Arbeit zudem sehr gefährlich. Die kräftigen SS-Leute verlangten Tempo bei der Arbeit. Den ausgehungerten Häftlingen aber fehlten die Kräfte. Besonders manche Rapportführer waren ständig am Treiben, kommandierten bisweilen Laufschritt, schlugen Entkräftete, die sich verschnaufen wollten, mit Stöcken und Prügeln und trieben dauernd zur Eile.

Unsere Konfratres vom Block 28 und 30 wurden in großer Anzahl zur Schneearbeit herangezogen. Sie hatten, seit ich von ihnen geschieden war, starken Neuzugang erhalten: etwa achthundert katholische Geistliche aus dem Warthegau! Deren ganzes Verbrechen bestand darin, daß sie katholische Geistliche waren. Der Gauleiter jener Gegend wollte aus seinem neuen Gau den Mustergau schaffen, das Ideal der Zukunft. Nach ihm sollten nach dem Krieg — sie wußten ja ganz sicher, daß sie siegen würden — alle deutschen Gaue ausgerichtet werden. Das neue Deutschland ohne Geistliche, ohne Gottesdienste, ohne Sakramente — ein religionsfreies Deutschland! So träumten sie, und das Volk ahnte nicht, was ihm bevorstand.

Die polnischen Geistlichen des Warthegaues erhielten nicht einmal einen persönlichen Schutzhaftbefehl. Jeder wurde einzeln von der Ortspolizei abgeführt. Sie wurden in Gefängnissen gesammelt und nach Dachau transportiert. Der zweite, etwa vierhundert Geistliche zählende Transport kam anfangs Dezember 1941 in Dachau an, bei bitterster Kälte. Die Kammer war für solchen Zugang nicht gerüstet. Viele erhielten daher nicht einmal Wäsche, andere keine Mäntel, keine Mützen, keine Socken. Es waren viele ältere Herren dabei, die geführt werden mußten. Ein Trupp von etwa hundert dieser Geistlichen mußte beim Antreten zum Appell jeweils schon vor dem Abrücken des Blockes langsam vorausgehen, weil die erschöpften Menschen den üblichen Schritt nicht einhalten konnten. Es war ein Jammerbild, das diese gebeugten Priestergreise boten, die einen mit schneeweißem Haupthaar, die anderen mit kahlem Scheitel, von jüngeren Kollegen am Arm mehr getragen als geführt. Wir grüßten sie ehrfurchtsvoll, wenn sie an uns vorüberzogen. Sie grüßten wieder. Manche trotz aller Mühsal ein heiteres Lächeln auf dem Antlitz: „Alles für Christus!" „Gelobt sei Jesus Christus!" Andere wieder ganz ernst.

Wir konnten ihnen die Anstrengung, die jeder Schritt verursachte, vom Gesicht ablesen. Es war ein Bild, das ganz lebhaft an die Märtyrerzeiten der Urkirche erinnerte. Ich entsinne mich noch gut, wie sie barhäuptig als letzter Block links von uns auf dem Appellplatz standen — also auf der Ostseite — oft eine Stunde und mehr. Bisweilen pfiff der kalte Ostwind so stark, daß wir alle erschauerten. Sie legten sich ihre Handschuhe auf ihren unbedeckten Kopf, um ihn gegen die scharfe Kälte etwas zu schützen.

Ein halbes Jahr später waren von diesen vierhundert Priestern keine hundert mehr am Leben.

Die Invaliden wurden nicht zur Schneearbeit herangezogen. Dafür aber alle anderen, auch wenn sie völlig unzureichend bekleidet waren.

Am 25. Januar, dem Fest Pauli Bekehrung, gab es auch für Block 26 keinen Wein mehr. Wir hatten zwar bei dem „Weinkommando" keine rechte Freude an ihm, im Organismus tat er jedoch seine gute Wirkung. Die Tasse Kakao jeden zweiten Tag erhielten wir noch einige Wochen weiter. Schließlich blieb auch sie aus. Trotzdem waren wir noch im Vorteil: keine Arbeit, Erlaubnis zum Studium, Gottesdienst. Und der freute uns am meisten.

Ende Januar lief das Gerücht von Mund zu Mund: „In einigen Wochen sind die Kartoffeln aufgegessen. Neue werden nicht gekauft. Es soll bis Sommer nur Steckrüben geben." Die älteren Häftlinge machten ernste Gesichter. „Leute, ihr sollt mal sehen, was dann kommt!" prophezeite unser Stubenältester.

Wir Neulinge ahnten die Folgen einer solchen Änderung nicht. Die Pessimisten sollten recht behalten. Von Mitte Februar an blieben die Kartoffeln aus. Sie waren neben dem Brot das einzige Wertvolle unserer Lagerkost. Statt ihrer wurde zum Mittagessen täglich eine Suppe von Steckrüben aufgetischt. Nur an den Sonntagen machte die Küche eine Ausnahme mit einer Nudel- oder Graupensuppe.

Manchem Kollegen ging es nun ganz schlecht, weil sein Magen die Steckrüben einfach nicht vertrug. Er mußte sich jedesmal nach dem Essen erbrechen. Dabei war das Mittagessen Hauptmahlzeit! Für Monate! Von Februar bis Ende Juni! Es war eine schlimme Zeit. Dazu kam zu allem Unglück eine Kürzung der Brotration. Unser Drittel war schon vor Weihnachten auf ein Viertel reduziert worden. Im neuen Jahr — ich weiß den Termin nicht mehr genau — erhielt der Häftling abwechselnd einen Tag ein viertel, den anderen ein fünftel Kilogramm. Genauer gesagt ein viertel und ein fünftel Kommißlaib. Das genaue Gewicht dieses Laibes konnten wir nicht feststellen. Es hieß, er wiege ungefähr ein Kilogramm.

Am Montag nach dem Palmsonntag begann für unsere polnischen Mitbrüder im Block 28 und 30 eine schwere Leidenswoche. Der Lagerleitung war gemeldet worden, ein polnischer Geistlicher hätte einen jungen Russen aufgefordert, langsamer zu arbeiten; er solle doch nicht dem Feinde zum Siege helfen. Wir konnten nicht feststellen, ob der Geistliche wirklich so gesagt hatte. Jedenfalls wurden alle polnischen Geistlichen dafür bestraft. Sie mußten vom Montag in der Karwoche bis zum Ostersonntag täglich vom Morgen- bis zum Abendappell — die Mittagsstunde ausgenommen — auf dem Appellplatz strafstehen. Für die älteren, gebrechlichen Herren eine unerhörte Schikane! Was konnten die fünfzehnhundert anderen dafür, wenn einer sich verging? Aber solch grausame, ungerechte Kollektivstrafen paßten in diese Welt ohne Gott.

Anständige Menschen konnten nie glauben, wie gemein, wie niederträchtig diese SS-Leute dachten und handelten. Am 14. März 1942 war mein Bruder Konrad gefallen. Der einzige Bruder, der mir geblieben war. Meine Angehörigen vermuteten mit Recht, daß mir in meiner Lage diese Nachricht sehr ans Herz greifen werde. Sie sandten deshalb das Telegramm nicht direkt an mich, sondern an die Lagerleitung in der Annahme, diese würde mir die Trauerkunde irgendwie menschlich vermitteln. Wie sehr hatten sie sich getäuscht!

Am Vorabend brachte mir der Blockschreiber die Nachricht, ich müsse morgen zur „politischen Vernehmung" kommen. Wir wußten wohl, daß unter dem Ausdruck „politische Vernehmung“ nach Lagergebrauch alle möglichen Dinge verstanden sein konnten. Leichte und ganz unpolitische Angelegenheiten, aber auch Sachen, bei denen es sich ums Leben handelte. Ich war am Abend, in der Nacht, am Morgen ständig in Sorge. „Was soll das sein? Hast du etwas angestellt?“

Am nächsten Morgen, nach dem Appell, mußte ich bei der Gruppe der „politischen Vernehmungen“ antreten. Es regnete. Wir mußten etwa zwei Stunden im Regen stehen. Dann wurden wir zur politischen Abteilung geführt. Es dauerte wieder eine Stunde, bis ich vorgenommen wurde. Ich trat in die Schreibstube, in der ein SS-Scharführer, ein junger Fant, am Tische saß, sagte mein Sprüchlein auf: „Schutzhäftling Johann Heß, Nummer 27 186, geboren am 1. Mai 1899, meldet sich gehorsamst zur Stelle.“

Der SS-Mann schaute mich kaum an: „Sie haben einen Bruder Konrad Starklauf.“

„Jawohl, Herr Scharführer, er ist Soldat an der Ostfront.“

„Er war an der Ostfront. Er ist gefallen.“

Ich glaubte, mich treffe der Schlag, so herzlos fuhr ihm dieses „war“ aus dem Munde.

Er entfaltete das Telegramm und las es mir ohne das geringste Mitgefühl vor. Ich beherrschte meine innere Erregung, unterschrieb auf der Rückseite, daß ich von dem Telegramm Kenntnis erhalten habe, und verließ mit einer militärischen Kehrtwendung die Schreibstube.

Draußen im Gang mußte ich wieder warten. Als alle „vernommen“ waren, führte uns dieser Scharführer ins Lager zurück. Wir waren sieben Mann, aufgestellt zu einer Gruppe, vordere Reihe fünf, hintere zwei Mann, und marschierten im Gleichschritt wie immer, wenn eine Gruppe von einem SS-Mann geführt wurde.

Im Torhaus mußte zum Wachposten hinein, der am Fenster saß, Meldung gemacht werden, damit dieser wußte, daß die Gruppe wieder ins Lager zurückkehrte, und sie von der Ausgangsliste strich. Die Meldung hatte der Häftling zu erstatten, der an der linken Seite lief. Zufällig war ich beim Aufstellen an die äußerste Linke geraten, hatte also Meldung zu machen. Ganz in Gedanken an meinen gefallenen Bruder und meine Angehörigen, dachte ich nicht an die Meldung, zählte aber im letzten Moment und rief, ohne etwas zu denken, dem Wachposten zu: „Sieben Mann von der politischen Abteilung zurück."

Pautsch! hatte ich einen Schlag auf den Mund, und der begleitende SS-Mann, der mir vorher so „schonend" die Mitteilung vom Tode meines Bruders gemacht hatte, brüllte mich an: „Sog halt gor: sieben Herrn! Hund, elender!"

Ich hatte gegen den Lagerkomment verstoßen. Meine Meldung hatte zu lauten: sieben Häftlinge, nicht sieben Mann! Der Häftling war eben kein Mensch, infolgedessen auch kein Mann.

Darin bestand die Tapferkeit dieser SS-Helden. Während anständige Leute draußen an der Front für dieses Staatsgebilde verbluten mußten, kannten die „Herrenmenschen", die sich die Träger dieser Staatsidee nannten, nichts Wichtigeres, als wehrlose Häftlinge zu quälen.

INVALIDENTRANSPORTE 1942

Wer arbeiten konnte, fand durch seine Arbeit — zu meiner Zeit wenigstens — einigermaßen Schutz. Ein tüchtiger Arbeiter stand normalerweise gut bei seinem Kapo, der vorbeugend manche Gefahr abwenden konnte. Allmächtig war zwar auch ein Kapo nicht, aber er unterstand einem Betriebsführer, einem SS-Mann also. Jeder Betriebsführer wollte nun, daß „sein Laden klappte". Wenn der Kapo einen Arbeiter beim Betriebsführer in gutes Licht setzte, konnte dann und wann abgeholfen werden.

Ganz verlassen und den Lagerlaunen schutzlos preisgegeben waren die „Invaliden". Invaliden waren jene Menschen, die durch Hunger und Entbehrungen so entkräftet waren, daß sie zu keiner Arbeit mehr taugten. Sie waren getrennt von den „Eingeteilten" und führten ein Sonderdasein. Während der Arbeitszeit durften auch sie nicht auf ihren Stuben sitzen. Nur bei Regen oder Schnee oder bei großer Kälte wurden ihnen leere Stuben zum Aufenthalt angewiesen. Sonst aber standen sie den ganzen Tag auf dem Appellplatz, wurden mit Freiübungen exerziert, marschierten in Kolonnen um den Appellplatz herum usw.

Es war ein Bild des Jammers. Diese gebeugten Gestalten, auf Stöcke oder Kameraden gestützt, schlecht gekleidet, künstlich durch eine unmenschliche Behandlung zu „Kretinern" — wie der Schimpfname der SS lautete — gemacht und dann täglich als „Kretiner" gescholten! Wer menschliches Elend sehen wollte, mußte sie im Bade betrachten: ausgehungert zu Skeletten, Arme und Beine so dünn wie die von Kindern, sämtliche Knochen und Rippen des menschlichen Körpers deutlich sichtbar, dazu oft mit vernachlässigten, großen eitrigen Wunden bedeckt. Mit einer einigermaßen kräftigen Nahrung wären die meisten zu retten gewesen. Es fanden sich nicht nur ältere Männer darunter, auch ebenso viele Zwanzig- und Dreißigjährige.

Bei meiner Ankunft im Herbst zählte die Invalidenabteilung etwa zweihundert Mann. Während des Winters stieg sie auf über tausend an, teilweise auch durch Transporte von anderen Lagern.

Um die Jahreswende 1941/42 kamen noch mehr auswärtige Invaliden. Es mußte etwas im Gange sein. Im Februar hieß es dann, die Invaliden kämen weg. Wohin? Wer die Gesinnung der Lagerleitung kannte, mochte ernste Bedenken tragen. Von offizieller Seite wurde das Gerücht verbreitet: „Die Invaliden kommen in ein Sanatorium. Dort werden sie gut verpflegt und tüchtig gefüttert und dann wieder in den Arbeitsprozeß eingegliedert." Das Märchen war aber zu schön, als daß es im Lager Glauben gefunden hätte.

Auch Geistliche wurden auf die Liste gesetzt, die doch gar nicht zur Arbeit verwendet worden waren. Einige vom Block 26. Eines Herrn entsinne ich mich sehr gut. Er war Österreicher, Karas mit Namen. Er hatte ein Bruchleiden und innere Krankheiten, fühlte sich meist sehr schwach, meldete sich überall als invalid und bangte sehr für seine Zukunft. Sein ständiges Thema war: „Wann werden wir frei?" Sein Name stand gleich beim ersten Transport im März auf der Liste. Von unseren polnischen Mitbrüdern waren über hundert dabei.

Noch heute sehe ich den Jammerzug an unserem Block vorbeischlürfen, in Fünferreihen. Es waren all die armen Priestergreise, die sonst immer vor dem Abmarschieren zum Appell an uns vorüberzogen. Jeder trug in einem Päckchen seine wenigen Habseligkeiten, viele auf einen

Stock oder auf Kameraden gestützt. Morituri, dem Tode geweiht!

Droben auf dem Appellplatz wurden ihre Namen verlesen und sie selbst in Zehnerreihen und Hundertschaften aufgeteilt. Zehn Hundertschaften nacheinander! Lagerführer, Rapportführer, Lagerältester schrien und wetterten über die „Kretiner", die nicht hören konnten. Nach stundenlangem Stehen zog der Trauerzug ab, zur Stadt Dachau, an den Bahnhof. Was mochten sich die Einwohner der Stadt bei diesem Jammerzug gedacht haben? Wahrscheinlich wurden sie mit demselben Märchen belogen wie wir.

Ich hatte einen Bekannten in der Kleiderkammer, der mir schon nach einigen Tagen berichtete, daß die Kleider dieser tausend Invaliden in der Kammer wieder eingetroffen seien. „Du, das hat nichts Gutes zu bedeuten."

„Was meinst du?"

„Ich glaube, die sind schon tot."

Ganz fest war ich noch nicht überzeugt. Aber einige Wochen später berichteten Häftlinge, sie hätten von ihren Angehörigen erfahren, daß der und der von Dachau als tot gemeldet sei. Besonders die polnischen Geistlichen erfuhren rasch von dem Tod ihrer Mitbrüder und Landsleute.

In der Folge wurden alle drei bis vier Wochen solche Transporte zusammengestellt. Immer fester wurde die Überzeugung, daß es sich um Todestransporte handelte. Die Wahrnehmungen waren immer die gleichen: nach ein paar Tagen trafen die Kleider der Abgeführten ein, einige Wochen später häuften sich die Todesnachrichten. Allmählich waren wir alle überzeugt, daß es sich nicht um ein Sanatorium, sondern ein Krematorium handelte.

Im Mai begann allmählich die Flucht vor den Transporten. Keiner wollte jetzt mehr ohne Arbeitskommando sein. Jeder trachtete, sich irgendwo zur Arbeit einteilen zu lassen. Damit aber doch die nötige Anzahl für die Transporte erreicht wurde, schrieben die Ärzte im Revier unter den Kranken ihre Listen zusammen. Nun war jede Krankheit lebensgefährlich. Das Revier war um einen Schrecken reicher geworden. Auch vorher schon vermied es jeder, solang er nur konnte, das Revier zu beanspruchen. Aber manche Krankheiten konnten ohne Bettruhe nicht geheilt werden.

Des evangelischen Geistlichen Werner Sylten entsinne ich mich, der einen Hautausschlag zu kurieren hatte. Die Sache konnte nicht ambulant behandelt werden, sodaß der Kollege sich ins Revier begeben mußte. Seine Besserung machte gute Fortschritte. Unglücklicherweise wurde aber in den Tagen seiner Behandlung ein Invalidentransport zusammengestellt. Der Arzt setzte kurzerhand auch Syltens Namen auf die Liste und der Arme mußte von uns scheiden. Schon 1933 war seine Frau gestorben. Seine beiden unmündigen Söhne verloren jetzt einer Laune des Lagerarztes zufolge auch noch den geliebten Vater.

Ähnlich erging es zur selben Zeit unserem Freunde Heinzmann aus der Augsburger Diözese. Er war erst neununddreißig Jahre alt. Immer gesund, trug er die schweren Kessel von der Küche genau so wie wir. Eines Tages wurde er krank und mußte sich ins Revier melden. Auch er wurde auf die Liste gesetzt. Einige Tage vor dem Transport war er wieder gesund und stand in Arbeit, aber keine Macht der Welt konnte ihn von der Liste streichen. Die Listen waren offenbar nach Berlin weitergeleitet und von dort „genehmigt“ worden. Damals wußten er und wir bereits sehr wohl, was die Transporte zu bedeuten hatten. Beim Abschied drückte er uns die Hand und versicherte mit ernstem Blick: „Ich opfere mein Leben für die Freiheit der Kirche.“

Einige Wochen später schrieb seine Schwester, daß er von Dachau als tot gemeldet sei. Sie hatte einen Brief voll Lügen und Heucheleien von der Lagerleitung erhalten. Es täte ihnen leid, mitteilen zu müssen, daß ihr Bruder in Dachau (!) gestorben sei. Er habe an Magen- und Darmkatarrh gelitten, alle medizinöse und ärztliche Hilfe (!) sei ihm zuteil geworden, doch das hartnäckige Übel sei nicht gewichen (!). Er habe keinen letzten Wunsch hinterlassen (?). Seine Leiche sei in dem staatlichen Krematorium von Dachau (!) eingeäschert worden. — Eine ganz skrupellose Satanie!

Je mehr sich im Lager die Erkenntnis durchsetzte, daß die Invalidentransporte nur den Tod bedeuteten, desto größer wurde die Flucht vor ihnen. Auch solche, die schon auf der Liste standen, verbargen sich am Tage des Abmarsches. Sie versteckten sich auf fremden Blöcken unter den Betten oder krochen in sonstige Schlupfwinkel. Es fehlten jedesmal mehr, und regelmäßig mußte vor einem Abmarsch im ganzen Lager Jagd auf „Invalide" gemacht werden.

Mit den Invalidentransporten trat im Juli oder August für uns Geistliche eine Wandlung ein. Ich weiß heute noch nicht, woher sie kam. Eines Tages wurde die „Parole" bekannt: „Deutsche Geistliche dürften nicht mehr auf Invalidentransporte geschickt werden." Einige Tage später erlebten wir den Beweis. Drei unserer Konfratres, die schon auf der Liste eines neuen Transports standen, wurden gestrichen und auf den Block zurückgeschickt. Noch heute sehe ich, wie eines Nachmittags — die Sommersonne stand warm am Himmel und ich war zur Arbeitspause an die Tür des Vorraumes von Stube 4 getreten — Kaplan Scheipers, Jesuitenpater Berndl (Linz) und Pfarrer Binder (Schneidemühl) freudestrahlend vom Revier kamen, ihre Siebensachen unter dem Arm trugen und uns berichteten, sie kämen nicht auf Transport. Wir umringten sie, begrüßten und beglückwünschten sie, als wären sie von den Toten auferstanden. Wir dankten Gott, der einen schweren Alpdruck von uns genommen hatte.

Was geschah nun in Wirklichkeit mit den Invaliden? Jeden Deutschen wird Scham und Wut packen, wenn er diese teuflische Niederträchtigkeit hört.

Ich war im Sommer 1945 wieder in Dachau, im ehemaligen Konzentrationslager, das jetzt von SS-Leuten bevölkert wird. Es war gelungen, einen Lagerführer des Jahres 1942 dingfest zu machen. Über die Invalidentransporte befragt, gestand er, daß die Leute in die Gegend von Linz geschafft wurden. Dort wurden sie entweder in Gaskammern durch Giftgas getötet, oder es wurde ihnen Benzin in die Adern gespritzt. Die Leichen wurden im dortigen Krematorium verbrannt.

Das also war die Wahrheit! Erst läßt man die eigenen Volksgenossen zu Invaliden verhungern, dann tötet man sie vollends durch Gift. Aber in dieser Welt ohne Gott war ja alles erlaubt, was den „Herren" gefiel. Es gab keine Gebote Gottes mehr, es gab auch keine Menschenrechte mehr.

KOMMANDO PLANTAGE

Anfang April 1942 merkten wir auf Block 26 deutlicher, daß die düsteren Anzeichen der Neujahrszeit sich ohne Abstriche erfüllen sollten. Wein und Kakao waren ausgeblieben, die Brotration war gekürzt worden, Block 26 mußte wieder zusammen mit Block 28 und 30 Kessel tragen. So galt der tägliche Weckruf „Kaffeeholer raus!" mit dem begleitenden Pfeifensignal auch wieder uns. Die Kaffeeholer durften sich nach dem Aufstehen gar nicht erst waschen. „Tempo, Tempo!" hieß es täglich. Wir mußten rasch Kleider und Schuhe anziehen und antreten. Erst nach getaner Arbeit hatten wir Zeit zur Morgentoilette und zum Bettenbau.

Ende April polterte eines Nachmittags der Hauptscharführer vom Arbeitseinsatz mit großen Listen zur Stube herein. „Alle Pfaffen raus! Vor der Baracke antreten!" schrie er. Wir wurden zum Arbeitseinsatz gemustert. Alle tauglich! Nur die Kollegen, die über sechzig Jahre zählten, wurden nicht in die Listen eingetragen. Der SS-Mann erklärte uns die Bestimmungen über das Verhalten bei der Arbeit. „Alle Pfaffen kommen auf die Plantage. So ist es von Berlin befohlen!" Den anderen Häftlingen stand es mehr oder weniger frei, sich nach Beruf und Fertigkeit ein Arbeitskommando zu wählen.

Neben dem Kiesgrubenkommando war die Plantage von den Häftlingen am meisten gemieden. Dort gab es immer noch Erdarbeiten, Straßenbau und sehr viel Spatenarbeit. Die Plantage war ein großes Stück Land, das erst in den letzten Jahren durch Häftlinge dem Moor abgerungen worden war. Gräben mußten gezogen, Tümpel ausgefüllt, Humuserde mußte aufgefahren werden.

Viel Schweiß und Blut und Leben von Hunderten hat diese Erdarbeit verschlungen. Auf den riesengroßen Flächen wurden Gewürz- und Teekräuter gepflanzt: Kümmel, Majoran, Basilikum, Thymian, Minze, Königskerzen, Gladiolen und anderes.

Weder Zugtiere noch Motore wurden verwendet. Menschenhände, Häftlingshände mußten jahrelang den steinigen Boden bearbeiten. In Reihen zu zweihundert und dreihundert wurden die Häftlinge auf die großen Felder kommandiert. Mit Spaten ausgerüstet, gruben sie die schwarze, kiesdurchsetzte Erde um, getrieben von den SS-Leuten, getrieben durch Kapos und Aufseher. Kein Verschnaufen, kein Aufrichten wurde geduldet. „Tempo, Tempo! Bewegung, Bewegung, Bewegung!" und Schläge mit dem Prügel machten die Arbeit zur Sklavenarbeit.

Dies wurde uns von den älteren Häftlingen über die Plantage erzählt. Nun sollten die „Pfaffen" samt und sonders diesem Kommando zugeteilt werden. Von den polnischen Geistlichen schätzten sich alle glücklich, die schon einem anderen Kommando zugeschrieben waren. Hunderte hatten sich ein paar Monate vorher zu Tischlern und Maurern anlernen lassen. Sie blieben jetzt von der gefürchteten Plantage verschont.

Deutlich spürte man: Von Berlin wehte wieder ein eisiger Wind gegen die Geistlichen, was sich besonders in der Brotzeitfrage zeigte. „Brotzeit", eine Lebensfrage für die älteren Häftlinge. Ich wunderte mich am Anfang sehr, welches Aufheben die alten Lagerinsassen von der Brotzeit machten. Später spürte ich am eigenen Leibe, daß sie recht hatten. Es galt als Regel, daß alle Häftlinge, die in Arbeit standen, täglich eine Ernährungszulage erhielten. Sie bestand aus einem sechstel Brot (etwa 170 g) und einem Stückchen Wurst, Margarine, Sülze oder dergleichen. Bei der eiweiß- und fettarmen Lagerkost bedeuteten diese Zulagen tatsächlich das Leben. Als nun die „Pfaffen" dem Plantagenkommando zugeteilt wurden, nahm Berlin diesem Kommando die Brotzeit. Die Absicht war deutlich.

Die letzten Wochen des April waren sonnig und warm. Wir jubelten schon, daß nun die bessere Jahreszeit anbrach. Der Lagerführer ließ deshalb Mäntel und Unterjacken einsammeln. Wir hatten nichts dagegen. Anfang Mai aber setzte eine verspätete Kältewelle ein. Bei klarem Wetter sank das Thermometer auf minus acht bis zehn Grad. Dann pfiff ein so eisig kalter Ostwind, daß uns schon die Stunde Appell durch und durchfrieren ließ. Nun lagen die Mäntel und Unterjacken in der Kammer auf Haufen, und die Armen erfroren draußen in Wind und Kälte. Des Abends kamen sie mit glühend roten Gesichtern heim, so unbarmherzig hatte sie der kalte Ostwind gepeitscht. Dazu wirbelte er die trockene Moorerde auf und trieb sie vor sich her, daß die Plantagenleute schwarz wurden wie Kohlenbrenner. Alle Bitten bei der Kammer und Lagerleitung um nochmalige Herausgabe der Winterkleider blieben erfolglos.

Schließlich legte sich der Chef der Plantage ins Mittel. Er teilte dem Kommandanten, dem Vorgesetzten der Lagerführung, mit, er nehme die Häftlinge nicht mehr zur Arbeit an, wenn sie nicht in Winterkleidung anträten. In kurzer Zeit seien die Leute bei der Kälte steif gefroren, könnten nicht mehr schaffen, und die Felderbereitung bleibe zurück. Das half. Der Lagerführer erhielt vom Kommandanten Befehl, das Plantagenkommando mit Mänteln und Unterjacken auszurüsten.

Die erste Plage, die große Kälte, war Mitte Mai gebrochen. Schon folgte die zweite, eine monatelange Regenperiode. Es regnete täglich. Mäntel und Unterjacken waren inzwischen wieder eingesammelt worden. Was der

April versäumte, holten Mai und Juni nach. Ein Regenschauer nach dem anderen prasselte hernieder. Den Häftlingen wurde nicht erlaubt, sich unterzustellen. Wehe, wenn der Kommandoführer, ein SS-Mann, einen dabei sah! Vom Bienenhaus, das etwa in der Mitte der Plantage lag, beobachtete er mit einem Feldstecher das ganze Gelände. Wer sich erwischen ließ, erhielt eine Meldung wegen „Faulheit bei der Arbeit". Hierfür diktierte die Lagerleitung dem Häftling „fünfundzwanzig", eine Stunde „Baum" oder eine ähnliche Lagerstrafe.

Wieder setzte sich der Chef der Plantage für die Häftlinge ein und erklärte, die Pflanzen litten Schaden, wenn die Häftlinge bei aufgeweichtem Boden mit großen Erdklumpen an den Füßen durch die Pflanzenreihen schreiten müßten. Deshalb sei die Arbeit in den Feldern bei anhaltendem Regen einzustellen. Hauptsturmführer Vogt drang wieder durch, und bisweilen durften sich dann die Häftlinge im Vorbau des Gerätehauses unterstellen, oder sie durften sogar vor Arbeitsschluß einrücken.

Freilich: durchnäßt waren sie täglich bis auf die Haut. Die dünnen Häftlingskleider boten keinen Schutz. Wäsche und Kleider mußten wieder am Leibe trocknen. Es gab keine andere Möglichkeit. Nach dem Grundsatz, daß sich während der Arbeitszeit niemand auf der Stube aufhalten durfte, wurden sie in leerstehenden Räumen zusammengepfercht. Sitzgelegenheit gab es dort keine. Die einzige Möglichkeit war, sich auf den Boden zu setzen.

Stand kein unbelegter Raum zur Verfügung, wurden sie in den Waschraum kommandiert. Dort mußten sie in nassen Kleidern die Zeit des Appells abwarten. Selbstverständlich hieß es dann mit denselben nassen Kleidern zum Zählappell antreten und noch eine Stunde auf dem Appellplatz stehen. So und so oft regnete es auch während des Appells.

Ich selbst hatte mit meinem Arbeitskommando verhältnismäßig Glück. Mit noch sieben anderen wurde ich einem Schreibkommando zugeteilt. Diese Ausnahme verdankte ich unserem Stubenältesten. Er war ein strebsamer Mensch, wollte die Lücken seiner Bildung füllen und nahm sich seit Herbst täglich Stunden in deutscher Grammatik, Rechnen und Stenographie bei mir. Selbstverständlich erteilte ich ihm den Unterricht umsonst. Bei der Verteilung der Arbeitskommandos wollte er mir zum Dank einen Gegendienst leisten und setzte mich auf die Liste dieses Schreibkommandos. Die Leitung erhob keinen Einwand. Im Vergleich zur Plantage bedeutete diese Schreibarbeit eine große Wohltat. Wir hatten ein Dach über dem Kopf, keine SS-Aufsicht und konnten bei der Arbeit sitzen. Gleichgültige Dinge, die im zivilen Leben Selbstverständlichkeiten waren — in Dachau wurden sie als Glück empfunden.

Um die Brotzeit für die Geistlichen zu erreichen, wurden dann und wann von unserer Seite Vorstöße durch Mittelspersonen unternommen. Wir erreichten wenigstens, daß wir die halbe Zulage erhielten. Das uns so notwendige Brot dieser Zulage blieb den Geistlichen das ganze Jahr 1942 versagt.

HUNGER! HUNGER!

Das Plantagenkommando hatte im Jahre 1942 entschieden das schwerste Kreuz zu tragen. Darum hatte es auch die meisten Todesfälle. Zur schweren Arbeit, zur Ungunst der Witterung kam die Entkräftung durch den Hunger. Die Steckrübenzeit war nach dreimonatiger Dauer Ende Mai überstanden. Aber der Hunger regierte weiterhin. Nun gab es Spinatsuppen, Salatsuppen, manchmal auch eine dünne Erbsen- oder Bohnensuppe, aber keine Kartoffeln bis in den August hinein.

Das Hungergespenst verfolgte uns bei Tag und Nacht. Das viertel Brot, das wir täglich erhielten, hätten wir ohne Anstrengung schon in der Frühe aufzehren können, aber es mußte für den ganzen Tag ausreichen.

Ich teilte es jeweils in fünf Schnitten. Andere hielten es für richtiger, sich einmal am Tage „satt“ zu essen; sie verzehrten daher ihre Brotration am Abend und hatten den Tag über kein Brot mehr. Sie konnten wenigstens den einen Vorteil für sich buchen, daß ihnen niemals Brot gestohlen wurde.

Obwohl Brotdiebstahl schwer bestraft wurde, schlichen sich oft blockfremde Menschen ein und stahlen bei Tag und bei Nacht. Trotz aller Wachsamkeit! Des Abends vor dem Schlafengehen sicherten wir die Schränke. Wir stellten einen der Aluminiumteller so, daß er innen an der Schranktür anlehnte. Bei unvorsichtigem Öffnen fiel der Teller mit Geklapper zu Boden und weckte die Stubeninsassen, die nebenan schliefen. Diese Vorsicht wurde im ganzen Lager geübt. Aber die Teller konnten durch vorsichtiges Heben geräuschlos entfernt werden. Ein anderes Mittel waren dünne Schnüre, die quer durch die

Stube gezogen wurden und bei der leisesten Berührung eine Tellerfalle zum Einsturz brachten. Vorsichtige Diebe krochen aber entweder unter den Schnüren durch oder stiegen über sie hinweg.

Keiner fand ein sicher wirkendes Mittel. Schließlich stellte man Nachtwachen auf, die sich stündlich ablösen mußten. Dies half noch am besten, aber jeder brauchte notwendig seine ganze Nachtruhe. Mehrmals gelang es, den Brotdieb zu erwischen, aber oft entkam er. Die Lagerleitung tat dann immer sehr wichtig, indem sie den Brotdieb als gemeinen Menschen brandmarkte und hart bestrafte. Aber war nicht für all diese Exzesse die Lagerleitung selber verantwortlich, da sie die Menschen so gemein Hunger leiden ließ?

Ende Mai begann das Hungersterben. Im Juni und Juli stieg es rapid an. Im August gab es Wochen, in denen täglich einer unserer Mitbrüder auf Block 26 ein Opfer des Hungertodes wurde. Die Anzeichen waren durchwegs dieselben. Erst schwollen die Füße und Beine an. Ein gutes Zeichen war es, wenn die Geschwulst über Nacht wieder einfiel. Ich selber bekam im August geschwollene Füße, obwohl ich bei meiner Arbeit sitzen konnte. Wie die anderen Konfratres, legte ich des Nachts Schachteln und Kleider ins Bett, um die Füße hochzulagern. Gott sei Dank, am Morgen war die Geschwulst immer wieder geschwunden!

Bei den Todeskandidaten versagte dieses Mittel. Ihnen schwollen ein paar Tage später auch Arme und Hände, schließlich der Kopf an. Letztes Alarmsignal war Geschwulst um die Augen. Sicher trat nach zwei oder drei Tagen der Tod ein als erlösender Engel. Ich glaube, daß jeweils Herzinsuffizienz die eigentliche Todesursache wurde. Das Herz wurde nicht mehr genügend ernährt, besaß nicht mehr die Kraft, die Säfte durch den Körper zu pumpen, deswegen die Schwellungen an den Extremitäten.

Oft gesellte sich zu den Schwellungen Durchfall als ganz schlimmes Vorzeichen. Viele meldeten sich wegen Durchfall, um aus dem Revier Arzneien zu erhalten. Die Lagerleitung erblickte in diesen häufigen Meldungen Drückebergerei und bedrohte in einem Lagerbefehl jede weitere Arztmeldung mit der Prügelstrafe („fünfundzwanzig"). Diesmal wagte es der Lagerarzt jedoch, Einspruch zu erheben. Es drehe sich um einen seuchenartig auftretenden Hungertyphusdurchfall. Die Seuche werde nur gemehrt, wenn Meldungen verboten seien. Er hatte Erfolg: der Befehl wurde zurückgezogen.

Nicht nur die Schwächeren wurden vom Hungertod überwältigt. Auch solche, die noch kräftig aussahen, starben dahin. Die körperliche Konstitution spielte keine große Rolle. Obwohl man bei den Todeskandidaten, zumal wenn die Augen eingeschwollen waren, das Todeszeichen von weitem auf der Stirne brennen sah, fanden die Armen keine Aufnahme im Revier. Sie wurden roh zurückgewiesen. Dort hätten sie wenigstens liegen können. Die Drückeberger — so hieß es — sollen an ihre Arbeit gehen und tüchtig schaffen. Dann bekämen sie andere Gedanken.

Mein Tischnachbar Othmar Mauerer, ein Geistlicher aus der Passauer Diözese, fühlte sich so schwach, daß er nicht mehr allein gehen konnte. Man las ihm den nahen Tod von den Augen ab. Mauerer wollte nicht krank sein. Er bot alle Willensenergie auf, sich am Leben zu erhalten. Schon eine Woche vorher überfiel ihn auf dem Appellplatz eine Ohnmacht. Er stand neben mir. Ich bemerkte sein Erblassen und fragte ihn, ob er sich schwach fühle. „Nein, nein!" gab er zur Antwort. Er ließ sich nicht stützen, bis er umsank.

An jenem Mittwoch-Morgen nach dem Appell glaubten einige seiner Freunde, sein schwerkrankes Aussehen werde ihm das Tor des Reviers öffnen. Sie faßten ihn zu zweit unterm Arm und führten ihn vor den Revierkapo.

„Was hat er?"

„Er fühlt sich ganz schwach, kann keinen Schritt mehr allein laufen. Laß ihn doch ins Bett legen! Du siehst, er stirbt bald."

„Was? Wieder so ein Drückeberger! Raus! Raus!"

Als die Freunde sich besannen, flogen schon die Fußtritte. Der Kapo war ein Häftling, allerdings ein tüchtiger Schüler seiner SS-Meister! Mauerer mußte wieder von den beiden Freunden auf Block 26 geführt werden. Untertags sich ins Bett zu legen, war streng verboten. Er mußte sich in irgendeinen Winkel verkriechen. Am nächsten Tag, am Donnerstag in der Frühe, starb er.

So wie ihm, erging es vielen. Mitleid, Erbarmen gab es hier nicht. Nicht einmal sterben ließ man die gepeinigte Menschenkreatur. Man ließ sie verenden wie ein ausgemergeltes Stück Vieh.

Manchen von meinen besten Freunden mußte ich so dahinsiechen sehen. P. Guardian Brunke vom Kloster Frauenberg ob Fulda, P. Kommissar Petrus Mangold, der aus Scheinfeld gebürtig war, und andere. Vor allem meinen lieben Landsmann Georg Häfner aus Würzburg, Pfarrer von Oberschwarzach. Er war einige Monate nach mir gekommen. Sein Delikt bestand darin, daß er auf der Kanzel verkündigt hatte, der Verstorbene habe auf dem Totenbett seine unkirchlichen Eheverhältnisse in Ordnung gebracht. Er hatte als Pfarrer die Pflicht, seiner Gemeinde diese Mitteilung zu machen; denn es war im Ort allgemein bekannt, daß der Betreffende von seiner Frau geschieden war und mit seiner jungen Haushälterin eine Zivilehe eingegangen hatte. Die Nazi verübelten dem

Geistlichen die Bekanntgabe und brachten ihn als Unruhestifter zur Anzeige.

Nach einigen Wochen Untersuchungshaft kam er nach Dachau. Bei der Ankunft wurde auch er ausgefragt. Als er wahrheitsgetreu den Grund seiner Verhaftung nannte, da sausten ihm die Ohrfeigen nur so ins Gesicht, da hagelte es Schimpfworte aller Art: „Das geht euch Pfaffen einen Dreck an! Was kümmert ihr euch um die Ehe! Die Ehe ist Sache des Staates. Einen Dreck geht das euch Saupfaffen an!" Auch später wurde er noch einige Male mißhandelt, wie er mir erzählte. Ich ging oft mit ihm spazieren. Er war ein stiller innerlicher Mensch, trug seine Haft als Sühne für seine Pfarrgemeinde. Er liebte nicht viel Gesellschaft, ging meist allein auf und ab, betete oder betrachtete. All seine Leiden faßte er als Seelsorgemittel auf für jene von seinen Pfarrkindern, die zu wenig auf sein Wort gehört hatten. Er opferte auch sein Leben für sie hin.

Im August erfaßte ihn das Hungergespenst. Füße, Hände, Kopf zeigten die bekannten Schwellungen. Als ich ihn das letztemal sah, waren schon die Augen tief eingeschwollen. Nach den gemachten Erfahrungen wußte ich, daß seine Tage gezählt waren. Kurz vorher bekam er Phlegmone, jene eitrige Entzündung des Unterhautbindegewebes, die in Dachau eine Zeitlang seuchenmäßig aufgetreten, damals aber schon fast verschwunden war. Phlegmonefälle wurden im Revier gut behandelt; im allgemeinen wurden diese Patienten wieder gesund. Wegen seines Hungerzustandes wäre er nicht ins Revier aufgenommen worden, als Phlegmonepatient aber erhielt er Zutritt. Nach einigen Tagen schon traf die Meldung von seinem Tode ein. Ich glaube nicht, daß er an Phlegmone starb — die stand ja noch im Anfangsstadium —, sondern daß Hunger seinen Tod verursachte.

Wir hielten für jeden verstorbenen Konfrater in unserer Kapelle einen Seelengottesdienst. Danach sprach jeweils einer der Kondiözesanen einen kurzen Nachruf, in dem neben dem kurzen Lebenslauf eine kleine Charakteristik seines Priesterwirkens zu geben war. Ich glaubte, beim Nachruf auf Pfarrer Häfner sein Priesterleben nicht besser zeichnen zu können als mit den zwei inhaltsschweren Worten: „Sacerdos et hostia." Häfner war seiner Gemeinde wirklich Priester und Opferlamm.

„AUS ABGRUNDTIEFEN ...“

Ein großer Ernst breitete sich vom Juni an über Block 26. Mehr und mehr erkannten wir die Absichten der Lagerleitung und des Reichssicherheitshauptamtes Berlin: das Lager und insbesondere die Geistlichen sollten dem Hungertod überantwortet werden.

Was war für uns Priester natürlicher, als daß wir in tiefster Not noch engeren Anschluß an den Heiland suchten und Kapelle und Tabernakel noch lieber gewannen. Aber schon tauchten im Mai neue Gerüchte auf: die Lagerleitung wolle uns auch den Gottesdienst streichen. Pfarrer Johann Schulz von der Trierer Diözese verfaßte ein himmelstürmendes Gebet, das wir täglich nach der hl. Messe verrichteten. Im Mai war die Lage äußerst kritisch. Zum Glück drangen die Feinde unseres Gottesdienstes in Berlin nicht durch. Wir behielten unsere Kapelle, durften weiterhin unseren Gottesdienst feiern.

Freilich wurde uns nur eine kurze Zeitspanne dafür zugemessen. Nur zwanzig Minuten standen uns zur Verfügung. Eine Bitte an die Lagerleitung, daß wir uns eine halbe Stunde früher vom Schlafe erheben dürften, wurde abgewiesen. Es blieb nichts anderes übrig, als die hl. Messe zu kürzen. Wir beschnitten die Vormesse soweit als nötig und möglich. Wir ersparten uns das Austeilen der hl. Kommunion. Waren wir doch alle Priester. Wenn auch unsere Hände von der harten Arbeit Risse und Schrunden zeigten, sie waren doch geweiht.

So nahm jeder aus einem an der Türe aufgestellten Teller eine unkonsekrierte Hostie, hielt sie während der hl. Messe vor sich hin. Bei der hl. Wandlung konsekrierte der Priester vom Altar aus alle Hostien mit, die auf den

Händen der Priester lagen, und bei der hl. Kommunion war es wie im Abendmahlsaale: jeder der Kommunizierenden reichte sich selber das Brot des Lebens. Es war gewiß ein ergreifender Anblick. Wir empfingen die hl. Kommunion täglich als Wegzehrung. Wer konnte wissen, ob er den Abend noch erlebte?

An den Sonntagen durften wir den Gottesdienst noch wie bisher feiern. Viele freilich waren schon so entkräftet, daß sie nicht mehr stehen oder knien konnten. Sie saßen auf dem Boden, lehnten sich an die Wand und beteten um Kraft und Rettung aus schwerer Not. Von den Predigern waren uns die am liebsten, die ein paar Worte des Trostes für uns wußten. In aller Herzen wird das Andenken an Pfarrer Johann Schulz bleiben, der es so gut verstand, uns zu trösten. Dankbar schüttelten wir ihm nach dem Gottesdienst die Hand. Er starb ebenfalls des Hungertodes.

Heilige Schrift und Brevier wurden noch mehr unsere Lieblingsbücher. Ja, die hl. Evangelien waren wirklich Trostesquellen ersten Ranges. Wir spürten, daß der Heiland gekommen war, den Armen die frohe Botschaft zu künden. Wir freuten uns ob seiner besonderen Liebe zu den Armen, den Kranken, den Unglücklichen, den Ausgestoßenen. In ihnen erblickten wir uns selber und faßten grenzenloses Vertrauen zum Heiland als zu unserem besten und mächtigsten Freund. Er würde uns schon helfen.

Ein inniges Vertrauen beseelte uns zur lieben Gottesmutter. Sie kannte ja unsere Not, war die Mutter der Priester, hatte als fürbittende Allmacht schon so oft in das Erdgeschehen eingegriffen. P. Eise, ein Pallotiner, hielt im Mai packende Maienpredigten. Täglich verehrten wir im Monat Mai die Gottesmutter durch eine abendliche Maiandacht. Wie innig beteten wir das Memorare!

Nie ließen wir ihre Feste ohne eine besondere Feier vorübergehen.

Auch den heiligen Joseph, den Nährvater Jesu, bestürmten wir in unserer Not. Er hatte die heilige Familie vor Hunger bewahrt, er möge auch unsere Priesterfamilie vor dem Hungertod erretten.

Sicher erhörte Gott unser aller Gebet. Aber nicht, wie wir es wollten, sondern nach den Plänen seiner Vorsehung. Wir waren damals etwa zweihundert Geistliche auf Block 26, hundertachtzig katholische, zwanzig evangelische. Etwa siebzig von ihnen ließ Gott sterben, tatsächlich des Hungertodes sterben, trotz der heißen Gebete. Mit ihnen plante er offenbar Größeres. Sie sollten dem zwanzigsten Jahrhundert als neue Märtyrer geschenkt werden. Ohne dem Urteil der Kirche vorgreifen zu wollen, glaube ich ihnen den Ehrentitel Märtyrer beilegen zu dürfen. Sie wurden verhaftet in Ausübung ihres priesterlichen Amtes, im Kampfe gegen ein neues Heidentum, gegen eine Welt ohne Gott. Sie starben eines Todes, der von jenen gottlosen Menschen beabsichtigt war. Von vielen Märtyrern heißt es im Martyrologium: „aerumnis confecti — an Mangel und Elend gestorben.“ Gewiß, die Märtyrer von Dachau wurden nicht vor die Wahl gestellt zwischen Abfall und Tod. Aber wurde der heilige Kilian von den Schergen der Geilana gefragt, ob er abfallen wolle oder nicht, wurde der heilige Bonifatius gefragt?

Es kommt uns Menschen unverständlich vor, wie Gott — menschlich gesprochen — so hart sein und solch heiße Gebete nicht erhören kann. In der Ewigkeit, wenn alle Schleier fallen, werden wir es einsehen, daß diese Märtyrer nicht Härte von ihrem himmlischen Vater empfingen, sondern höchste Gnade. Vertrauen wir dem Heilandswort! Ein guter Vater kann seinem Kinde keinen Stein geben, wenn es um Brot bittet. Unsere Hauptsorge wird bleiben, daß wir Kinder Gottes sind. Jedes unserer Gebete wird dann von Gott erhört, aber so wie seine Vorsehung plant, nicht wie unser kurzer Menschenverstand bittet.

Den Sterbenden war es damals nicht möglich, im Revier die heiligen Sakramente zu empfangen. Deshalb war es auf Block 26 bekannt gegeben und geübt, daß jeder, der sich schwer krank fühlte, die hl. Sterbesakramente in der Kapelle empfing, bevor er sich zum Arzt meldete. Es war ergreifend anzusehen, wie sich die todkranken Konfratres mit dem Aufgebot der letzten Kraft zur Kapelle schleppten und dort sitzend oder am Boden liegend die hl. Ölung empfingen.

KAMPF GEGEN DAS HUNGERGESPENST

Trotz meines Elendes war es mir wichtig zu beobachten, wie der Hunger auf Leib und Geist des Menschen wirkte. Abmagerung und Kräfteverfall sind ja allgemein bekannt. Die Mitbrüder, die vor Jahresfrist als kräftig genährte Männer ins Lager kamen, waren allmählich schlank und dünn geworden. Mir selbst paßte jetzt die engste Nummer der Häftlingskleider. Was ich nie in meinem Leben fertig brachte, meine Rippen zu zählen, gelang mir jetzt mühelos. Arme und Beine waren so dünn wie im Knabenalter. Am unangenehmsten waren die vielen Löcher im Gesicht beim Rasieren. Ich seufzte oft: „Hätt' ich nur meine Wangen wieder!"

Einmal im Herbst plagte mich einige Tage der Durchfall. Als ich beim Rasieren in den Spiegel schaute, erschrak ich vor mir selbst. Wirklich, ein Totenkopf, über den ein bleiches, dünnes Häutchen gespannt war. Meinen Konfratres ging es nicht besser: Mayr Max aus der Augsburger Diözese und Emil Thoma, diese stattlichen Erscheinungen vom vorigen Jahr; bei allen das gleiche Bild.

Dazu war im Gesicht ein deutliches Schwinden des geistigen Ausdrucks zu bemerken. Wir waren wirklich auf dem Weg zum „Kretiner", wie der beliebte Lagerausdruck hieß. Auch die Sinne wurden in Mitleidenschaft gezogen. Der eine hörte schlecht, dem anderen schwand die Sehkraft, der dritte verlor beinahe sein Gedächtnis, ein vierter war ungeheuer reizbar. Dies beobachtete ich an mir selber. Jede Kleinigkeit konnte mich aufregen. Andern ging es genau so.

Unverkennbar schwanden die geistigen Interessen. Kulturelle, politische, ja nicht einmal mehr theologische

Fragen konnten uns fesseln. Im Vordergrund alles Denkens stand die eine Frage: „Wie kann ich mir etwas zu essen verschaffen?" Wer nicht energisch und zielbewußt sein Denken kontrollierte, ertappte sich immer wieder bei solchen Gedanken.

Auf der Plantage untersuchten die Konfratres jedes Kräutlein, ob die Blätter oder der Stengel oder die Wurzeln eßbar seien. Der eine rühmte dem anderen seine Entdeckungen. Löwenzahn, Sauerampfer, Feldsalat. Rhabarber waren bekannte Delikatessen. Im Juli und August bot auch die Kantine allerlei Gartengewächse feil. Weil Essig und Salz fehlte, aßen wir Salat und Rettich eben im Naturzustand. Auch die Gurken! Eine Kochgelegenheit fehlte ebenfalls. Was blieb anderes übrig, als auch Kraut und Kohlrabi roh zu essen. Bei diesem hatte ich sogar eine wohlschmeckende Zubereitung gefunden. Ich schnitt ganz dünne Scheiben ab und strich ein wenig Marmelade oder Sirup darüber.

Als dann endlich nach einer halbjährigen Unterbrechung im August wieder Kartoffeln kamen, war der Hunger so groß, daß auch geistliche Herren die leeren Kartoffelschalen, die andere wegwarfen, noch sammelten und aßen. Das Blockpersonal war beauftragt, jeden zu ohrfeigen, den sie bei solcher Torheit ertappten. Die halb Verhungerten steckten ruhig die Ohrfeigen ein, am nächsten Tag aber taten sie dasselbe.

Ein Stücklein Brot war damals im Lager der größte Schatz. Zehn und zwanzig Reichsmark wurden für einen Laib gezahlt. Auch die Rauchwaren blieben zeitweise aus, trotzdem wurden dreißig bis vierzig Zigaretten für ein viertel Brot gegeben. Für ein viertel Brot arbeitete man gern den ganzen Tag. Für eine Portion Suppe opferten wir mit Vergnügen unsere freien Stunden am Sonntag.

Im August kündigte sich — mit den ersten Kartoffeln

— auch noch eine andere Wendung zum Besseren an. Wir beobachteten damals, daß Pakete von der Lagerleitung angenommen und dem Häftling zugestellt wurden. Das war etwas ganz Undenkbares. Nie vorher nahm die Lagerleitung Pakete mit Eßbarem an. Was sollte das sein? Allmählich sickerte durch, wir dürften Obstpakete erhalten.

Wie aber sollten wir unsere Angehörigen verständigen? Solange kein Lagerbefehl vorlag, durfte im Brief nichts von Paketen geschrieben werden. Aber wer nicht ganz den Verstand verloren hatte, fand eine Tarnung. Ich fingierte im Brief vom 19. September 1942 folgende Episode. Mein Deckname war Franz, P. Barnabas hieß Heinrich.

„Glaube gern, daß es Heinrich in den Salzburger Alpen gefallen hat. Wäre was für mich! Auch bei Franz im Schwarzwald war er? Was macht der edle Dulder? Sicherlich trotz Krankheit munter und froh! Die karge Diät wird ihm nicht gefallen. Aber sein Grundsatz: „Alles für Christus und sein Reich!" hilft ihm auch dieses Kreuz tragen. Vielleicht darf er Obst essen? Ihr sollt ihm doch was schicken!"

Der Brief passierte glücklich die strenge Zensur. Ein paar Wochen später kam das erste Obstpaket. Es war ein Versuch, deshalb noch klein. Ich schrieb am 17. Oktober 1942: „Danke besonders Maria Erbig für das Paket. Der erste eßbare Gruß aus der lieben fränkischen Heimaterde! Habe fast geweint vor Freude. Wurde mir alles ausgehändigt." Das Paket enthielt ja nur Obst. Aber inzwischen hatte sich herumgesprochen und erwiesen, daß auch andere Eßwaren empfangen werden durften. Doch immer noch kein Lagerbefehl! Deswegen schrieb ich im selben Atemzuge weiter, als ob ich schon andere Eßwaren empfangen hätte: „und kann alles gut gebrauchen; besonders Brot, Wurst, Käse, Süßigkeiten."

Gleichzeitig wurde es mir möglich, ein schwarzes Brieflein durch einen Mann der Waffen-SS hinauszuschmuggeln, in dem unter Tarnung stand, daß wir neuerdings Lebensmittelpakete erhalten dürften, nur sei es unmöglich, die Angehörigen davon auf dem legalen Wege zu verständigen. Wenn jemand etwas erübrigen könnte, wäre ich sehr dankbar. Ich sei ausgehungert. Acht Tage später brauste mit „Expreß" das erste große Lebensmittelpaket heran, zu groß für die damaligen Begriffe der Post-SS-Männer, so daß sie mir die Hälfte herausnahmen. Aber ich hatte doch etwas.

Groß war das Rätselraten, wem wir diese Vergünstigung, die für uns die Rettung des Lebens bedeutete, zu verdanken hatten. Wie es sich im Lager herumsprach, hatte Amerika zu unserer Rettung eingegriffen, und zwar soll die Regierung von Washington erklärt haben, wenn die Konzentrationslager nicht mit Paketen versorgt werden dürften, sollten auch die deutschen Gefangenen in den amerikanischen Lagern keine Pakete mehr erhalten dürfen. Andere behaupteten, das Rote Kreuz habe interveniert. Am meisten Wahrscheinlichkeit hat jene Erklärung für sich, daß die Häftlinge damals in die Rüstung eingesetzt werden sollten. Das Reichssicherheitshauptamt machte sich die Erhaltung der Arbeitskraft der Häftlinge, die somit erwünscht schien, einfach, indem sie die Häftlinge aus der Heimat versorgen ließ.

DIE RETTUNG

Mag hinter den Kulissen vor sich gegangen sein, was will: auf jeden Fall dankten wir dem Vater im Himmel für die Rettung unseres Lebens, eine Rettung hart am Rande des Grabes. Er erhörte uns, als wir aus tiefer Not im Juni und Juli zu ihm schrien. Bei dem langsamen Gang derartiger Maßnahmen dürfte schon damals die Rettungsaktion eingeleitet worden sein. Es dauerte freilich bis November, bis sie sich greifbar auswirkte.

Die Freude im Lager war allgemein. Pakete, Pakete! Das war nun lange Zeit das interessanteste Lagergespräch. Das war die Hoffnung, an die sich jeder klammerte. Mit größter Spannung wurde täglich der Schreiber erwartet, der die Liste der Paketempfänger von der Schreibstube brachte. Die Glücklichen jubelten, die anderen hofften auf den nächsten Tag. Satte Menschen lächeln vielleicht über diese kindliche Freude, dieses besorgte Bangen. Aber wer sich unseren Hunger und die äußerste Entkräftung vorstellt, wird alles begreifen, auch bei Erwachsenen von fünfzig und sechzig Jahren.

Allmählich trafen die ersehnten Pakete immer zahlreicher ein. Die SS-Leute bei der Poststelle des Lagers gerieten in Wut. Soviel Arbeit, soviel Schererei! Sie mußten auf einmal etwas tun, nämlich Pakete kontrollieren und aushändigen. Sonst hatten sie am Schreibtisch gesessen und gemächlich die Briefe gelesen, dabei eine Zigarette nach der anderen geraucht. Ein Glück, daß der neue Kommandant seine schützende Hand über die Paketsache hielt! Alle Umständlichkeiten abgerechnet muß gesagt werden, daß immer peinliche Sorge getragen war, daß jeder sein Paket ohne Veruntreuung erhielt. Es war für gute Bewachung der Pakete, auch bei Nacht gesorgt. Ferner durfte die Kontrolle der Pakete nur in Anwesenheit des Adressaten, also des Häftlings, geschehen. So waren die SS-Leute tatsächlich von den Häftlingen kontrolliert.

Die Paketkontrolle verlief zeitweise sehr gründlich. Das verstanden wir Häftlinge gut; denn es konnten ja Briefe und allerhand andere Dinge eingeschmuggelt werden. Bisweilen allerdings nahm die Kontrolle sehr übertriebene Formen an. Jeder Laib Brot, jede Wurst, jeder Käse, jede Butterstolle wurde durchschnitten. Marmeladegläser wurden geöffnet und mit dem Messer umgerührt, jede Konservendose, auch Fabrikware, jede Zigarettenschachtel geöffnet. Trotzdem war manche Pfarrschwester schlauer als die SS und verstand es immer und immer wieder, in der Zigarettenschachtel ein Brieflein so zu verbergen, daß der SS-Mann nicht dahinter kam. Eine andere wußte in kleine Küchlein eine Kapsel mit einem Brief einzubacken, was ebenfalls der Kontrolleur niemals merkte. Zeitweise nahmen es die SS-Leute, besonders später, sehr lässig mit der Kontrolle. Sie schauten nur oben hinein, packten gar nicht erst aus. Ja, manchmal ließen sie sogar Briefe mit durchgehen. Dauernd scharf blieben sie auf Alkohol, Wein und Schnaps; diese Dinge waren für Häftlinge verboten. Was sich davon in Paketen fand, kam der SS zugute. Der Häftling erhielt einen Schein, daß dem Paket eine Flasche Wein oder Schnaps entnommen worden sei, und damit basta.

In der ersten Zeit mußten wir unseren Hunger mit großer Vorsicht stillen. Wer zu viel von den guten Sachen zu sich nahm, bekam „Palastrevolution". Der Magen brauchte erst eine Zeit, bis er die nötigen Verdauungssäfte erzeugen konnte. Aber dann später! Ja, war das ein Appetit! Wenn wir uns nicht geschämt hätten, wären wir den ganzen Tag beim Essen geblieben. Ich hätte tatsächlich jede Stunde Brotzeit machen können, aber nicht bloß ein bißchen! Ganz fanatisch liebten wir in der ersten Zeit die Süßigkeiten. Mein erster Blick ins Paket galt in dieser Zeit immer dem Süßen. Auch die Konfratres konstatierten, daß sie einen früher nie gekannten Hunger nach Zucker empfänden. Offenbar bedarf der im Aufbau stehende Körper des Zuckers mehr als der entwickelte. Darum verlangen auch Kinder so sehr nach Zucker. Eine kluge Mutter wird deswegen ihrem Kind in der täglichen Nahrung genügend Zucker verabreichen, dann werden die Kinder den Hang zum Naschen am leichtesten überwinden. Die Natur verlangt ihre Rechte

Zeitweise kamen täglich über hundert Pakete auf die Stube. Wir erinnerten uns manchmal an die „gescheite" Rede des damaligen Lagerführers: „Das deutsche Volk hat euch ausgestoßen! Das deutsche Volk will nichts mehr von euch wissen!" Hier lagen die Beweise der Anhänglichkeit des Volkes zu ganzen Stößen aufgeschichtet. Natürlich schimpften die kontrollierenden SS-Leute weiter auf die Pfaffen: wir nützten das Volk aus, wir gäben nichts von unseren Paketen her. Der beste Gegenbeweis waren die Dutzende von armen Lagerkameraden, die täglich am Morgen, am Mittag und am Abend unser Tor belagerten und auf „ihren" Pfarrer und auf seine Gabe warteten. Block 26 und Block 28 waren am meisten von Armen umlagert.

Bald freilich wurde uns unsere Hilfsbereitschaft zum Vorwurf gemacht. Es hieß, die Pfarrer machten mit ihren Lebensmitteln nur Propaganda für die katholische Kirche. Deshalb wurde es uns eines Tages direkt verboten, den armen Kameraden am Tor Lebensmittel zu verabreichen. Wir sollten, was wir übrig hätten, im Jourhaus abliefern. Dieser Aufforderung durften wir uns nicht entziehen.

Österliches Pontifikalamt im Konzentrationslager

Das „Foto-Kommando“ am Tage vor der Entlassung

Pfarrer Wasmer P. K. Schmidt der Russe Schibailo, P. Sales Heß (der Verfasser)

Wir brachten von nun an wöchentlich etwa fünfzig Laib von unserem Lagerbrot ins Jourhaus. Die Armenunterstützung am Tor lief trotzdem weiter. Nur mußten wir vermeiden, die Gaben direkt am Tor zu verabreichen. Wir spazierten mit dem Kameraden die Lagerstraße hinauf oder hinab und schoben ihm eine Gabe in die Tasche.

Freilich, ganz war das Hungergespenst nie aus dem Lager zu verscheuchen gewesen, wenn sich auch die Kost im Vergleich zu der von 1942 etwas besserte. Unser Leben fristeten wir ja nicht mit dem, was uns das Lager bot, sondern mit dem, was uns liebe Angehörige schicken konnten. Die häufigen Bombenangriffe störten aber besonders seit der Zeit vor Weihnachten 1944 immer mehr den Bahnverkehr, und damit wurde uns die Zufuhr an Lebensmittelpaketen abgeschnitten.

In diesen kritischen Wochen schaltete sich ohne unser Zutun ein neuer Nothelfer ein: Dekan Pfanzelt, der Stadtpfarrer von Dachau, der bis jetzt immer unseren kirchlichen Bedarf vermittelt hatte. Weil der Paketverkehr allmählich unmöglich geworden war, ließ er sich in Briefen Lebensmittelmarken von unseren Angehörigen schicken, kaufte Brot, Wurst usw. in Dachau-Stadt und sandte die Pakete durch den örtlichen Postverkehr ins Lager. Dekan Pfanzelt hatte sich eine große Arbeit aufgeladen. Oft mußte er zentnerweise Brot einkaufen. Aber er tat es gern, um unsere Priestergemeinschaft vor einem zweiten Hungersterben zu bewahren. Eine Ordensschwester ging ihm eifrig zur Hand. So konnte er manchem von uns alle vierzehn Tage ein freudig begrüßtes Paket senden und so die neue Notzeit lindern.

DAS REVIER, EIN ORT DES GRAUENS

Revier, Bunker, Krematorium. Diese drei Orte zu betreten war uns Häftlingen verboten. Nur wer dort arbeitete, hatte Zutritt. Die übrigen wünschten auch nicht, jene Orte kennen zu lernen. Gott sei Dank, ich brauchte nie deren Schwellen zu überschreiten, auch nicht die Schwellen des eigentlichen Reviers; denn ich blieb von jeder ernsten Krankheit verschont.

In der freien Gotteswelt gelten Krankenstuben als Orte der Karitas, der Barmherzigkeit, wo Krankenschwestern sorgend und opferbereit den leidenden Menschen betreuen. In der Welt ohne Gott gab es keine Karitas, keine Barmherzigkeit, keine opferbereite Pflege. Das Revier, so wurde in Dachau die Krankenabteilung genannt, war vielmehr ein Ort des Grauens, den jeder mied, der nicht von schwerer Krankheit heimgesucht war. Nur der Arzt konnte Kranke ins Revier aufnehmen.

Wer zur Arztmeldung zugelassen werden wollte, mußte sich erst der Lagerleitung stellen. Nach dem Zählappell am Abend ertönte das Kommando: „Arztmeldungen raus!" Die Kranken stellten sich vor dem Jourhaus auf. Während die Blöcke abrückten, kontrollierte ein Lager- oder Rapportführer die Arztmeldungen. Jeder hatte Namen und Krankheit anzugeben. Wenn nach der Meinung des Lagerführers — also eines Nichtarztes — der Häftling nicht krank aussah, bekam der betreffende Ohrfeigen und Fußtritte, wurde als Drückeberger angebrüllt und weggeschickt.

Wer diese erste Musterung bestanden hatte, wurde ins Revier geführt. Hier fand eine zweite Musterung statt, und zwar durch den Revierkapo. Dieser war kein Mediziner, hielt sich aber für zuständig, schon vor der Arztentscheidung die wirklich Kranken herauszufinden. Nur wer auch diese Musterung noch bestand, durfte am nächsten Tag dem Arzt vorgestellt werden. Erst wenn der Häftling diese dritte Musterung bestanden hatte, fand er Aufnahme im Revier.

Die Wissenschaft der Medizin erfuhr in Dachau eine Bereicherung durch ganz neuartige Todesursachen, zum Beispiel: schöne Zähne, goldene Zähne, widerwärtiges Betragen der Patienten, Schwierigkeit der Pflege usw.

Noch im Jahre 1943, bei der Typhusepidemie, kam es vor, so erzählte mir ein guter Freund, daß Verunreinigungen des Bettes eigenartig „geheilt" wurden. Der Freund lag im Typhusfieber, litt an Durchfall und war entkräftet. Er konnte es nicht verhindern, daß er eines Tages das Bett verunreinigte. Der rohe Pfleger nahm einen Kübel kalten Wassers und goß es über den Kranken. Das waren Dachauer Heilmittel.

Ein Patient, der viel jammerte oder sich nicht allen Weisungen des Pflegepersonals fügte — diese verstanden oft herzlich wenig von Medizin und Krankenpflege! — hatte sehr bald ausgelitten. Er bekam eine Spritze, die alle Schmerzen stillte. Freilich kostete sie das Leben. Aber was galt den SS-Ärzten und auch den Pflegern — die selbst Häftlinge waren! — das Leben eines Häftlings. Pfarrer Seitz, der Ende 1942 Pfleger wurde, erzählt in seiner Predigt: „Der Wahrheit eine Bresche" (S. 6): „Unter den Krankenpflegern des Reviers waren es vor allem zwei Häftlinge, die wegen ihres Sadismus und ihrer Menschenschlächterei berüchtigt waren. Mit Spritzen haben sie unzählige Häftlinge ins Jenseits befördert." Ein anderer erzählte mir, daß in den Krankenstuben

Todesschweigen herrschte, wenn diese beiden mit ihren Spritzenkörbchen am Arm von Bett zu Bett gingen.

Wehe dem, der mit Goldzähnen ins Revier eingeliefert wurde! Seine Krankheit war auf jeden Fall schwer und unheilbar. Eine Spritze beschleunigte den Tod. SS-Arzt und Pfleger teilten sich in die Beute der goldenen Zähne.

Aber auch gesunde, schöne Zähne waren Todesursache. Eine Zeit lang herrschte bei den SS-Leuten der Totenkopfstandarte große Nachfrage nach Totenschädeln. Viele wollten einen wirklichen Totenkopf als Zimmerschmuck auf ihren Tisch stellen. Man brauchte nur zu einem der SS-Ärzte zu gehen; er erfüllte solche Wünsche. Aber ein s c h ö n e r Totenkopf mußte es sein! Besonders das Gebiß durfte keine Lücken aufweisen und mußte regelmäßig entwickelt sein. Der SS-Arzt untersuchte seinen Patienten auf das Gebiß hin, verabreichte eine Spritze, die Häftlinge besorgten die Arbeit des Präparierens, und der kunstsinnige SS-Kamerad erhielt einen f e i n e n Totenkopf mit s c h ö n e m Gebiß!

Kein Wunder, daß auch die Damen und Dirnen der SS-Kavaliere von diesem „Schönheitstaumel" erfaßt wurden. Wie „reizend" waren zum Beispiel Damenhandschuhe und Damentäschchen aus Menschenhaut! Auch solche „Gefälligkeiten" vermittelten die Lagerärzte. Den toten Häftlingen wurde die Haut auf Brust und Rücken abgezogen, präpariert und zu den genannten „Geschenkstücken" verarbeitet. Auch Lampenschirme aus Menschenhaut wurden in diesen „kunstsinnigen" Kreisen modern und sehr begehrt! — Welt ohne Gott!

Die Wissenschaft der Medizin wurde in dieser höllischen Welt auch auf neuartige Weise bereichert. Es ist bestimmt lobenswert, wenn Ärzte aus wissenschaftlichem Interesse Versuche anstellen und ausprobieren, wie dieses und jenes neue Medikament auf den Menschen wirkt.

Aber jeder verantwortungsbewußte Arzt wird Sorge tragen, daß seinen Versuchspersonen keinerlei Schaden entsteht. Diese Rücksicht galt in Dachau nicht.

Ein Arzt, Dr. Klaus Schilling, wollte ein Mittel gegen Malaria ausprobieren. Malaria, eine Tropenkrankheit, gab es in Dachau nicht. Er hätte ja in die Tropen reisen können. Wozu aber solche Umstände? Im Konzentrationslager konnte man alles bequemer machen. Er ließ sich die Fiebermücken aus südlichen Ländern schicken, ließ sich zunächst einmal dreihundert Häftlinge anweisen, später mißbrauchte er noch mehr — es sollen weit über tausend gewesen sein —, ließ diese von den Fiebermücken stechen und hatte so seine Patienten. Er machte sich also zuerst seine Kranken, aber gesund machen konnte er sie nicht. Die meisten liefen während der ganzen Dauer der Inhaftierung mit Malaria herum, immer wieder von neuen Anfällen geplagt, und viele wohl heute noch. Eine große Menge Geistlicher war unter ihnen, besonders polnische Geistliche, aber auch deutsche.

Ein anderer Arzt wollte ein neues Mittel gegen Phlegmone ausprobieren. Phlegmone, jene eitrige Entzündung des Unterhautbindegewebes, gab es viel in Dachau. Sie wurde gewöhnlich mit den herkömmlichen Mitteln im Revier geheilt, wenn sie nicht zu weit fortgeschritten war. Aber er wollte ein neues biochemisches Heilmittel ausprobieren. Er nahm nicht die Phlegmonekranken zu Versuchspersonen, sondern wählte sich zwanzig gesunde Geistliche aus. Ich hatte nach Kriegsende Gelegenheit, die Originalaufnahmen dieses Versuchs zu sehen: Eitrige Wunden, so groß wie meine Handfläche, an Füßen, Beinen und Armen! Von den zwanzig Geistlichen starben zwölf bei diesem Versuch. Nur acht kamen nach großen Schmerzen mit dem Leben davon. Einigen von ihnen mußten Arme und Beine amputiert werden. Kein Mensch zog den Arzt zur Rechenschaft. Es war alles in Ordnung.

Eine ganze Reihe von Versuchen wurden im Dienst der Luftwaffe von Dr. Rascher angestellt. Hochdruck, Niederdruck, hohe Temperaturen, niedere Temperaturen usw. Ein Kamerad, der später auf der Plantage mit mir beschäftigt war, erzählte folgendes: Er mußte einmal in der kalten Jahreszeit eine ganze Nacht bei offenen Fenstern nackt auf einem Tische liegen. Bald fiel er in Ohnmacht, aber sein Herz schlug weiter. Er hielt es aus bis zum Morgen. Wäre sein Herz stillgestanden, dann wäre eben ein Häftling weniger gewesen. Weiter nichts.

Bei anderen Versuchspersonen wurde die Körpertemperatur künstlich in Wasser und Eis bis auf siebenundzwanzig Grad herabgedrückt. Alle zehn Minuten mußten die Gehilfen die Temperaturen messen und in Kurven aufzeichnen. Die meisten Kurven endigten irgendwo mit einem Kreuzchen, bei dem am Rand die kaltschnäuzige Bemerkung stand: „Bei dieser Temperatur ist das Versuchsobjekt gestorben."

Das berichtet P. Karl Schmidt, der diese Kurven photographieren mußte. Hunderte von Menschen büßten bei diesen Versuchen unter allen möglichen Martern das Leben ein.

Wie großzügig die SS-Leute bei den Invalidentransporten vorgingen, erwähnte ich schon beim Falle Heinzmann. Wer eine ernste Krankheit hatte, kam auf die Liste. Tüchtige Ärzte! Darob war das Revier 1942 noch mehr gemieden. Wohlmeinende Pfleger konnten ihren Freunden bisweilen vorher Winke geben. So kam es öfters zu einer panischen Flucht aus dem Revier.

Was geschah mit dem Toten? Zunächst wurde ihm das letzte Wäschestück ausgezogen. Mit einem Blaustift wurde seine Nummer auf die Brust geschrieben oder auf ein Stück Pappe notiert und dieses an die große Fußzehe gebunden. Bei Reichsdeutschen wurden die Angehörigen benachrichtigt und gefragt, ob sie den Toten zu sehen wünschten. Sagten sie zu, dann wurde die Leiche aufgehoben. Die meisten Leichen wurden seziert. Etwa zwanzig Särge waren für den Transport ins Krematorium vorhanden. Starben mehr, dann wurden die Leichen ohne Sarg auf den Wagen geworfen und nur mit einer Plane verdeckt ins Krematorium „geliefert". Der Wagen, ein gewöhnlicher Brückenwagen, wurde wie alle anderen Wagen von Häftlingen gezogen. Fuhr er vorbei, dann durften die Lagerinsassen die Mütze ziehen und ihre toten Kameraden grüßen. Alle Unterhaltung verstummte. Ein memento mori! Wohl mancher dachte bei sich: Wann wirst auch du die Reise antreten?

BUNKER UND KREMATORIUM

Das Konzentrationslager war nicht genug der Freiheitsberaubung. Innerhalb der hohen Mauern hatte ja der Häftling noch ein bißchen Freiheit, das ihm genommen werden konnte. Für diesen Zweck stand im Lager ein Bunker, ein Gefängnis, mit einer Reihe von Zellen. Der Bunker lag im Süden, dicht hinter der Küche. Hier spielten sich die widerlichsten Szenen ab, die sogar das Licht der Lageröffentlichkeit scheuten. Von den Häftlingen hatten nur Hausel und der Friseur Zutritt. Jeder Sadismus konnte sich hier austoben. Zeitweise hörten wir fast täglich von Erhängungen, Erschießungen und Auspeitschungen. Die SS-Leute übten hier eine Schnelljustiz, wie sie nur in einer Welt ohne Gott denkbar ist.

Dekan Schelling wurde im Jahre 1938 gleich nach seiner Einlieferung auf Grund eines Aktenvermerkes der Gestapo in den Bunker gesteckt. Er berichtet brieflich folgendes: „Im Bunker hartes Lager, zwei Decken, Brot wie im Lager, im übrigen nur alle 4 Tage zu essen. Fürchterlichste Umgebung! Das Schlimmste war, daß man soviel mitanhören mußte, was man nicht sah: Schreien, Schlagen, Unter-die-Brause-Schleppen, Kettenklirren (für das Baumhängen), Wahnsinnsschreie, Schüsse, jeden Mittag und Abend die Exekutionen im Hof (Baum und 25)! So wird z. B. plötzlich die Tür zur Nachbarzelle aufgerissen. „Marsch ... Fünfundzwanzig!" Nach einiger Zeit kommt der Nachbar schmerzlich winselnd zurück. Ob nicht bei mir jetzt die Türe aufgeht? . . . Niemand ist sicher. Keiner weiß, was sie mit ihm vorhaben. Keiner weiß, wie lange diese Hunger- und Folterqual dauert Bei mir waren es 47 Tage!"

Bei meinem Kommando auf der Plantage arbeitete ein polnischer Doktor der Biologie, ein stiller, sympathischer Mensch. Eines Tages rückten wir zum Mittagessen ein wie gewöhnlich. Am Tor stand der Lagerschreiber und rief ihn und zwei andere aus dem Zuge. Sie sollten sofort ins Jourhaus kommen. In der Mittagspause hörten wir nichts mehr von dem Arbeitskameraden. Er rückte am Nachmittag nicht aus. Am Abend erfuhren wir, daß er schon um 3 Uhr im Bunker erhängt worden war.

Im Laufe der Jahre wurde der Bunker mit Stehbunkern „vervollkommnet". Bunkerstrafen dauerten meist drei Wochen. Dabei wechselten drei Tage Dunkelarrest bei Wasser und Brot mit einem Tag Hellarrest bei normaler Lagerkost.

Die Leichen vom Bunker wurden wie die vom Revier ins Krematorium geschafft. Das war der dritte Ort des Grauens, zu dem nur die dort arbeitenden Häftlinge Zutritt fanden. Noch mehr war es ja bei den Leichen aus dem Bunker geboten, daß sie verbrannt wurden, damit niemand die Scheußlichkeiten der Todesart kontrollieren konnte.

Bis zum Jahre 1942 tat ein kleines Krematorium mit zwei Öfen die Dienste. 1942 wurde ein größeres mit vier Öfen gebaut und mit vier Gaskammern ausgestattet. Der ganze Bau wurde durch Maurerlehrlinge ausgeführt. Unter ihnen waren viele polnische Geistliche. Die Pfannen der Öfen waren groß genug, daß vier Leichen auf einmal Platz fanden. Die Angehörigen erhielten auf Verlangen in einem Kistchen, das die Form eines kleinen Sarges hatte, die Asche zugesandt. Legte jemand Wert darauf, die richtige Asche zu erhalten, mußte schon beim Kapo ein gutes Wort eingelegt werden, der dann persönlich die Verbrennung überwachte. In einem Fall, bei dem

Mariannhiller P. Unzeitig, haben es gute Kameraden so gemacht. Der Kapo garantierte für die richtige Asche.

Obwohl wir Häftlinge keinen Zutritt zum Krematorium fanden, wurde uns seine Tätigkeit nur zu oft bemerkbar. Bei Westwind lag dauernd ein ekliger Leichengeruch in der Luft.

Daß Häftlinge bei lebendigem Leib in den Leichenofen gesteckt wurden, hörte ich oft erzählen. Auffällig war im Jahre 1942 oder 1943 die „Abstellung" einiger Juden zum Krematorium, von denen keiner zurückkehrte. Was mit ihnen geschah, konnten wir vermuten. Nähere Einzelheiten erfuhr ich nicht.

Genaue Zahlen über die Opfer der Konzentrationslager lassen sich heute noch nicht bieten. Nach vorsichtigen Schätzungen dürften über acht Millionen Häftlinge „durch den Kamin entlassen" worden sein.

Eine schaurige Krematoriumsgeschichte mit gutem Ausgang erlebte P. Karl Schmidt. Sein Originalbericht möge hier im Wortlaut folgen:

Es war in den letzten Augusttagen 1944. Fast täglich trafen neue Transporte von Russen hier ein. Menschen, die die Gestapo zusammengejagt und eingefangen hat, bevor unsere Truppen im steten Rückmarsch das Land verließen. Es war ein jammervoller Anblick, diese Menschen zu sehen, die schon keine Menschen mehr waren. Stumpfsinnig hockten sie in der glühenden Augustsonne, kramten da und dort in den Taschen, um noch etwas Eßbares zu finden oder einen Gegenstand, den sie uns als Tauschobjekt anboten gegen ein Stücklein Brot. Aber was konnten sie schon geben! Die paar zerrissenen Lumpen, die sie am Leibe trugen, waren über und über verlaust und wurden nachher in großen Haufen verbrannt. Nur wenige von den Häftlingen durften zu ihnen hingehen. Darunter wir Sanitäter, denen die Aufgabe zufiel, aus dieser Masse Kranker und abgemergelter Gestalten die schlimmsten Fälle herauszugreifen und auf Tragbahren ins Revier zu bringen. Wie dankbar waren doch diese armen Menschen, die wochenlang kein freundliches Wort mehr gehört hatten, wenn wir unter ihnen herumgingen, und ihnen wieder neuen Mut machten! Wir verstanden zumeist nichts von ihrer Sprache und sie verstanden uns nicht, aber die Sprache des Herzens, die Liebe, braucht keinen Dolmetscher. Und doch war es wieder so traurig, wenn sie vor uns standen, uns ihre tiefen eiternden Wunden zeigten und uns anflehten, sie doch auch mitzunehmen. Wie schmerzlich für uns, wenn wir immer und immer wieder nein sagen mußten, wo wir so gerne ja gesagt hätten, und wo auch das Ja mehr als berechtigt gewesen wäre! Aber wir konnten nicht. Das Revier war ohnehin überfüllt. Dreistöckig übereinander standen die Betten dort, bis unter die Decke. Und immer neue Scharen brachte der Lastwagen vom Bahnhof her. Menschen, die wir abladen mußten wie Stückgüter, da sie selbst zu schwach waren, die Wagen zu verlassen. Der letzte Wagen brachte unter den Lebenden auch noch Tote mit. Als wir ihn fast fertig entladen hatten und nur noch vier Mann auf dem Wagen lagen, zwei davon offensichtlich tot, während zwei andere noch Lebenszeichen von sich gaben, da wurden wir barsch davongejagt. Dem Fahrer, einem jungen SS-Mann, dauerte das alles wohl zu lange und er wollte endlich Schluß machen. Die Vorstellungen, daß doch noch zwei Lebende auf dem Wagen seien, die ins Revier gehörten, wurden schroff abgewiesen: „Hau ab!" Kamerad Pies (S. J.) wollte noch rasch eine Tragbahre holen, aber als er zurückkam, war der Wagen schon fort — ins Krematorium.

Am andern Abend kam von dort her der Anruf ins Revier, wir möchten mit einem Krankenwagen hinauskommen, es sei noch ein Lebender unter den Toten. Als wir ihn heimholten, gebadet, verbunden und gebettet hatten, erkannten wir ihn wieder als einen der beiden, die wir am Vortag nicht abladen durften. Wir boten alles auf, was wir in dieser Lage nur aufbieten konnten, um diesem Ärmsten zu helfen, und ihn wieder zu Kräften zu bringen. Nur ganz langsam erholte er sich. Als er wieder etwas mehr bei Kräften war und aus seiner bisherigen Apathie heraustrat, da ließ ich ihn durch einen Dolmetscher über seine Erlebnisse aussagen. Er konnte sich noch entsinnen, daß wir neben ihm auf dem Wagen standen und ihn herunternehmen wollten. Dann verlor er wieder das Bewußtsein. Als er wieder aufwachte, war es Nacht um ihn, und empfindlich kalt. Man hatte ihn nackt ausgezogen und nun lag er mitten unter einem Haufen anderer Toten im Freien. Klar und kalt leuchteten die Sterne vom Himmel, als ginge sie dieses ganze Elend dort unten auf der kleinen Erde nichts an. Er wollte sich aufraffen, wollte davonlaufen, aber er war zu schwach dazu. Er wollte schreien, aber niemand hörte ihn. Langsam senkte sich wieder die Nacht um seine Sinne, die tiefe Ohnmacht der Schwäche. Als er wieder erwachte, spürte er eine furchtbare Hitze, als wäre er schon in der Hölle. Blitzschnell mit der Geistesgegenwart des Sterbenden hatte er die Situation erfaßt. Er lag auf einer flachen Blechmulde und wurde gerade zu einem Ofen hingefahren, dessen feuriger Rachen ihn anbleckte wie ein wildes Tier. Trotzdem ihn lähmendes Entsetzen faßte, gelang es ihm noch, sich mit Aufbieten aller Kraft aufzurichten und über den Rand der Schale herabfallen zu lassen. Dann wurde es wieder Nacht um ihn, und sein letztes Erwachen war ein glücklicheres, war in den Armen liebevoller Pfleger, Häftlingen wie er selbst, mit einem Herzen im Leib. Während er so erzählt, läßt er meine

Hand nicht los und dutzendmal erklärt er dem Dolmetscher: „Dem da gehört mein Leben“, was nach russischer Sprachweise etwa so viel heißt, wie: „Dem verdanke ich mein Leben.“ Wir haben ihn damals wieder gesund gepflegt. Als er nach Monaten aus dem Revier entlassen wurde, verlor ich ihn unter den Zehntausenden von Häftlingen, die das Lager füllten, wieder aus dem Auge. Ob er das Lager noch lebend verlassen hat, ob er seine Heimat und Frau und Kinder wiedersah, ich weiß es nicht, aber ich wünsche es ihm von Herzen.

HÄFTLING UND RELIGION

„Unterstehe sich keiner von euch Pfaffen, einen Häftling beichtzuhören! Wer es tut, wird exemplarisch bestraft.“

So herrschte uns eines Tages der Lagerführer an. Die Begründung dieser Maßnahme war nicht neu. Sie lautete jeweils: „Da horchen diese Pfaffen die anderen aus. Dann berichten sie es dem Papst nach Rom, und der hängt es an die große Glocke.“

Der Befehl war von Berlin aus ergangen und verbot jegliche religiöse Betätigung der Lagerinsassen.

Schon der Besitz eines Rosenkranzes oder Gebetbuches wurde mit Prügelstrafe geahndet. Nur Geistlichen war auf Grund der erwähnten Vergünstigungen beides erlaubt. Auch der Gottesdienst. Den übrigen Häftlingen dagegen war schwere Strafe angedroht, falls sie den Gottesdienst besuchten. Vor dem Inkrafttreten der genannten Vergünstigung war auch den Geistlichen jede religiöse Betätigung verboten.

Unser lieber, im ganzen Lager bekannte „Sigi“, genannt der „Tiroler mit der Nase“ — seine Nase war einmal im Winter erfroren, und er mußte jahrelang einen Verband tragen —, ein Original und fabelhafter Erzähler, hieß mit seinem vollen Namen Siegfried Würl und stammte aus Tirol. Er erhielt im Lager Sachsenhausen-Oranienburg die Nachricht vom Tode seines Vaters, las den Brief und murmelte ergriffen vor sich hin: „Herr, gib ihm die ewige Ruhe!“ Daraufhin erhielt er „wegen religiöser Betätigung“ eine Meldung und vier Wochen Strafarbeit. Er mußte vier Wochen lang während der

Freizeit mittags und abends Straßen kehren, Abort putzen und ähnliche Arbeiten verrichten.

Für religiöse Betätigung konnte sogar die Todesstrafe verhängt werden. Pfarrer Alfred Berchtold berichtet aus dem Jahre 1940 den Tod des Pfarrers Otto Neururer (im Lager Buchenwald): „Auf dem Block des Pfarrers Neururer war ein Protestant, der sich durch die große Güte Neururers angezogen fühlte. Sie schlossen sich einander an. Religiöse Gespräche folgten. Die heiligmäßige Gestalt Neururers hat auf den Protestanten einen solchen Eindruck gemacht, daß er sich zum Katholizismus hingezogen fühlte. Neururer unterrichtete ihn. Schließlich wurde die Konversion durchgeführt. Ganz heimlich, aber doch offenbar von einem Spitzel bemerkt! Eine Meldung gegen Neururer erfolgte. Neururer kam in den Bunker. Zwei Tage darauf kam die Meldung auf den Block: Neururer ist tot! Was ist geschehen? Bald erfahre ich durch den Häftling, der als Aufwärter im Bunker beschäftigt war, daß Neururer in einer Zelle bei den Fußgelenken aufgehängt wurde, bis er tot war. 34 Stunden hing er kopfüber, dann hat ihn der Tod erlöst. Wie lange mag er noch bei Bewußtsein gelebt haben? Wie mag man ihn verhöhnt und beschimpft haben? Geschlagen wurde er nicht. Die Leiche, die ein guter Kamerad von mir in der „Pathologie" sah, wo die Häftlingsleichen seziert wurden, zeigte keine Male von Mißhandlungen."

Wie standen wir Geistlichen und die katholischen Laien zu dem Verbote der religiösen Betätigung? Unsere Haltung war begründet durch das Apostelwort: „Man muß Gott mehr gehorchen als den Menschen." So erfüllten wir Priester und die Katholiken, so gut es ging, ihre Pflicht, nur vermieden wir, uns ertappen zu lassen.

Wenn der katholische Häftling auch kein Gebetbuch und keinen Rosenkranz besitzen durfte, das Gebet des

Herzens konnte kein Lagerführer kontrollieren. Auch erfuhr niemand, daß es sich um eine Beichte handelte, wenn wir uns am Arbeitsplatz fern von den anderen oder beim Spaziergang auf der Lagerstraße unterhielten.

Pfarrer Seitz berichtet in seiner schon erwähnten Predigt (S. 5): „Unter schwerster Strafe war es verboten, an Laien die Sakramente zu spenden oder den Sterbenden beizustehen. Aber für Priester gilt ein solches Verbot nicht. Was haben wir für Beichten gehört, Menschen nach Jahrzehnten mit ihrem Herrgott wieder ausgesöhnt! Es war geradezu rührend, wie die Gnade Gottes wirkte. Da schaufelt in der Kiesgrube einer neben mir am Sandhaufen, und während der Arbeit bekennt er seine Sünden. Oder im Granitsteinbruch (in Mauthausen, d. V.) sitzt ein anderer neben mir und klopft Steine wie ich und beichtet, dann kommt ein anderer und nimmt seinen Platz ein, so ging es stundenlang. Oder draußen in der Plantage rupft einer kniend neben mir Unkraut und spricht sein Mea Culpa. Zeiten des Urchristentums der Katakomben!"

Das Verbot religiöser Betätigung galt auch für das Revier, auch für Sterbende. Teuflischer konnte jene Welt ohne Gott ihr innerstes Wesen nicht offenbaren. Manch armer Häftling hatte das Glück, daß im Revier neben seinem Bett ein Priester lag, ebenfalls krank, dem er noch kurz vor dem Tode sein Gewissen eröffnen konnte. Aber wie viele Tausende mußten ob dieses teuflischen Verbotes allein und von jedem guten Menschen verlassen ihren Weg zu Gottes Richterstuhl antreten. Gewiß wird Gottes Barmherzigkeit andere Wege gefunden haben. Aber wie viele Seelen hätten noch gerettet werden können! Uns Priester drückte dieser Gedanke schwer.

Viele Konfratres machten es sich zur Gewohnheit, täglich morgens und abends beim Vorbeimarsch am Revier die Generalabsolution für jene zu spenden, die nach

Diese Leichenberge fanden die alliierten Truppen bei der Besetzung des Lagers vor

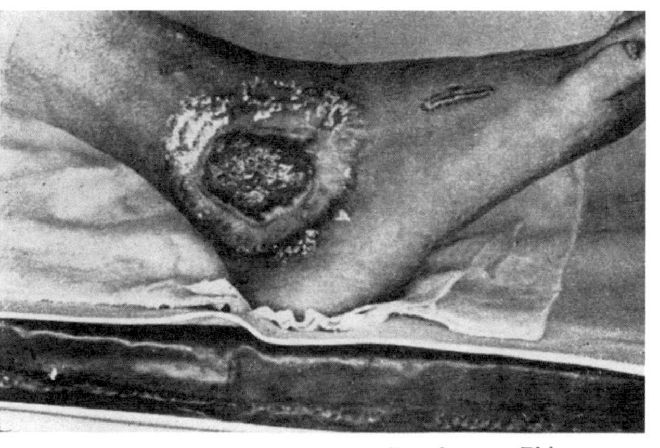

Solche Krankheitsherde wurden zum Zwecke von Phlegmone-Experimenten an den Gliedern gesunder Häftlinge (Geistlichen) hervorgerufen

Eine Leiche wird in den Verbrennungsofen geworfen

einem Priester verlangten. Gern hätten wir uns als Pfleger für das Revier gemeldet. Aber bis Ende 1942 war uns Geistlichen das Revier hermetisch verschlossen. Wir suchten andere Wege. In der Katakombenzeit durften auch Laien das Brot des Lebens den Christen überbringen. Wir suchten und fanden unter den Pflegern zuverlässige Katholiken, die ihren Pfleglingen die hl. Kommunion vermittelten.

Ein braver österreichischer Doktor, Dr. Edi Pesendorfer, kurz Edi genannt, ist mir noch in Erinnerung. Pfarrer Friedrichs aus der Münsterer Diözese erzählte mir sein Bekanntwerden mit diesem mutigen Edi. Friedrichs kam vom Lager Sachsenhausen, wurde krank, bevor er auf Block 26 übersiedelte, und kam ins Revier.

Eines Tages trat Edi an sein Bett und fragte leise: „Sind Sie Priester?"

„Ja."

„Wollen Sie kommunizieren?"

„Kann ich das? Sehr gern!"

Edi verschwand und brachte ihm alsbald ein Döschen mit konsekrierten Hostien von Block 26. Pfarrer Friedrichs hatte schon monatelang nicht zelebrieren und nicht kommunizieren können und freute sich, als ihm der Laie den eucharistischen Heiland brachte so sehr, daß er in Tränen ausbrach. Er konnte nun täglich kommunizieren und reichte unauffällig auch den anderen Katholiken, die es begehrten, das Brot des Lebens. Die gleiche Praxis pflegten andere Konfratres, die wegen Krankheit ins Revier aufgenommen wurden.

Ende 1942 wurde allmählich auch das Revier den Geistlichen zugänglich. Erst fanden sie als Hilfsschreiber und Pförtner Anstellung, dann sogar als Pfleger. Erst einzelne, schließlich über ein Dutzend. Nun wurde die religiöse Fürsorge für die Kranken wesentlich leichter. Die Geistlichen konnten als Pfleger mit den Kranken sprechen, ihre Zweifel beheben, aufklären, Beichte hören, hl. Kommunion und Ölung spenden. Alles freilich mit Vorsicht; denn das Verbot der religiösen Betätigung blieb weiterhin in Kraft. Pfarrer Seitz berichtet (in seiner Predigt S. 5): „Vom 8. Dezember 1942 an, als ich damals als erster Pfarrer ins Revier als Pfleger kam, konnten nun auch die Kranken versehen werden. So konnte ich manchen Tag fünfzig und mehr Wegzehrungen spenden. Welch eine Genugtuung für einen Priester in der Gefangenschaft, so noch wirken zu können! Aber alles geschah trotz schärfsten Verbotes. Das war priesterliches Wirken im harten Ringen mit den Mächten des Heidentums, der Hölle."

Die Übersiedlung ins Revier bedeutete für die Konfratres ein schweres Opfer. Sie mußten auf die tägliche hl. Messe verzichten und auf den Umgang mit ihresgleichen. Doch den unsterblichen Seelen der verlassenen Häftlinge zuliebe brachten sie dies Opfer gern. Über ein Jahr konnten sie dort wirken. Dann wurde ihnen das Revier neuerdings verboten. Durch die persönlichen Beziehungen, die sie inzwischen angeknüpft hatten, war es ihnen trotzdem möglich, weiterhin geistlichen Beistand zu leisten.

Mit dem Einzug der Geistlichen ins Revier änderte sich auch der Geist der leiblichen Pflege. Unsere Konfratres halfen allen nach besten Kräften. So opferte unser Salesianerpater. Karl Schmidt manche Nachtruhe, sorgte für Medizinen, für entsprechende und genügende Nahrung — damals galt schon die Paketerlaubnis — und half in jeder Not. Er konnte Brillen und Uhren reparieren, Füllhalter und Feuerzeuge instand setzen, baute Tauchsieder und Kochgeräte; er kannte sich in elektrischen und technischen Dingen aus und half jedem leidenschaftlich gern.

Schon auf Block 26 war er das Faktotum, er wurde es auch im Revier. Dabei machte er grundsätzlich nie Geschäfte mit seinem Können. Handelsgeschäfte lehnte er rundweg ab, ein Geschenk nahm er dankbar an. So hatte er sich bald das halbe Lager verpflichtet und wurde zum „Großorganisator", der fast alles vermitteln konnte, was im Lager zu erhalten war, von der Schreibmaschine bis zum Schuhnagel. Ich hatte ihn im letzten Jahr als Mitarbeiter und konnte beobachten, welcher Beliebtheit er sich erfreute. Seine ehemaligen Patienten waren seine besten Freunde.

Ähnliche Freundeskreise erwarben sich die übrigen geistlichen Revierpfleger. Viele Vorurteile schwanden. Auch solche Häftlinge, die in den ersten Jahren über die „Pfaffen" mitgeschimpft hatten, wurden uns verbunden.

Seit wir Pakete erhielten, unterstützten wir die Revierkranken auch mit Lebensmitteln. Ein richtiger Liebesgabendienst wurde organisiert. In jeder Stube standen vorn am Fenster Kartons, in die wir Kuchen, Äpfel und andere von den Kranken begehrte Dinge legen konnten. Täglich trugen die Pfleger große, schwere Pakete ins Revier.

Vor ein schweres Dilemma stellte uns der Kirchenbesuch der Blockfremden. Auch den Mitbrüdern von 28 und 30 war der Besuch der Kapelle streng untersagt. Als Priester mußten wir wünschen, den Kameraden den Kirchenbesuch zu ermöglichen. Andererseits wachten die SS-Leute streng über die Einhaltung des Verbotes und drohten uns wiederholt schwere Strafen an, sogar die Schließung unserer Kapelle. Noch mehr als die SS-Leute mußten wir verbohrte Religionsfeinde unter den Mithäftlingen fürchten, die noch eifersüchtiger über uns wachten und uns wiederholt denunzierten. Wir mußten eine Wache ans Tor stellen, die hartherzig, nicht aus eigenem

Triebe, jeden Blockfremden fernhalten mußte. Besonders an Sonn- und Festtagen war der Zudrang sehr stark. Aber wie überall, so fanden sich auch hier Auswege. Wer beharrlich wartete, fand einen Augenblick, wo er zum Tor hereinschlüpfen konnte. Ein Schlesier erzählte mir im letzten Jahr voll Freude, er sei jeden Sonntag in die Kirche gekommen.

Eine Zeitlang wurde geduldet, daß die Blockfremden von außen durch die Fenster am Gottesdienst teilnahmen. In dichten Scharen umstanden sie die Kapelle. Da beobachtete ich einmal einen Fall, der unsere Einstellung deutlich verriet. Am Tore stand ein Geistlicher, der im Auftrag der Lagerleitung alle Blockfremden abweisen mußte. Außen am Fenster auf der anderen Seite aber standen die Andächtigen, die der hl. Messe beiwohnen wollten. Die Fenster waren geschlossen und angelaufen. Ein Außenstehender, der hineinsehen wollte, wischte und wischte. Aber umsonst. Der Hauch saß auf der Innenseite. Ein Geistlicher, der innen stand, bemerkte das eitle Bemühen, ging hin und wischte das Fenster von innen ab. Der Außenstehende dankte mit einem freudigen Blick und konnte nun zum Altar sehen. — Eine Kleinigkeit, aber sie zeigt unser Bemühen, den Ausgeschlossenen auf irgendeine Weise die Teilnahme am Gottesdienst zu ermöglichen.

Später wurde die Lagerleitung nachsichtiger in der Gottesdienstfrage, wir aber um so mutiger. An den Sonntagen hielten wir immer mehr Gottesdienste, vormittags und nachmittags. Oft waren sieben und acht hl. Messen. Wer wollte, konnte mit leichter Mühe hereinkommen. Die Kapelle war auch meist gedrängt voll.

Besonders leicht wurde an Werktagen der Sakramentenempfang gemacht. Der Laie konnte unschwer das Tor passieren, weil in der Frühe noch keine Wache aufgestellt war. In der Kapelle konnte er beim nächstbesten Geistlichen, der an seiner Seite kniete, unbemerkt beichten und bei der hl. Kommunion mit den Geistlichen kommunizieren.

Wir Geistlichen fragten uns gar manchmal in schweren Stunden: Weshalb ließ es Gott zu, daß wir aus unserer Seelsorgearbeit herausgerissen und in diese Hölle versetzt wurden? Bedachten wir aber die Tausende von Menschen, die ohne jegliche Seelsorge in eben dieser Hölle ausharren mußten, dann wußten wir einen triftigen Grund für unsere Verhaftung. Ja, wir hätten uns eigentlich freiwillig ins Konzentrationslager melden müssen, um den Verlassenen zu helfen.

Der Jesuitenpater Lenz hatte einen anderen Weg beschritten, religiöse Gedanken unter die Häftlinge zu bringen. Er hatte seine freien Stunden benutzt, um Betrachtungen für Klosterfrauen zu schreiben. Er lieh seine Schriften auch an Laien aus, von denen manche sich nach religiöser Lektüre sehnten. Eines Tages wurde er verraten. Sein Schrank, sein Bett, seine Pakete wurden von dem Vertreter der Gestapo durchsucht. P. Lenz wurde mit drei Wochen Bunker bestraft, die er aus Liebe zu den Seelen gern ertrug.

Auf der Plantage und in anderen Kommandos arbeiteten viele Geistliche mit russischen Zivilgefangenen zusammen. Es waren meist junge Leute im Alter von zwanzig bis vierundzwanzig Jahren, die zur Arbeit nach Deutschland verschleppt und dann wegen angeblicher Sabotage oder aus ähnlichen Anlässen ins KZ gesteckt worden waren. Manche von ihnen waren sehr aufgeschlossen und interessierten sich für religiöse Fragen, über die sie in ihrer Heimat nichts gehört hatten. Viele kannten Christus kaum dem Namen nach. Wir Geistlichen erzählten ihnen gern vom Christentum und von der katholischen Kirche.

Manche jüngeren Geistlichen, mein Landsmann Dümig zum Beispiel, lernten russisch, um sich mit den jungen Leuten verständigen zu können. Er übersetzte Teile des Katechismus, der Nachfolge Christi und Gebete ins Russische, ließ alles von einem Deutsch-Russen korrigieren und gab diese Texte in Form von kleinen Heftchen den Russen in die Hand.

Andere fanden andere Wege. Bei meinem Photokommando hatte ich einen geweckten russischen Medizinstudenten, der flüssig deutsch sprach und sich brennend für philosophische und theologische Fragen interessierte, Nikolai Schibailo mit Namen. Wir erörterten bei unserer Arbeit sehr oft religiöse Fragen. Ungemein rührig war auch P. Kentenich und der Schönstätter Kreis um ihn.

So tat jeder Geistliche nach Möglichkeit sein Bestes, um den Laien einige religiöse Anregungen zu geben und ihnen zu helfen. Eine organisierte Arbeit bestand nicht. Sie wäre zu gefährlich gewesen.

PRIMIZ IM KZ

In den Wintermonaten 1943/44 herrschte wenig Nachfrage nach Arbeitskräften. Von unseren Konfratres blieben viele arbeitslos im Block und füllten die Zeit mit Lesung und Studien. Auf Stube 3 hielt P. de Coninck S. J., der Rektor des Kollegs in Brüssel, täglich anregende Vorträge über Probleme der Seelsorge. Schon längere Zeit waren Vorträge über seelsorgerliche Fragen eingeführt worden. Sie wurden am Samstagabend nach dem Appell in der Kapelle abgehalten. Ich will nur zwei Beispiele herausgreifen.

Pfarrer Gnegel aus der Diözese Hildesheim hatte die neue Industriegegend um Salzgitter zu betreuen, konnte uns also das Problem der „wandernden Kirche", das heute so brennend ist, an einem einleuchtenden Beispiel zeigen. Der Referent gab Winke, wie Katholiken und Geistliche zu seiner Lösung mithelfen können: Verbindung des Heimatpfarrers mit den Auswanderern und Mitteilung an die neue Seelsorgestelle, Pflege des Einheitskirchenliedes usw.

Ja, die Pflege des Einheitskirchenliedes! Etwas dringend Notwendiges heutzutage bei der Freizügigkeit, die sich durch den modernen Verkehr zwangsläufig Bahn bricht, bei den riesigen Völkerverschiebungen der Kriegs- und Nachkriegszeit. Das verstanden wir gut. Das Problem des Einheitsliedes brannte uns in Dachau selbst auf den Fingern und im Herzen. Wir waren zusammengewürfelt aus fast allen Diözesen des deutschen Sprachgebiets. Oft und tief bedauerten wir, daß sich bei jedem Lied Unterschiede zeigten. In Text und Melodie! Nichtssagende Unterschiede! Aber die notwendige Einheit war gestört, das Lied konnte nicht von allen gesungen werden. Wir empfanden es als dringend notwendig, daß innerhalb der deutschen Sprachgrenze in allen Diözesangesangbüchern eine möglichst große Anzahl von Einheitsliedern aufgenommen und diese eifrigst gelernt und gesungen werden, damit sich an sie das Heimatgefühl bindet.

An diesen Einheitsliedern darf aber auch kein Buchstabe und keine Note geändert werden. Es gibt Gelegenheit genug, die Eigenart jedes Volksstammes an den übrigen Liedern zu pflegen. An ihnen mag meinetwegen der Herausgeber seine musikalischen Fähigkeiten und sein theologisches Wissen erproben. Aber Finger weg von den Einheitsliedern! Das Seelenheil von Millionen, die jetzt während des Krieges die „wandernde Kirche" bilden mußten, ist tausendmal wichtiger als stammesmäßige und künstlerische Rücksichten. Durch das Einheitslied findet der Fremde in der neuen Kirchengemeinschaft sofort ein Stück der heißgeliebten Heimat, das ihn anzieht wie die Heimat selbst. Wir sollten doch von unserer Mutter, der Kirche, lernen. Sie fordert in der ganzen Welt für Meßopfer und Offizium dieselben Gebete, denselben Ritus, dieselbe Melodie, ja dieselbe Sprache trotz entgegenstehender gewichtiger Bedenken. Deshalb sollte in jedem Gottesdienst das eine und andere Einheitslied gesungen werden, auch in der Heimat.

Einen andern, sehr zeitgemäßen Vortrag hielt der holländische Geistliche Royackers über die „Aktion für Gott", die in seiner Heimat die letzten Jahre überaus segensreich wirkte. Sie hat vor allem die Aufgabe, alle Angriffe der kirchenfeindlichen Kräfte in Presse, Kino, Rundfunk usw. zu beobachten, sofortige Abwehrmittel und richtiges Aufklärungsmaterial bereitzustellen und zu verteilen. Eine schlagfertige Organisation bringt das

Material rasch auch in das entlegenste Dorf. Durch Boykott erzwangen sich die Katholiken Hollands in Presse, Kino und Rundfunk Rücksicht auf ihre Überzeugung. Hätten doch wir Katholiken in Deutschland eine ähnlich durchgreifende „Aktion für Gott"! Hollandia doceat! (= Holland möge uns Vorbild sein!)

Über den Volkschoral hielt P. Gregor Schwake O. S. B. Vorträge. Er dirigierte im letzten Jahr unseren Choral. Ferner bildete sich ein neuer homiletischer Zirkel, in dem über das schwierige Thema gearbeitet wurde: „Wie ergreife ich das Gemüt der Zuhörer?" Auch andere Zirkel taten sich auf. Kurzum, es regte sich wieder stärkeres geistiges Leben. Wir erwählten uns P. d. Coninck zu unserem Spiritual. Allabendlich gab dieser im Schlafraum auf Stube 2 zum Abschluß des Tagewerks die Betrachtungspunkte für den nächsten Tag. Den gleichen Dienst hatte vorher bereits P. Kentenich den Stuben 4 und 3 erwiesen.

War unser Gottesdienst schon bisher immer würdiger ausgebaut worden, so erhielt er seine Krönung mit der Ankunft eines Bischofs (von Clermont-Ferrand). Die nötigen Pontifikalien ließen wir durch Kameraden in den Werkstätten anfertigen. Kollege Spitzig schnitzte kunstvoll einen Bischofsstab aus Holz, einen liber pontificalis erhielten wir von München. Etwa zur gleichen Zeit wurde vom Hochwst. Herrn Kardinal unser Lagerkaplan Georg Schelling zum Dekan ernannt. Nun wurde an Festtagen unsere Kapelle zur Kathedrale: Pontifikalgottesdienst mit Choral, mehrstimmigem Chor und Instrumentalbegleitung.

Weshalb wurde der Hochwst. Bischof Gabriel Piguet ins Konzentrationslager geschafft? Er hatte das „schwere Verbrechen" begangen, Geistliche aus anderen Diözesen ohne Wissen der Militärregierung in seinem Sprengel anzustellen. Das war alles. In Natzweiler (Elsaß) mußte er im roten Talar in den Steinbrüchen arbeiten trotz seines Alters. Nach Neujahr kam er von Block 26 weg in den Ehrenbunker. Es hieß, man wolle ihn gegen einen hohen SS-Führer austauschen.

Vor Weihnachten bereitete er aber unserer Priestergemeinschaft und insbesondere unserem Konfrater, dem Diakon Karl Leisner, noch eine ganz seltene Freude durch die Spendung der hl. Priesterweihe. Wie war das möglich in der Welt ohne Gott? Karl Leisner war schon über vier Jahre im Lager. Er litt an Lungentuberkulose und hätte unbedingt in ein Sanatorium kommen sollen. Aber die Gestapo gab ihn trotz seiner Krankheit nicht frei. An diesem Beispiel sieht man übrigens deutlich, welchen Wert die Arztuntersuchungen vor der Einlieferung ins KZ hatten. Es gab in Dachau Hunderte von Tbc-Kranken. Im Herbst 1944 wurde der Zustand Leisners besorgniserregend. Als der Hochwst. Bischof bei uns eintraf, erbaten sich gute Freunde Karls vom zuständigen Bischof in Münster die Weiheerlaubnis, die gern gegeben wurde.

Am vierten Adventssonntag durfte Karl die außerordentliche Freude erleben, im Lager zum Priester geweiht zu werden. Die Lagerleitung hatte sich in den letzten Jahren kaum mehr um unseren Gottesdienst gekümmert. So sahen wir keinen Grund, eine besondere Erlaubnis einzuholen. Die Weihe geschah im Rahmen des herkömmlichen Gottesdienstes. Wohl selten war eine Priesterweihe durch die Gegenwart so vieler Geistlicher ausgezeichnet. Es war ergreifend anzusehen, wie die Hunderte von Priestern die Hände über den Weihekandidaten ausstreckten, um die Kraft des Hl. Geistes auf ihn herabzuflehen.

Am Stephanstage hielt er seine Primiz. Wir freuten uns alle mit dem glücklichen Karl und drückten ihm herzlich seine blassen, abgemagerten Hände. Er und wir wußten ja, daß seine Lebenstage gezählt waren. Aber er hatte sein Ziel trotz der denkbar ungünstigen Verhältnisse doch erreicht. Er erlebte noch die Freiheit, kam in das Sanatorium Planegg in Oberbayern, wo er leider schon ein paar Monate später verschied. Guten Freunden gelang es, seine körperliche Hülle in seine Heimat nach Westfalen zu überführen. Seine Seele aber kehrte heim zum ewigen Hohenpriester.

Nach Weihnachten traf ein weiterer Mitraträger auf unserem Priesterblock ein: Abt Johann Gabriel Hondet O. S. B. von Belocq in Südfrankreich. Sein Kloster ermöglichte einigen französischen Flüchtlingen den Übertritt über die Grenze in das nahe Spanien. Deshalb wurde der Abt mit Prior und Subprior verhaftet. Der Subprior erhielt seine Freiheit zurück, Abt und Prior aber wanderten nach Buchenwald ins Konzentrationslager. Hier mußte Abt Hondet trotz seines Alters und seiner Gebrechlichkeit im Steinbruch arbeiten.

Als er kurze Zeit darauf bei uns in Dachau anlangte, bestand er nur noch aus Haut und Knochen. Starker Husten plagte ihn Tag und Nacht, doch hatte er nicht mehr die Kraft zu husten. Er hüstelte nur ganz schwach wie ein sterbenskrankes Kind. Mit viel Liebe halfen wir Benediktiner, besonders P. Martin Schiffer von Trier, und manche andere Konfratres zusammen, kochten zuerst ganz leichte Suppen, holten leicht Verdauliches aus unseren Paketen und ruhten nicht eher, bis der bescheidene Herr wieder zu Kräften gekommen war.

Sein freundliches, demütiges, frommes Wesen fiel allenthalben auf. Am Aschermittwoch und sonst einige Male hielt er uns vierzehn Benediktinern asketische Vorträge in französischer Sprache. Unser Konvent war bunt zusammengewürfelt aus den Klöstern Belocq (2), Gerleve (2), St. Mathias-Trier (2), Maredsous-Belgien (2), Braunau-Sudeten (2), St. Emmaus-Prag (2), Admont (1), Altenburg (1) und Münsterschwarzach (1). Einige andre Patres von Emmaus-Prag sowie der Abt D. Ernst Vykoukal waren schon in den Jahren vorher im Lager an Hunger oder anderen Entbehrungen gestorben. An Ostern war der Hochwst. Abt Gabriel wieder so weit hergestellt, daß er das Pontifikalamt zelebrieren konnte.

SCHWINDEL OHNE ENDE

In den Sommertagen gab es oft Besuch im Lager. Himmler, SS-Obergruppenführer Pohl und andere Behörden des Reichssicherheitsdienstes und der Gestapo, Vertreter anderer Naziformationen, auch der Wehrmacht, Kommissionen usw. wurden durch das Lager geführt. Keiner von ihnen bekam das eigentliche Lagerleben zu Gesicht.

Einige Stunden vorher, manchmal auch halbe und ganze Tage vorher gab die Lagerleitung dem Blockpersonal Weisung: „Besuchsfertig machen!“ Nun hieß es, schnell, schnell das Lager frisieren. „Besuchsblöcke“ waren im Revier Baracke 1, von den Häftlingsblöcken Baracke 2, Kaninchenstall, Block 26 und seine Kapelle. „Die anderen Blöcke zeigen dasselbe Bild“, wurde den Besuchern vorgelogen. Während des Besuches durfte für gewöhnlich kein Häftling auf der Straße sein. Nicht einmal das Essen durften wir von der Küche holen. So wünschten wir Lagerinsassen gar oft den ganzen Besuchsschwindel auf den Mond.

Auch bei den Besuchen von Angehörigen, die der einzelne Häftling mit Genehmigung von Berlin empfangen durfte, ging es nicht ohne Schwindel. Etwa dreißig bis fünfundvierzig Minuten durften wir in Gegenwart eines Gestapobeamten mit unseren Angehörigen sprechen. Dabei mußte laut geredet werden, damit der Beamte alles mithören konnte. Auch Intimstes! Vor der Besuchsstunde aber mußten wir in die Kammer zum Einkleiden gehen. Wir erhielten einen nagelneuen Anzug, eine neue Mütze und Lederschuhe. Nach dem Besuch wurden wir auf die Kammer zurückgeführt, wo wir die guten Sachen abliefern und unsere alten wieder anziehen mußten.

Derartige Gaunereien ließen sich noch ertragen. Sie kosteten niemandem das Leben. Aber es gab auch andere. Ältere Häftlinge erzählten, daß in den dreißiger Jahren bisweilen von der Lagerleitung den Blockältesten und Kapos versprochen wurde, wenn sie eine bestimmte Anzahl Häftlinge (fünf oder sechs) „umgelegt" hätten, erhielten sie die Freiheit. Mancher Kapo und Blockälteste fiel auf diesen Schwindel herein. Die Häftlinge waren tot, aber die Freiheit erhielten die Mörder nicht.

Nach der Bombardierung von München und Umgebung — ich glaube, es war 1943 — wurden eigene Bombenkommandos zusammengestellt, die Blindgänger und Zeitzünder ausgraben mußten. Natürlich meldete sich niemand freiwillig. Nun wurde den Häftlingen die Freilassung versprochen, wenn sie eine bestimmte Anzahl Bomben ausgegraben hätten. Ich hörte nie, daß einer frei wurde, wohl aber, daß manche in Fetzen zerrissen in die Luft flogen.

Großer Schwindel wurde mit den Todesnachrichten getrieben. Die Angehörigen erfuhren nie die Wahrheit, wenn es sich um SS-Morde handelte. Auch Hunger durfte nicht als Todesursache genannt werden. Ich erwähnte schon einige Falschmeldungen. Der Hetzetod wurde zu einer „Kreislaufstörung", der Gasmord zu einem „hartnäckigen Magen- und Darmleiden", das Niederknallen aus Wollust zu einem „auf der Flucht erschossen" usw.

Wenn die Angehörigen in Berlin ein Gesuch um Freilassung einreichten, wurde bisweilen ein „Führungszeugnis" von Dachau eingeholt. Die Lagerleitung wußte, was sie zu schreiben hatte. Mir stellte diese Lügenzentrale im Sommer 1943 auf solchen Antrag das „Zeugnis" aus: „Seine politische Gesinnung ist undurchsichtig." Dabei kannte mich von der Lagerleitung niemand, noch bemühten sich diese Lügner, meine politische Gesinnung kennen zu lernen. Das „Zeugnis" wurde aus dem Ärmel geschüttelt. Mein Tischnachbar Köhler berichtete ähnlich. Bei ihm sei geschrieben worden, seine politische Gesinnung sei immer noch unklar. Solange seine Einstellung zum neuen Staat noch nicht positiv geworden sei, könne an eine Freilassung nicht gedacht werden. Das war im Sommer 1944.

Ein anderer Tischnachbar von mir, Max Mayr, erzählte, seine Schwester habe von Berlin folgende Nachricht erhalten: „Ihr Herr Bruder sollte entlassen werden. Er war schon eingekleidet und fertig zur Abreise. Da erklärte er plötzlich: ‚Nein, ich will nicht entlassen werden, ich will weiterhin im Lager bleiben.' Solch einem Wunsche konnte sich die Lagerleitung nicht widersetzen. Es ist also zwecklos, weitere Bemühungen um seine Freilassung zu unternehmen, da der Herr Bruder seine Freilassung nicht wünscht." Max sollte nie entlassen werden. Der ganze Brief war ein gemeiner Schwindel.

Auf dem Dach des Küchenbaues stand in Riesenlettern gemalt: „Es gibt einen Weg zur Freiheit. Seine Meilensteine heißen: Gehorsam, Mäßigkeit, Sauberkeit, Ordnungsliebe . . . Liebe zum Vaterland."

Auch dies war ein großer Schwindel; denn bei wirklichen Entlassungen wurde nicht nach der Führung der Häftlinge gefragt, sondern die Entlassung von Berlin aus befohlen.

Wir haben uns nie über die endlose Kette von Lügen und Schwindeleien gewundert. Wie hätte es anders sein können in einer Welt ohne Gott?

EINZELSCHICKSALE

Von den Tausenden von Häftlingen könnte fast jeder einen Roman über sein Lebensschicksal schreiben. Insbesondere die Geistlichen. So wechselvoll war das Leben im Konzentrationslager. „Da waren", wie Pfarrer Seitz in seiner Predigt schreibt, „Priester von dreiundachtzig bis zu vierundzwanzig Jahren. Ein Priester von 83 Jahren aus der Nähe von Wilna, der schon unter der Zarenherrschaft einmal fünf Jahre in Sibirien geschmachtet hatte, der aber jetzt noch in seinem hohen Alter jederzeit Sibirien einem Dachau vorzöge. Ein Neupriester, der acht Tage nach der Priesterweihe verhaftet. wurde, an dessen Händen noch das Oleum der hl. Priesterweihe duftete. Zweihundert Priester, die schon längst im Ruhestand lebten, außerhalb der Seelsorge! Ein Weihbischof von Leslau, ein Bischof von Clermont-Ferrand, der Feldpropst des tschechischen Heeres, ein Abt von Metten, verschiedene französische Äbte, Prälaten, Pfarrer, Kapläne, alle Stufen der kirchlichen Hierarchie. Da gab es Priester, die den letzten Weltkrieg mitgemacht hatten mit höchsten Auszeichnungen als höhere Offiziere beim Heer und in der Marine, aber alles war in den Augen dieser Gestapo kein Verdienst für das Vaterland."

Ich will im Folgenden einige Einzelheiten erzählen, die ich heute noch im Gedächtnis habe.

Bis Ende des Jahres 1942 war der etwa siebzigjährige Pfarrer Josef Zilliken von Wassenach (Diözese Trier) der Senior unseres Blocks. Ein hochgewachsener Mann. Von der gleichen Körpergröße war Pfarrer Johann Schulz von Nickenich, sein Leidensgefährte. Er zählte etwa fünfundsechzig Jahre. Beide gehörten der Trierer

Diözese an, beide waren auf Befehl Görings ins Konzentrationslager gesteckt worden, weil sie den Halbgott nicht gegrüßt hatten. Sie kamen zuerst nach Buchenwald, dann nach Sachsenhausen-Oranienburg.

In beiden Lagern mußten sie den deutschen Gruß „lernen". Am Vormittag hatten sie auf dem Appellplatz zum Gaudium der SS-Leute an einer SS-Mütze, die auf eine Stange gesteckt war, vorbeizumarschieren und den deutschen Gruß zu „üben". Am Nachmittag erhielt jeder eine Schreibtafel mit einem Griffel. Wie die Schulkinder mußten sie immer wieder den Satz schreiben: „Jeder Deutsche ist verpflichtet, den Reichsmarschall Hermann Göring zu grüßen." War die Tafel gefüllt, wurde sie ausgelöscht und mußte von neuem beschrieben werden. So ging es tagelang, bis der SS das gehässige Spiel langweilig und fad wurde.

Obwohl beide Herren gebrechlich waren, wurden sie nicht wieder in Freiheit gesetzt. Sie kamen mit den übrigen Geistlichen später nach Dachau und mußten die täglichen Härten des Lagerlebens zwei Jahre mitdulden. Pfarrer Schulz war schlecht zu Fuß. Wenn wir zum Appell marschierten, mußte er sich von zwei Konfratres stützen lassen. Auch Pfarrer Zilliken bedurfte zeitweise dieser Unterstützung. Alle Entlassungsgesuche bei Hermann Göring wurden von dem beleidigten Herrn abgewiesen. Beide Geistliche starben im Herbst 1942, wenn ich mich recht entsinne, den Hungertod.

Pfarrer l'Hoste, ebenfalls ein hochgewachsener Mann mit grauen Haaren, stammte aus der Steiermark. Er fiel eines Tages zwei SS-Leuten in die Hände, die ihren Sadismus an einem Geistlichen kühlen wollten.

Sie redeten ihn an und hielten ihm vor: „Gelt, du bist ein Jesuit?"

Pfarrer l'Hoste erwiderte wahrheitsgemäß: „Nein, ich bin kein Jesuit."

„Was! Lüg uns nicht an! Du bist ein Jesuit!"

Pfarrer l'Hoste: „Ich bin Weltgeistlicher. Habe auch nicht bei den Jesuiten studiert."

„Was! Du Sauhund! Anlügen willst du uns? Wart, wir werden dir helfen!"

Sie schleppten ihn mit fort, legten ihn über den Bock und kühlten ihren Sadismus, indem sie ihm fünfundzwanzig Doppelschläge aufzählten.

Von dem Salesianerpater Karl Schmidt habe ich schon erzählt. Er lag in Sachsenhausen mit polnischen Geistlichen auf einer Stube zusammen. Ihr Blockältester veruntreute die Kantinengelder in großem Ausmaß. Die Auslagen an Zeitungen und Putzmaterial für die Stube betrugen im Monat etwa zwanzig Reichsmark, er aber setzte monatlich dreihundert Reichsmark ein.

Weil die polnischen Geistlichen mit Recht schwere Rache fürchteten, wenn sie die Veruntreuung bekannt machten, baten sie P. Schmidt, er möge als Deutscher die Sache in die Hand nehmen. Er wies den Blockältesten auf die große Differenz hin und bat um Aufklärung. Dieser verklagte den Pater beim Blockführer, einem SS-Mann.

Schmidt erhielt zwar Recht, aber er bekam die Rache des Blockältesten zu fühlen. Dieser Betrüger schrieb ihm eine Meldung wegen „Meuterei". Er habe die Stubeninsassen gegen ihn aufgehetzt. Karl Schmidt erhielt die Prügelstrafe „Fünfundzwanzig". In Sachsenhausen wurde diese Strafe mit einem etwa zwei Zentimeter starken Metallrohr verabreicht. Außerdem wurde er in die Strafkompanie versetzt, und zwar auf unbestimmte Zeit. Die Strafbestimmung erging von der Lagerleitung, wie immer, ohne Verhör des Häftlings. Das war „Justiz“ im Konzentrationslager.

Einen ganz eigenartigen Fall hatte sich Benedikt Rodach, ein Kaplan aus der Mainzer Diözese geleistet. Unser Benedikt war etwa dreißig Jahre, aufgeschlossen für alles Gute, frisch, lebendig, hatte ein starkes Gerechtigkeitsgefühl und Muskeln wie von Eisen. Beim Verhör in Mainz hatte ihn der Gestapobeamte geschlagen. Da geriet Benedikt in Feuer. Er zahlte dem Beamten mit gleicher Münze zurück, geriet mit dem Herrn in einen richtigen Männerkampf und rang ihn zu Boden. Der Beamte schrie um Hilfe. Zwei Kollegen rannten herbei und fielen über Benedikt her. Gegen drei konnte Benedikt nun doch nicht aufkommen. Er wurde regelrecht verprügelt, kam dann nach Dachau und von hier bald in das berüchtigte Mauthausen mit seinen gefürchteten Steinbrüchen, um dort „fertig“ gemacht zu werden. Aber seine starke Natur und Gottes Schutz bewahrten ihn vor dem Tod. Er überstand auch fünf Jahre Konzentrationslager und erlangte bei Kriegsende seine Freiheit wieder.

In Sachsenhausen erlebte mein Freund, der Dekan Peter Haunstein, eine Szene, die die abgründige Roheit und Frivolität der SS-Leute offenbart. Ein SS-Mann kam in eine Stube, fiel aus irgendeinem Anlaß über einen Geistlichen her — ich weiß nicht mehr weshalb — und schlug ihn so lange, bis der Geistliche, blutüberströmt im Gesicht, am Boden lag. Manche SS-Leute hörten erst dann zu schlagen auf, wenn Blut floß. Nun befahl er dem Mißhandelten, sich auf die Spinde zu setzen. In den Stuben liefen die Spinde in Reihen rings an den Wänden entlang, und oben war noch Platz. Dort hinauf mußte sich der Geistliche setzen. Man gab ihm eine Eßschüssel — eine der runden hohlen Schüsseln — und befahl ihm, sich die Schüssel aufs Haupt zu setzen. Die übrigen

Stubeninsassen wurden unter die Tische kommandiert. Nun mußte der Geistliche oben mit seinem blutüberströmten Gesicht und mit der Eßschüssel auf dem Kopf das Lied anstimmen: „O Haupt voll Blut und Wunden". Die unter den Tischen mußten mitsingen. Der SS-Mann aber stand daneben, amüsierte sich über das Bild und lachte über seinen Einfall.

Mein Tischnachbar auf Block 30 Stube 2, ein polnischer Geistlicher, den ich schon erwähnte, erzählte mir folgenden Fall: Er fiel eines Tages einem SS-Mann in die Hand, der sich ein „Vergnügen" machen wollte.

Der SS-Mann herrschte ihn an: „Bist du bereit zum Sterben?"

Er gab zur Antwort: „O ja, ich bin immer bereit."

„Also knie dich da her!"

Er mußte sich vor die Spindreihe hinknien mit dem Gesicht gegen den Spind. Der SS-Mann zielte und feuerte dicht hinter ihm an seinem rechten Ohr vorbei einen Schuß aus der Pistole in den Spind.

„Steh auf!"

Der Konfrater erhob sich bleich vor Schrecken.

„Was, du lebst noch? Also knie dich noch mal hin!"

Er tat wie befohlen. Der Rohling schoß ein zweitesmal, scharf am linken Ohr vorbei.

„Steh auf! Na, du lebst ja immer noch?"

„Jawohl."

„Also, leb weiter!"

Nach diesem „Genusse" verließ der SS-Mann sein Opfer. „Scherze" — in einer Welt ohne Gott!

TYPHUS IM LAGER

Durch die Paketerlaubnis war Ende 1942 das Hungergespenst endgültig aus unseren Stuben vertrieben, aber anfangs 1943 stellte sich ein anderer apokalyptischer Reiter ein, die Seuche: Typhus abdominalis, Bauchtyphus.

Woher er kam, erfuhren wir nicht. Es war ja immer gewarnt worden, Leitungswasser als Trinkwasser zu benutzen, aber was sollten, zumal im Sommer, die armen Häftlinge trinken? Bier durfte damals überhaupt nicht ins Lager kommen, auch nicht das sicher ungefährliche Dünnbier. Zeitweise verkaufte zwar die Kantine „Karlsbader Sprudel“, das Fläschchen für zwanzig Pfennig. Wie viele arme Häftlinge konnten sich auch das nicht leisten! Zudem reichte der Kantinenvorrat jeweils nur für ein paar Tage aus. Mit Kaffee und Tee geizte die Küche, obwohl es in der Hauptsache nur Wasser war. Aber es wäre doch wenigstens abgekocht gewesen. Wir hatten also oft keine andere Wahl, als an der Leitung unseren Durst zu stillen.

Die Seuche konnte auch durch den schlimmen Zustand der Kloaken entstanden sein. Die Lagerleitung hatte sie schon über ein halbes Jahr nicht mehr entleeren lassen. Zum Leeren wurde eine Motorpumpe benutzt, und damals war Benzin knapp. Die Kloaken liefen wochenlang über, ohne daß sich jemand um Abstellung dieses Zustandes gekümmert hätte.

Der Typhus trat sofort in großer Häufigkeit auf, sodaß es höchste Zeit war, Maßnahmen zu ergreifen. Das geschah auch, und zwar, das muß man sagen, recht gründlich. Wir merkten, die Lagerleitung wollte der Seuche Herr werden.

Sofort wurde über das ganze Lager Quarantäne verhängt. Kein Kommando durfte mehr ausrücken. Die Arbeitsstellen außerhalb des Lagers, die dringend Häftlinge zur Arbeit brauchten, mußten für Sonderunterkunft sorgen. Am ersten Tag der Quarantäne wurden die Häftlinge der einzelnen Kommandos vom Arzt untersucht und die Unverdächtigen außerhalb des Lagers untergebracht; sie durften wochenlang nicht wieder einrücken. So erging es z. B. auch dem Plantagenkommando. Für die übrigen Häftlinge entfiel die Arbeitszeit. Auch die Zählappelle auf dem Appellplatz wurden abgeschafft. Die Blockführer zählten die Leute vor den Blöcken. Das waren für die Gesunden sehr angenehme Erleichterungen.

In den Blöcken selbst wurden energische Maßnahmen ergriffen. Die Sitzaborte wurden nach jedem Gebrauch mit Kalkbrühe abgewaschen, täglich die Türklinken mit einer Desinfektionslösung bestrichen. Vor jedem Abort stand eine Schüssel mit solcher Lösung zum Waschen der Hände. Tag und Nacht hielt ein Häftling Wache, ob sich auch jeder, der den Abort benutzt hatte, die Hände in dieser Lösung wusch. Die Kloaken wurden entleert. Auch für die SS-Leute wurde die Sperre energisch durchgeführt. Nur eine geringe Anzahl von ihnen blieb im Lager, die anderen erhielten keinen Zutritt. Wie angenehm für uns! Ja, sie mußten sogar unsere Pakete auf einem Wagen bis an die Sperre heranschieben, eine Arbeit, die sonst nur Häftlinge verrichteten.

Wir waren den ganzen Tag unter uns. Wäre nicht die drohende Gefahr und die neue Sorge um unsere Kameraden gewesen, wir hätten schöne Wochen verleben können. Den ganzen Tag Freizeit. Die Lust zum Studium erwachte wieder. Neue Zirkel bildeten sich. P. Kentenich stellte uns sein reiches theologisches und praktisches Wissen zur Verfügung. Täglich gab er auf Stube 4 eine

Stunde Exegese über die Apokalypse. Mit Freuden kehrten wir zu unserer alten Gottesdienstordnung zurück. Nach dem Appell beteten wir gemeinsam die Prim, dann hielten wir Gemeinschaftsmesse oder Choralamt, am Nachmittag rezitierten wir die Vesper oder sonst einen Teil des Offiziums. In der Zelebration der hl. Messe führte der neue Lagerkaplan Georg Schelling eine allseits begrüßte Neuerung ein. Nach dem damaligen Befehl der Lagerleitung durfte immer nur der Lagerkaplan den Gottesdienst halten, die anderen konnten, so sehr sie es wünschten, nie zelebrieren. Schelling aber erklärte: „Wir wollen in Zukunft täglich wechseln. Wenn die Lagerleitung die alte Praxis fordert, kehren wir zur alten Ordnung zurück."

Die Lagerleitung erhob keinen Einwand. Sie gab uns vielmehr in jener Zeit (1. März 1943) freie Hand in der Gestaltung unseres Gottesdienstes. Nun hatte jeder Konfrater von Block 26 Aussicht, wieder einmal nach langer Zeit selbst an den Altar treten und das heilige Opfer darbringen zu dürfen. Jeder freute sich auf diesen Tag. Es bildete sich die Regel heraus, daß jeder Geistliche für jedes Haftjahr e i n m a l das hl. Meßopfer darbringen durfte. Dieser Tag war natürlich für den Geistlichen ein Festtag erster Ordnung. Die Freunde kamen, gratulierten und freuten sich mit. Außerdem wurde jedem, der eine Sonntagspredigt übernahm, als Gratifikation eine heilige Messe zugesagt. Wir waren entzückt über diese Neuerung, die bis zum Ende unserer KZ-Zeit beibehalten wurde.

Die Paketerlaubnis hatte für die Kapelle die angenehme Folge, daß mehr Paramente beschafft werden konnten. Es wurde bald möglich, die von den Rubriken vorgeschriebene Tagesfarbe einzuhalten. Ein ganz hochherziger Gönner sandte sogar einen weißen Ornat: Meßgewand, Dalmatiken, Velum und Pluviale, ferner Chorröcke für Ministranten usw. Unser Gottesdienst an Festtagen gewann jetzt auch äußerlich an Feierlichkeit und Würde. Auch neue Choralbücher wurden geschickt. Eine fast lebensgroße Muttergottesstatue traf ein, der wir ein kleines Altärchen auf der Evangelienseite in der Ecke errichteten.

Im Sommer bauten wir unsere Beziehungen zum Kapo der Gärtnerei weiter aus. Unsere Pakete erlaubten es uns, splendid zu sein. So wurde der Altar jeden Sonntag, besonders aber an den Festtagen, mit frischen Blumen geschmückt, ganz wie in der lieben Heimat. Unser eifriger Küster, Pfarrer Heinrich Steiner, ein Österreicher, gab sich unendliche Mühe, immer das Neueste und Schönste auf den Altar zu bringen.

So verschwand allmählich die Armseligkeit der ersten Jahre, und das Zelt unseres eucharistischen Heilands, der in seiner Güte unsere Gefangenschaft mit uns teilen wollte, prangte in Schmuck und Farben. Welche Freude war es uns, aus der Dürftigkeit des Lagers in das liebevoll geschmückte Gotteshaus einzutreten, welche Freude empfanden auch die Laien, die sich dank der allmählichen Lockerung der alten Strenge jetzt leichter und häufiger zu unseren Gottesdiensten einschlichen. Freilich konnte dies alles erst im Sommer entfaltet werden, aber damals in der Typhuszeit wurde der Anfang gemacht.

Täglich empfahlen wir unsere Patienten unserem eucharistischen Hausvater. Auch aus unserem Block wurden viele von der Typhusseuche ergriffen. Stets waren hohes Fieber und Durchfall die ersten Anzeichen. Die Pfleger im Revier, teilweise Geistliche, gaben sich viel Mühe Aber es fehlte an Medikamenten, es fehlte an entsprechender Nahrung. Wir schickten, was ihnen aus unseren Paketen nützlich sein konnte, besonders Dextropur und Äpfel. Aber es reichte nicht aus. Leider starben auch von unserem Block acht Konfratres.

Unter ihnen nenne ich besonders den jungen Kaplan Andritzky von Dresden. Er war ein eifriger Priester, besonders für die Jugendseelsorge geeignet. Sportlich tat er es allen zuvor. Oft unterhielt er uns mit seinen Künsten. Welch eine Sensation war es jedesmal, wenn er im Handstand durch die Stube oder am Abend durch den Schlafraum marschierte und die Konfratres aus den Stockwerken der Betten wie von Galerien herunter applaudierten! Für jeden jederzeit zu einem Liebesdienst bereit, zu jeder Arbeit willig, hatte er sich die Sympathien aller erworben.

Auch der österreichische Pfarrer Sumereder, ein Mann von großer Energie, fiel der Seuche zum Opfer. Er kämpfte wohl am zähesten gegen den Tod und gestand weder anderen noch auch sich selber seinen Zustand ein. Das Fieber, das ihn wochenlang verfolgte, deutete er als Folge von Erkältung. Er machte eine Schwitzkur nach der andern. Schließlich ermattete seine Kraft. Er mußte sich entschließen, das gefürchtete Revier aufzusuchen. Schon ein paar Tage später meldete der Revierschreiber seinen Tod. Die Obduktion ergab Typhus abdominalis im Endstadium. Der Ausbruch der Krankheit mußte wohl vier Wochen zurückliegen. Solange hatte der zähe Konfrater für sich allein gegen die Krankheit angekämpft.

Dank den energischen Gegenmaßnahmen klang nach etwa sechs Wochen die Seuche wieder ab. Neue Fälle traten nicht mehr auf. Die ersten Patienten, deren Natur den unheimlichen Feind überwunden hatte, gesundeten wieder und durften noch wochenlang auf dem Erholungsblock bleiben, der eigens für sie eingerichtet war. Sie hatten durch die Krankheit eine zweite große Hungerkur durchmachen müssen. Bei ihnen erwachte wieder derselbe Appetit wie ein halbes Jahr vorher bei uns allen. Gott sei Dank konnten wir mit unseren Paketen helfen.

Die Maßnahmen gegen die Seuche wurden mehr und mehr abgebaut. Die Quarantäne fiel, die Arbeitskommandos rückten wieder aus. Eine weitere Katastrophe war überstanden. Von Herzen dankte ich Gott, der mich wieder so väterlich behütet hatte. Mit neuer Überzeugung betete ich täglich den Psalm 90 des liturgischen Abendgebetes, der im Benediktinerbrevier allabendlich trifft:

„Gleich einem Schild umgibt dich Gottes Treue,
du brauchst nicht bangen vor dem Graun der Nacht.
Nicht vor dem Pfeile, der am Tage schwirrt,
nicht vor dem Unheil, das im Finstern schleicht,
noch vor der Seuche, die am Mittag schlägt."

PHOTOGRAPH AUF DER PLANTAGE

Die Quarantäne brachte mir einen Wechsel in meinem Arbeitskommando. Im Herbst 1942 war ich als Schreiber in die Besoldungsstelle der SS gekommen. Es war jenes Amt, von dem aus alle SS-Formationen zentral besoldet wurden. Ich war bei den ersten zehn Häftlingen. Im Laufe des folgenden halben Jahres wuchs sich diese Gruppe zu einem richtigen Pfarrerkommando aus. Die Zahl stieg allmählich auf hundertdreißig, meist Geistliche. Die einen mußten auf der Maschine schreiben, andere hatten Karteien zu führen.

Es war im wesentlichen Büroarbeit, die uns Geistlichen mehr lag als die übrigen Arbeiten auf der Plantage. Die Männer der Waffen-SS arbeiteten großenteils gut mit uns zusammen. Sie beseelte ein anderer Geist als die der Totenkopfstandarte. Damals im Herbst, als wir ausgehungert waren, unterstützten sie uns mit Brot und Lebensmitteln, obwohl es auch ihnen verboten war, den Häftlingen etwas zu geben. Untersturmführer Pichler, der Leiter meiner Abteilung, vermittelte uns bisweilen die Reste des Mittagessens aus einer benachbarten SS-Küche. Hatte er Brot übrig, so ließ er es vor unseren Augen in den Papierkorb fallen, und wir holten es heraus, sobald er weggegangen war. Die Vorsicht war notwendig wegen der anderen SS-Leute.

Obwohl die Besoldungsstelle nur ein paar hundert Schritte vom Lager entfernt lag, führte uns der Weg täglich „hinaus". Wir konnten Zivilleute sehen. Nachdem ich ein Jahr hermetisch eingeschlossen gewesen war und nur Häftlinge vor Augen gehabt hatte, war es für mich eine selige Freude, als ich zum ersten Male wieder ein

Kind sah. „Gibt's so etwas auch noch!" rief ich aus. Fast hätte ich vor Rührung geweint.

Durch die Quarantäne wurde unsere Besoldungsarbeit unterbrochen. Das Amt mußte andere Hilfskräfte einstellen. Infolgedessen konnte nach der Quarantäne nur ein Teil des früheren Kommandos wieder zu arbeiten anfangen. Auch mein Platz war besetzt, weshalb ich mir ein neues Kommando suchen mußte. Neue Sorgen, neues Bangen, neues Beten um Gottes Führung!

Eines Tages überraschte mich der Plantagenschreiber, Pfarrer Rieser, den ich schon oben erwähnte, in der Mittagspause mit der Nachricht: „Auf der Plantage, im Gewächshaus I, wurde heute ein Schreiberposten frei. Willst du ihn übernehmen?"

Ich überlegte nicht lange und sagte nach einigem Schwanken zu.

Mein erster Tag an meiner neuen Arbeitsstätte war der 19. März 1943, Josephstag, mein Weihetag. Ich empfahl mich dem heiligen Zimmermann von Nazareth und zog frohgemut auf die Plantage, wenn auch manche von den Kameraden den Kopf schüttelten und meinten: „Das hättest du dir besser überlegen sollen."

Das Wort Plantage bedeutete für viele einen heillosen Schrecken. Mit einigem Bangen, aber doch mit Zuversicht, trabte ich mit den übrigen zum Gewächshaus I. Mein Freund Benno Scholze, der Pfarrer von Pirna in Sachsen, hatte mich liebevoll am Arm genommen und mir zugeflüstert: „Hab keine Sorgen! Dein neuer Posten ist gut."

Er mußte es ja am besten wissen; denn er war mein Vorgänger. „Unser Kapo ist in Ordnung. Er ist zwar Kommunist, aber gerecht und kein Pfaffenfresser. Wir haben es gut bei ihm."

Benno hatte recht. Ich hatte es wirklich sehr gut getroffen. Die Schreibmaschine war alt, aber im Vorraum, wo ich mit sieben anderen zusammenarbeitete, war immer gut geheizt, und in den heißen Sommertagen war es dort angenehm kühl. Meine Mitarbeiter wurden mir bald gute Freunde. Es war ein prächtiges Zusammenarbeiten. Die meisten waren gebildete Laien: Lehrer, landwirtschaftliche Fachleute und so fort. Unser Kommando Gewächshaus I hatte zwei Gewächshäuser unter sich, ferner die Lehrkulturen, eine Versuchsabteilung und das Sortenregister. Meine botanischen Kenntnisse kamen mir sehr zunutze. Ich konnte sie sogar erweitern und vertiefen.

Das Sortenregister hatte die Aufgabe, die von der Reichssortenregisterstelle Leipzig zugesandten Samen auszusäen, die Pflanzen den Sommer über gärtnerisch zu pflegen, sie in ihrer Entwicklung zu beobachten, alles aufzuzeichnen und die gefundenen Resultate nach Leipzig zu berichten. Sicherlich eine interessante Arbeit.

Die Versuchsabteilung sollte neue Düngemittel, Komposterden von den verschiedensten Pflanzen, neue Spritzmittel anwenden und die Ergebnisse in schriftlichen Berichten niederlegen. Lauter Arbeiten, bei denen man etwas denken mußte, Bücher benötigte und viel zu schreiben hatte!

Das Interessanteste waren Gewächshaus I und die Lehrkulturen. Diese, eine Art botanischer Garten, zeigten auf Schaubeeten etwa tausend verschiedene Pflanzen, zumeist Heilkräuter, aber auch Nutzpflanzen, z. B. Farbstoffpflanzen, Öl-, Seifen-, Eiweißpflanzen usw. Viele dieser Pflanzen kamen vom Ausland und waren mir bisher nur dem Namen nach bekannt. Auf jedem Beet stand eine sauber geschriebene Tafel mit deutschem und botanischem Namen, Familie und Verwendung der Pflanzen. Die südländischen Pflanzen überwinterten im Gewächshaus I und wanderten im Sommer wieder auf ihre Schaubeete. Ja, war das eine Wonne für mich, im Frühjahr in dieser feinen Auswahl aus Gottes Weltgarten herumzustudieren, zu beobachten und Neues zu lernen!

Dann und wann fand ich auf Dienstgängen auch Gelegenheit, die übrige Plantage zu sehen. Es war vom Juni an eine Pracht. Die großen Felder mit dem lilablühenden Schnittlauch, dem violetten und weißen Thymian, dem blauen Lavendel, die Kümmelfelder und im Hochsommer die rot und gelb und blau leuchtenden Gladiolenkulturen! In dieser Pracht der schönen Gottesnatur vergaß ich oft das Konzentrationslager und die weit draußen auf den Wachttürmen stehenden SS-Posten.

In den Reihen der Wachtposten hatte sich im Laufe des Jahres 1943 ein grundlegender Wandel vollzogen. Immer mehr war die Totenkopfstandarte durch Wehrmachtler ersetzt worden. Von ihnen hatten wir keine Terrorszenen zu fürchten. So schwand allmählich die früher nur zu sehr begründete Furcht vor der SS-Uniform und ihren Trägern. Mancher Landser kam ins Gespräch mit uns. Gar, wenn sie merkten, daß man Geistlicher war, dann trat ihnen das Herz auf die Zunge. „Herr Pfarrer“, sagte mir einer, „glauben Sie mir, ich schäme mich, mit der Pistole hinter einem Geistlichen einherlaufen zu müssen; denn ich weiß, es sind bessere Menschen als diejenigen, die uns dauernd auf sie hetzen.“ Die Landser erhielten nämlich von den alten Totenkopfchargen laufend Vorträge über ihr Verhalten gegen uns Häftlinge.

Von den Wachposten blieben wir mehr und mehr unbehelligt. Auch die Arbeit auf der Plantage wurde vernünftiger eingeteilt. Die Schikanen fielen weg. Wer müd war, konnte einen „sturmfreien“ Winkel aufsuchen und ausruhen. Nur mußte ein Kamerad aufpassen, daß ihn nicht gerade ein höherer Vorgesetzter überraschte. Bei kaltem oder regnerischem Wetter konnte der Kapo seine Leute unter Dach beschäftigen oder sie unterstellen lassen. Ja, bei andauerndem Regenwetter durften die meisten im Block bleiben und ausruhen, und nur ein kleines Kommando rückte aus, das sich unter Dach beschäftigte. Es wurde allmählich so, daß wir uns auf die Arbeit freuten, daß wir erleichtert aufatmeten, wenn wir das eiserne Tor durchschritten hatten, und uns wie in Freiheit fühlten. Die willkommenen Vergünstigungen verdankten wir zumeist dem Chef der Plantage, dem Hauptsturmführer Emil Vogt, der uns Häftlinge in Schutz nahm, soviel er konnte.

Im Sommer 1943 glaubte die Lagerleitung auch ihr Scherflein zu der viel propagierten Spinnstoffsammlung beitragen zu müssen. Die Herren von der SS dachten aber nicht an sich, sondern an uns, obwohl sie zur Volksgemeinschaft gehörten, wir aber ausgestoßen waren. Weil wir ja von allem nur eine Garnitur besaßen, konnten sie uns nichts abnehmen. Aber zum Zeichen ihres Eifers wurde uns das Tragen der Mützen während der Sommermonate verboten, damit Spinnstoff gespart würde. Da wir nach Lagervorschrift immer kurz geschoren gehen mußten, hatte manch einer bei der sengenden Sommerhitze an Kopfweh zu leiden. Die Armen halfen sich mit Papiertüten in den unmöglichsten Formen.

Je länger ich auf der Plantage arbeitete, desto mehr fühlte ich, daß ich meinen Entschluß nicht zu bereuen hatte. Es sollte aber noch schöner kommen. Die Versuchsabteilung, die mein Ordensmitbruder P. Augustin Hessing von Gerleve als Kapo betreute und der mit mir im Gewächshaus I am gleichen Tische saß, hatte im Sommer 1943 einen wohlgelungenen Komposterden-Versuch angesetzt. Basilikumpflanzen von der gleichen Sorte wurden in dreißig Kistchen auf dreißig verschiedene Spezial-Kompost-Erden angesetzt und zeigten überraschende

Wachstumsunterschiede. Zwanzig bis dreißig Zentimeter Höhe erreichten die Pflanzen auf Brennesselkompost; Zwiebelkompost trieb nur Pflänzchen mit wenigen Zentimetern, während auf Wermutkompost von den hundert Versuchlingen nur noch ein einziger lebte.

Dieser interessante Versuch mußte photographiert werden. Aber wer sollte ihn photographieren? P. Augustin photographierte selber und kannte auch meine Liebe zur Photokunst. Er übernahm die Photoarbeit unter der Bedingung, daß ich ihm helfen dürfe; denn er war von anderweitigen Aufgaben sehr in Anspruch genommen.

So wurde ich Photograph als KZler! Nie hätte ich mir das träumen lassen. Nun war mir die Arbeitszeit direkt ein Vergnügen. Wir bekamen viel Arbeit. Das Kommando der Versuchsabteilung wurde erweitert. Das Sortenregister überschüttete uns mit Aufträgen. Auch anderweitige Forderungen kamen hinzu, sobald unsere Dunkelkammer eingerichtet war. Eine Leica und eine Exakta dienten als Aufnahmeapparate. Am besten bewährte sich die Leica. Wir mußten nicht bloß Aufnahmen machen, sondern auch entwickeln, kurzum alles tun, was nötig war bis zum fertigen Bild. Etwa fünf Abzüge waren von jeder Aufnahme herzustellen; sie wurden den schriftlichen Berichten beigeklebt.

P. Augustin zog sich mehr und mehr von der Photoarbeit zurück; die anderen Aufgaben beanspruchten seine ganze Zeit. So hatte ich alle Aufträge allein zu erledigen und bekam Arbeit über die Maßen. Im Winter 1943/44 verbrachte ich fast meine ganze Zeit in der Dunkelkammer. Das Licht des Tages sah ich nur in der Mittagspause, denn am Morgen beim Ausrücken und am Abend beim Einrücken dämmerte es. Meine Gesichtsfarbe wurde bleicher und bleicher, so daß mir um meiner Gesundheit willen noch andere Helfer bewilligt wurden.

Ich nahm mir als Helfer den Salesianerpater Karl Schmidt und, als sich im Mai die Arbeit mehrte, noch Pfarrer Paul Wasmer aus der Freiburger Diözese und den jungen Russen Nikolai Schibailo, der mir schon vorigen Sommer durch seine Klugheit gute Dienste geleistet hatte. So war auf einmal eine Photoabteilung geschaffen, die treu zusammenarbeitete. Wir erhielten im Sommer 1944 ein zweites Zimmer für die Arbeiten, die bei Tageslicht zu leisten waren, und hielten bis Kriegsende zusammen.

Gern hätte ich neben meiner Pflichtarbeit auch meine Kollegen geknipst oder interessante Dinge und Szenen im Lager. Doch dies war strengstens untersagt. Wäre ein solches Bild der Lagerleitung oder der Gestapo in die Hand gefallen, wäre ich des „Landesverrates" verdächtigt und kurzer Hand „umgelegt" worden. Unter größter Vorsicht machte ich trotzdem einige solcher Aufnahmen als Andenken für später.

Anfang September 1944 wurde ich außerdem noch für eine Woche auf die Erlhofplatte abkommandiert, den Hochgebirgskräutergarten der Versuchsanstalt bei Zell am See (Salzburger Alpen). Dort sollten Versuchspflanzen aufgenommen werden, aber nicht unwesentlich war auch die Aufnahme der nächsten Umgebung. Nach drei Jahren Konzentrationslager fühlte ich mich auf den grünen Bergen bei blauem Himmel und strahlender Sonne wie im Paradies.

FLECKFIEBER, EIN NEUER WÜRGER

Eine Laus dein Tod", stand in sechs Sprachen auf dem Plakat, das groß im Vorraum jeder Stube hing. Eine riesige Laus und ein schwarzer, grinsender Totenkopf veranschaulichten den Sinn des Textes im Bild.

Trotzdem mehrten sich im Jahre 1944 allenthalben die Läuse. Auch wer täglich Kleintierjagd abhielt, blieb nicht frei davon. Bei dem Gedränge auf dem Appellplatz brauchte sich einer nur zwischen zwei anderen durchzuzwängen, schon saß ihm eine Laus im Pelz. Noch gefährlicher war der Baderaum, wo sich Leute von allen Blöcken trafen, und wo deshalb das Kleingetier zahlreich krabbelte. Vorsichtige Leute mieden seitdem das Bad.

Die großen Zucht- und Brutstätten lagen in den Elendsbaracken der Invaliden. Der Leser weiß, wie eng dort Tausende auf einem Block zusammenhausen mußten. Sechs bis acht Mann auf zwei Bettstellen! Die ausgezehrten Menschen mußten sich quer über die Betten legen, Mann dicht neben Mann, und sich mit einer gemeinsamen Decke zudecken. Von dem einen spazierten die Läuse leicht zum andern. Unter den Invaliden gab es manche, die so entkräftet und apathisch waren, daß sie nicht mehr die Energie aufbrachten, sich von Ungeziefer frei zu halten. Manche Betten wimmelten buchstäblich von Blutsaugern. Das Blockpersonal erzählte, daß manche sich hundert und zweihundert Läuse ablasen. So apathisch wie manche Invaliden, so gleichgültig und hilflos benahm sich die Lagerleitung gegen die große Gefahr. Wir Geistlichen hielten wöchentlich zweimal öffentliche Lauskontrolle. Außerdem waren die meisten vernünftig genug, täglich nachzuforschen, falls sie Verdächtiges bemerkten.

Den Sommer über machte die Plage große Fortschritte. Im Herbst geschah das Unglück. Dabei kann die Lagerleitung von böser Absicht nicht freigesprochen werden. Es kam ein Invalidentransport aus Ungarn. Die Lagerleitung wußte, daß sich Fleckfieberkranke im Transport befanden. In früheren Jahren wäre der ganze Transport isoliert worden und in Quarantäne geblieben, bis die letzte Spur der Seuche verschwunden gewesen wäre. Diesmal aber wurde der verseuchte Transport mit diabolischer Bosheit auf die Invalidenbaracken verteilt, wo alles von Läusen wimmelte, den Verschleppern der Krankheit.

Was kommen mußte, kam. Die Epidemie entwickelte sich rasch, trat in Blüte, und nun begann im Dezember ein Massensterben, wie man es selbst in der Welt ohne Gott noch nie gesehen hatte. Hundert bis hundertfünfzig Leichen in einem Tag!

Und wie menschenunwürdig wurden die Leichen behandelt! Das letzte Wäschestück, das sie am Leibe trugen, wurde ihnen ausgezogen. In den Baracken war kaum Platz für die Lebenden. Deshalb wurden die nackten Leichen auf die Straße hinausgetragen und auf Haufen geschichtet. Dort lagen sie im Straßenkot. Täglich fuhr ein- oder zweimal ein Brückenwagen vorbei, von Häftlingen gezogen, und sammelte die Toten auf. Sie wurden mit Planen zugedeckt, hinüber ins Krematorium geführt und dort auf die Leichenberge abgeladen, die aus anderen Lagern eintrafen.

Wie Haufen Holzscheite lagen die Leichen übereinander. Als die Amerikaner bei ihrer Ankunft diese Haufen von ausgezehrten, verhungerten Menschenleibern sahen, gerieten sie in solche Wut, daß sie jeden niederschossen, den sie in SS-Uniform antrafen.

Zeitweise gingen im Krematorium die Kohlen aus. Nun mußten die Häftlinge große Massengräber schaufeln und darin ihre toten Kameraden bestatten. Es war ein Massenelend sondergleichen. Tausende und aber Tausende fielen im Dezember und in den folgenden Monaten der Seuche zum Opfer.

Anfang November war vom Revier aus bekannt gegeben worden, daß keine Medizinen für Häftlinge mehr verabreicht werden könnten. Die Reserven seien aufgebraucht. Neue Lieferungen blieben aus, alles würde für das Heer benötigt.

Unter den Häftlingen hatte es sich längst herumgesprochen, daß das Fleckfieber seinen Einzug ins Lager gehalten habe. Alle klinischen Anzeichen träfen zu. Die Ärzte wollten aber noch den Bescheid des bakteriologischen Institutes abwarten. Auch die Lagerleitung rührte sich nicht. Wir waren naiv genug, eine neue Quarantäne, wie 1943 beim Typhus, zu erwarten. Auch der Chef der Plantage glaubte dies. Er fragte deshalb beim Lagerkommandanten Weiter an, wie sich die Sache verhalte, und ob wirklich Fleckfieber vorliege. Der Kommandant erwiderte, die Gelehrten seien sich noch nicht einig. Sobald Klarheit herrsche, erhalte er Bescheid.

Das Menschensterben schaffte täglich mehr Klarheit. Nach einigen Wochen ließ sich die Lagerverwaltung doch herbei, wenigstens die Invalidenbaracken mit Draht zu umzäunen und zu isolieren. Trotzdem keine allgemeine Quarantäne, trotzdem keine durchgreifenden Maßnahmen. Die Abwehr blieb den Lagerinsassen überlassen. Keine Desinfektionsmittel wurden beschafft, kein Impfserum. Vom Revier aus wurde bekanntgegeben, wer sich Impfserum von zu Hause schicken lassen könne, der möge es tun! Die Pfleger seien bereit, die Injektionen vorzunehmen. Das war alles.

In dieser kritischen Situation, wo es um unser aller Leben ging, und dies ein paar Monate vor dem Zusammenbruch des nazistischen Verbrechersystems, griffen die Blockältesten ein. In den Baracken der Invaliden war nichts mehr zu retten, aber die Arbeitsblöcke waren noch nicht stark infiziert. Hier gab es wohl einzelne Fälle, aber mit Energie konnte abgeholfen werden. Täglich wurde nun Lauskontrolle angesetzt. Unser Blockältester, der ehemalige Polizeipfarrer Reinhold Friedrichs von Münster, erklärte mit eindringlichen Worten: „Unsere wichtigste Aufgabe ist jetzt der Kampf gegen die Läuse. Wenn wir dieser Plage Herr werden, rettet jeder sich und Hunderten von Geistlichen das Leben." Durch Aufzeichnung in eine Liste wurde darüber gewacht, daß jeder täglich zur öffentlichen Lauskontrolle antrat. Es gelang, ein Desinfektionsmittel und eine Spritze zu organisieren. Damit wurden die Körper und Kleider derer abgespritzt, die Läuse an sich entdeckten. Trotzdem kostete die Seuche auch unserem Block eine Anzahl Menschenopfer. Sie hatten sich aber alle die Ansteckung außerhalb unseres Blockes zugezogen, auf der Arbeitsstelle, im Zugangsblock usw.

Auf den anderen Arbeitsblöcken war es nicht besser, aber doch immer noch gut im Vergleich zu den Invalidenblöcken, wo bis in den April hinein täglich Hunderte starben. Auch von der Leitung der Plantage aus wurden für unser Kommando Maßnahmen ergriffen. Die einzelnen Unterkommandos durften während der Arbeitszeit Lauskontrolle ansetzen. Eine Wäscherei wurde eingerichtet, in der ein großer Teil des Kommandos seine Wäsche abgeben durfte, damit sie nicht mit der verlausten Lagerwäsche der Invalidenblöcke in Berührung kam.

Die Seuche raffte nicht bloß die Invaliden dahin, sondern auch deren Pfleger. Bald hatte das Revier keine Pfleger mehr. Vom Lager wollte wegen der drohenden Todesgefahr niemand mehr einen Pflegeposten annehmen.

In dieser Verlegenheit erinnerte sich die Lagerleitung der Geistlichen. Auf einmal kannten sie unseren Opfersinn, obwohl wir sonst in ihren Augen nur Volksschädlinge und Aussauger waren.

Die Entscheidung war nicht leicht. Sie forderte Heroismus im höchsten Grad. Jeder, der sich zum Krankendienst in den verseuchten Baracken meldete, durfte nicht mehr auf den Block zurückkehren. Für ihn gab es keinen Gottesdienst mehr. Drüben bei den armen Invaliden wartete Arbeit, unangenehmster Krankendienst, in Hülle und Fülle. Dazu die ständige Ansteckungsgefahr in den überfüllten Baracken, wo alles krank darniederlag und keine Mittel zur Pflege vorhanden waren. Mit neunzig Prozent Gewißheit konnte unter den gegebenen Umständen jeder Freiwillige mit seinem Tode rechnen. Wir alle aber wußten nach dem Einbruch der Fronten, daß der Krieg und damit die Zeit der Gefangenschaft nicht mehr lange dauern konnte. Wie freute sich jeder auf ein Wiedersehen in der Heimat, auf die Rückkehr in die langersehnte Seelsorgearbeit!

Aber sehr gewichtige Gründe sprachen für die freiwillige Annahme der Pflegerposten. Einmal das Mitleid mit den Ärmsten der Armen, den Verwahrlosten, den Verhungerten. Dann der Eifer für die Seelen. Wie viele mußten dort drüben täglich ohne Beichte und Wegzehrung sterben! In die verlauste Isolierung kam bestimmt keiner der Herren SS-Leute hinein. Die Pfleger konnten schalten und walten, wie sie wollten. Sie konnten, nachdem meistens dem Leibe nicht mehr zu helfen war, wenigstens für die Seele sorgen. Die Heiligen hätten bestimmt nicht gezögert, solch eine Einladung anzunehmen, ja, sie hätten sogar um die Erlaubnis gebeten.

Wie hielt es damals der hl. Karl Borromäus? Als der schwarze Tod in Mailand umging und Zehntausende würgte, als die Reichen, die Behörden und der spanische Statthalter panikartig aus der Stadt flohen, da brach der Erzbischof sofort seine Visitationsreise ab, kehrte zurück in die verseuchte Stadt, rief seine Priester zum freiwilligen Krankendienst auf, ging selbst von Tür zu Tür, um den Sterbenden das Brot der Engel zu spenden und ordnete gleichzeitig die Abwehr der Ansteckungsgefahr.

Mochte die Lagerleitung beabsichtigen, was sie wollte, unsere Konfratres nahmen an. Es fand sich eine ganze Zahl Freiwilliger, mehr als benötigt wurden. Es waren lauter Helden im wahrsten Sinne des Wortes, Eiferer für die Rettung der Seelen! Die Lagerleitung forderte zehn von Block 26 an und ebensoviel von Block 28, von den polnischen Geistlichen.

Mit ihrem Einzug in die Invalidenbaracken entfaltete sich denn auch bald ein Geistesfrühling in jenen Häusern des Todes. Jeder, der wollte, konnte beichten, kommunizieren und die hl. Ölung empfangen und mit Ruhe und Trost im Herzen den letzten schweren Gang antreten.

DRANGVOLL FÜRCHTERLICHE ENGE

Im Sommer 1944 füllten sich nicht bloß die Blöcke der Invaliden, auch bei den Arbeitern wurde immer dichter und dichter belegt. Die Rückflut der Fronten wurde auch uns spürbar. Wir stellten starken Zuwachs aus Frankreich fest, wo die KZ-Lager geräumt und neue Verhaftungen durchgeführt wurden. Auch aus den Balkanländern trafen Tausende von Neuen ein.

Als ich anfangs September 1944 von den Alpen zurückkehrte, war unsere Stubengemeinschaft von hundert auf hundertvierzig angestiegen. Die Bettstellen reichten längst nicht mehr aus. Überall hatten sich Zwischenschläfer eingefunden. Die Betten waren ganz eng zusammengerückt worden, und die Reihen der Schläfer glichen den Reihen in den Heringsschachteln. Einer schlief mit dem Kopf nach oben, der andere nach unten, der andere wieder nach oben. So wechselte es die ganze Reihe hindurch. Findige Köpfe hatten ausprobiert, daß mit dieser Wechsellage am meisten Platz gewonnen wurde. Wollte sich der eine des Nachts auf die andere Seite legen oder austreten, dann weckte er bei aller Vorsicht auch die Nachbarn auf. Ich kalkulierte allmählich schon in meine Nachtruhe ein, daß ich ein dutzendmal geweckt würde. So sparte ich mir Überraschung und Ärger und schlief schnell wieder ein. Am meisten freuten sich die Läuse über diese Enge. Sie sparten Zeit und kraftraubende Übergänge und Umwege und konnten sich in Ruhe bald am Blute des einen, dann des andern sättigen.

Im Laufe weniger Wochen stieg unsere Kopfzahl auf beinahe zweihundert. Das war also doppelte Überbelegung. Welch ein Gepurzel! Auch eine Ecke des Wohnraums wurde mit einer Reihe der dreistöckigen Bettstellen gefüllt. Nun wurde es ganz ungemütlich. Den Spind, den vorher zwei Mann teilten, mußten jetzt vier belegen. Unsere Habe, die dank den Paketen angewachsen war, hatten wir aufs äußerste zu beschränken. Wäsche durfte in einem Wäschepaket unter den Betten verstaut werden. Für die Lebensmittel war jedem Konfrater ein Paket auf den Schränken zugebilligt worden. Wenn kurz aufeinander zwei, drei Pakete anlangten, gerieten wir wegen der Platzfrage in Verlegenheit. Das beste Mittel war, das Entbehrliche sofort an die Armen zu verschenken. Solche gab es ja genug auf der eigenen Stube, denn die Neuzugänge aus dem besetzten Frankreich, Elsaß und Lothringen erhielten von ihren Angehörigen keine Pakete mehr. Später nahm sich ihrer das Rote Kreuz an. Zeitweise, als der deutsche Paketverkehr ins Stocken geriet, erhielten sie mehr Pakete als wir.

Um der Platznot zu steuern, führten wir ein Schichtensystem ein. Auch auf unserer Stube erhielten viele während des Winters keine Arbeit. Es wurde also unterschieden zwischen Eingeteilten und Nichteingeteilten. Die Nichteingeteilten konnten nach dem Morgenappell noch einer hl. Messe beiwohnen, konnten vor Ankunft der Arbeitenden zu Mittag und Abend essen. Sie durften deshalb in der Frühe eine halbe Stunde länger schlafen, während die andere Schicht Waschen, Bettenbau und Ankleiden besorgte. Ging die erste Schicht zur Messe, konnten sie aufstehen und sich fertig machen. Dann sollten sie die Stube räumen, damit die anderen ihr Frühstück einnehmen konnten. Mittags und abends mußten sie ebenfalls gegessen haben und die Stube räumen, wenn die anderen zum Essen anrückten.

Die Not macht erfinderisch. So haben wir die Wohnungskrise, die zur Zeit überall in Deutschland herrscht, schon damals gemeistert. Eine Hauptsache dabei ist der gute Wille und das Nervensystem. Gejammer und Empfindlichkeit erschweren das Zusammenleben. Ein ruhiges, freundliches Nacheinander, bei dem jeder dem anderen verständnisvoll die gleichen Freiheiten gönnt, die er für sich selbst in Anspruch nimmt, ermöglicht das Unmögliche.

Recht schwer wurde uns das Raumproblem an den Sonntagen. Früher freuten wir uns auf den Sonntag mit seinem Gottesdienst und seiner Ruhe. Jetzt aber freuten wir uns am Sonntagabend, daß wieder Arbeitstage begannen. An den Werktagen konnte in der Stube das Zweischichtensystem einigermaßen durchgeführt werden, an den Sonntagen aber waren die zweihundert Insassen den ganzen Tag gleichzeitig auf der Stube.

Nach Ostern wurde die Raumfrage noch schwieriger. Block 28 wurde mit Block 26 vereinigt. Das bedeutete etwa hundert Mann mehr für die Stube. Des Nachts war auf dem Boden jedes Plätzchen belegt. Ein Glück, daß dieser Zustand nicht lange dauerte.

„SIE SIND ENTLASSEN!“

War das eine Aufregung, als am Dienstag in der Karwoche (am 27. März 1945) ein Blockführer im Laufe des Vormittags auf die Plantage kam und einige Geistliche abholte.

„Sie werden entlassen“, versicherte er ihnen.

Wie ein Lauffeuer durchlief die Nachricht alle Unterkommandos. Es war ja schon lange her, daß ein Geistlicher entlassen worden war.

Wie aber staunten wir erst, als wir Mittags zum Essen einrückten und auf dem Block erfuhren, daß im ganzen heute acht Geistliche entlassen werden sollen. Acht Geistliche auf einmal! Das war noch nie da. Sonst traf es alle Monate vielleicht einen. Aber jetzt gleich acht! Entlassung war Tagesgespräch. An jedem Tisch, bei jeder Gruppe: Entlassung, Entlassung!

Was war in die Gestapo hineingefahren, daß sie uns Geistliche so freundlich bedachte? Den ganzen Tag über war es ein Kopfzerbrechen und Rätselraten. Den rechten Grund erriet keiner. Später erfuhr ich, daß wir unsere Entlassung dem Heiligen Vater zu danken hatten. Die deutsche Regierung wünschte damals vom Vatikan eine Intervention bei den Alliierten. Der Vatikan erklärte, er könne für Deutschland nichts unternehmen, solange die Geistlichen inhaftiert seien. Darauf sei die Entlassung der Geistlichen zugesichert worden.

An ernste Arbeit dachte an diesem aufgeregten Tage niemand mehr. Am Abend schwirrten auf dem Block neue Parolen: „Morgen werden noch mehr entlassen.“ Ich selbst erfuhr in dem Geschwirr jenes Abends eine ganz süße Nachricht, die ich aber für mich behielt. Ein

Konfrater hörte am Nachmittag, wie im Arbeitseinsatz ein SS-Mann nach meinem Kommando fragte. „Du bist sicher morgen oder in den nächsten Tagen bei den Glücklichen."

Diese Nachricht beschäftigte mich vor dem Einschlafen lange. Schon nach ein paar Stunden wachte ich auf und schlief nicht wieder ein. Entlassung, ja, das wäre eine himmlische Freude! Aber wohin sich wenden? Die Parolen über die Annäherung der Front wußten zu melden. daß am Montag schon englische Truppen aus der Luft bei Würzburg gelandet seien. Ich würde also hier in Oberbayern bleiben müssen. In den Klöstern St. Ottilien, Scheyern, Schäftlarn fände ich sicher gute Aufnahme. Aber das war alles nicht H e i m a t. Nach Würzburg, nach Münsterschwarzach mußte ich kommen, dann war die Freude voll.

In der Frühe beim Kaffeeholen traf mich P. Spiritual, der immer etwas mehr wußte als die anderen und ernst zu nehmen war. „Weißt Du es schon? Du bist heute dabei. Richte Deine Sachen!" Ich bedankte mich und dachte weiter.

Beim Zählappell am Morgen kam ein Schreiber und las eine Menge Namen vor. „Fertig machen zur Entlassung!" Ich war noch nicht dabei.

Wir traten zu Arbeitskommandos an, wie gewöhnlich, und hatten uns schon bei der Plantage aufgestellt, als unser Blockschreiber Schelling im Laufschritt herbeieilte und rief: „Folgende sollen sich noch zur Entlassung bereithalten und dürfen nicht mehr ausrücken: Heß ...", die anderen Namen weiß ich nicht mehr.

Ich war also doch dabei. Meine Freunde umringten mich, drückten meine Hände, wünschten mir Glück und gute Heimfahrt und nahmen Abschied. Ei, es war doch nicht so einfach, mich von so viel lieben Menschen mit denen ich jahrelang Freud und Leid geteilt hatte, loszureißen! Darum war ich fast froh, daß unser Blockschreiber zur Eile mahnte. Ich glaube, sonst wäre ich am Ende doch noch weich geworden und — geblieben.

Meine Siebensachen hatte ich schnell gepackt. Liebe Andenken und die Wäsche nahm ich mit nach Hause. Meine Eßwaren schenkte ich Bedürftigen, um ihnen eine letzte Freude zu bereiten. Dann hieß es warten, bis die Reihe an mich kam. Ich suchte meine Freunde und Bekannte einzeln auf. Die Freude war ja allgemein. Hatte der gestrige Tag acht Entlassungen gebracht, so der heutige zweiundzwanzig. Dazu hieß es, in nächster Zeit würden alle reichsdeutschen Geistlichen entlassen. So strahlten auch die Zurückbleibenden vor Freude, und jeder hoffte im stillen: „Vielleicht bin ich morgen schon bei den Glücklichen."

Nachmittags um 13 Uhr wurde auch mein Name aufgerufen. Ein letztes Händeschütteln, noch ein kurzer Dankesbesuch beim guten Heiland in der Kapelle, und hinaus ging's zum Tor von Block 26.

Wir waren eine Gruppe von fünf Mann und mußten bei der Entlassung dieselben Stationen in umgekehrter Reihenfolge durchlaufen wie damals bei der Aufnahme. Erst also Abmeldung im Revier. Dann Umkleiden im Schubraum. Meine Zivilsachen waren bei einem Brandunglück vernichtet worden. Ich bekam dafür andere Wäsche und Kleider. Sie waren nicht neu, aber gut. Von der Küche erhielten wir Proviant für eine Tagesreise. Als letzte Station kam die politische Abteilung. Diesmal waren es nicht mehr jene Teufel von damals. Es waren die Landser in SS-Uniform. Wir wurden mit „Herr" angeredet. Noch einige Formblätter mußten wir unterschreiben, auch das eine, daß wir nichts von dem erzählten, was wir im Lager gesehen und erlebt hatten.

Ich setzte unbedenklich meinen Namen darunter, denn ich wußte: in ein paar Wochen galten alle diese Vorschriften nicht mehr. Schließlich durften wir das große Wort vernehmen, das der Abteilungsleiter ganz monoton sprach, das aber in unseren Herzen wie in Lautsprechern tönte: „Sie sind entlassen!"

HEIMWÄRTS

Es regnete an unserem Entlassungstag ununterbrochen. Im Regen mußten wir fünf Glücklichen den Weg zum Bahnhof wandern. Aber das trübe Regenwetter vermochte den heiteren Sonnenschein unserer Herzen nicht zu stören.

Der SS-Mann hätte uns eigentlich bis in den Wagen des Zuges begleiten müssen, damit wir nicht im Städtchen einkehren konnten. Aber bei dem Regenwetter verabschiedete er sich schon auf halbem Wege.

„Gute Fahrt, meine Herren!"

„Auf Wiedersehn!", riefen wir, „aber nicht hier!"

Mein Freund Leo, der mich in den letzten Jahren so oft in der Plantage besucht hatte, stand am Bahnhof und wartete auf mich. Freudiges Wiedersehen in der Freiheit „Heute bleibst du bei mir!" Ich sträubte mich gar nicht. Es war schon 15 Uhr. Nach Hause kam ich heute doch nicht mehr. Bei Leo und seiner Frau genoß ich die ersten Stunden der Freiheit.

Leo zeigte mir eine Karte, die ihm P. Barnabas, der am Tag vorher nach Würzburg gefahren war, von Treuchtlingen aus geschrieben hatte. Er teilte mit, daß er gut bis Treuchtlingen gekommen sei. Der Stationsvorstand habe ihm allen Ernstes versichert, der Zug fahre noch bis Würzburg durch. Gut, dann war die Luftlandung der Engländer bei Würzburg eine Falschmeldung.

Glückte die Fahrt dem Mitbruder, so glückte sie vielleicht auch mir. „Ich werde morgen in aller Frühe ein Wettrennen mit dem Amerikaner ansetzen", erklärte ich frohgemut, „ich muß vor ihm in Würzburg eintreffen". Nun erst wurde meine Entlassungsfreude zum Überlaufen voll.

Am Abend stattete ich Stadtpfarrer Pfanzelt einen Dankbesuch ab. Es kamen noch drei Entlassene dazu. Wir erlebten freudige Stunden in dem gastlichen Pfarrhause.

Um fünf Uhr am Morgen des nächsten Tages saß ich im Zuge nach Treuchtlingen. Dort acht Stunden Aufenthalt! Um 18 Uhr dampfte wirklich noch ein Zug nach Würzburg ab. Schlimm sah es in den Wagen aus. Keine Scheibe mehr war ganz. Aber was schadete es? Wir fuhren in die Heimat, nach dreiundvierzig Monaten KZ!

Viele Aufenthalte wegen Fliegergefahr. Die Nacht brach bald herein. Ansbach war schon vorüber. Immer weiter fuhr der Zug, blieb bald wieder stehen, eine viertel, eine halbe Stunde. Dann rollte er weiter. 23 Uhr war es schon vorüber. Da hielt wieder einmal der Zug, und von draußen klang es in meinen Sinnen: „Marktbreit!"

Was? Marktbreit? Dann sind wir schon am Main! Ja, dann habe ich gewonnen! Im schlimmsten Fall konnte ich von hier aus nach Würzburg zu Fuß wandern. Die Gegend war mir wohlbekannt. Ich jubelte im Herzen und trat ans Fenster. O Vater im Himmel, wie gut bist du! Wie danke ich dir, daß du mich diese Stunde und diesen Anblick erleben ließest!

Freilich: anderen Konfratres ging es anders. Sie hatten genau so gebetet, waren genau so seine Kinder. Und doch, sie mußten mehr leiden als ich, ja, sie mußten sterben durch Hunger, durch Kälte, durch eine Kugel oder schreckliche Martern. Ich schaute hinauf zum verschleierten Himmel und grüßte die Toten, den Pfarrer Georg Häfner aus Würzburg, den Franziskanerpater Petrus Mangold von Scheinfeld, den Mariannhillerpater Unzeitig und alle anderen. Ich bin überzeugt, sie sind beim Vater. Ich bin überzeugt, daß ihr Herz genau so aufjubelt wie das meine. Ich bin überzeugt, daß ihr Denken genau so überfließt von Dankbarkeit wie das meine. Sogar noch mehr; denn sie sind angelangt in der himmlischen Heimat, während ich nur die irdische wiedersehe.

Genau so wie nach Gottes Schöpfungsplan kein Menschenantlitz dem anderen vollständig gleicht, genau so verschieden gestaltet der allweise und allmächtige Schöpfer die Lebenswege der Menschen. Den einen führt er wohlbehalten durch die Trübsal, den andern läßt er den Tod des Leibes sterben, aber für jeden, der als Kind Gottes lebt, ist der vom Vater bestimmte Lebensweg der beste, der glücklichste. Ich bin überzeugt, daß wir in der Ewigkeit, wenn uns der weise Schöpfer das Gewebe seiner Weltenführung entwirrt, in Dankbarkeit in die Knie sinken und die Hand des gütigen Vaters küssen werden, die uns gerade dieses unverstandene und schwere Kreuz geschickt hat.

Mit solchen Gedanken und Gefühlen sinne ich in die dunkle Nacht. Immer näher geht es Würzburg zu, das vor zwei Wochen so schwer heimgesucht wurde. Wie viele unverstandene, schwere Kreuze wurden durch diesen einen Bombenangriff den lieben Würzburgern auferlegt! Auch dieses Massenelend geschah bestimmt nicht ohne Wissen und Zulassung des allweisen Gottes und gütigen Vaters, der für seine Kinder alles zum Besten lenken wird. O hätte ich die Kreuzträger von Würzburg und von der ganzen schwer geprüften Welt vor mir im Maintal stehen, daß ich es ihnen zurufen könnte: „Vertraut auf euren gütigen Vater, ohne dessen Willen nicht ein Haar von eurem Haupte fällt! Bemüht euch, seine Kinder zu bleiben! Bemüht euch, ihn aus ganzem Herzen zu lieben, dann gereicht alles, auch das schwerste, auch das unverstandenste und menschlich gesprochen ungerechteste Kreuz zu eurem Besten!“

Warum läßt Gott solches Massenelend zu? Er gab jedem Menschen einen freien Willen. Auch der verdorbene, teuflische Mensch hat ihn, solange er lebt. Er kann Böses tun, so viel ihm beliebt. Abgerechnet wird in der Ewigkeit. Könnte Gott deutlicher zeigen, wie verabscheuungswürdig das Böse ist, als durch das Massenelend dieses Krieges? Für die Guten weiß der Allmächtige auch das Leid zu ihrem Besten zu lenken. Gott will durch das Leiden den Bösen strafen oder den Guten prüfen. Der Leidende selbst muß in seinem Gewissen entscheiden, ob das Leiden ihm Zuchtrute sein soll oder Prüfstein, oder beides zugleich.

Warum läßt Gott gerade die Guten so oft am meisten leiden? Ein Grund ist der, daß die Guten durch diese Leiden um so mehr das Böse, das Unrecht verabscheuen lernen und aufgestachelt werden zum Kampf gegen das Unrecht und das Böse. Hätten Hitler und seine Handlanger all das Böse verüben können, wenn damals die Guten nicht so gleichgültig und energielos gewesen wären? Der Gute genügt nicht seiner Pflicht, wenn er nur für sich gut lebt. Er muß sich um das öffentliche Wohl kümmern, vor allem um die Grundsätze und Absichten derer, die sein Vaterland regieren. Ein anderer Grund ist: Gott gibt in seiner Gerechtigkeit dem Menschen Gelegenheit, sich durch persönliche Opfer die ewige Seligkeit zu verdienen. Von den Kindern Gottes wird das Leiden nicht mit Murren und Widerwillen ertragen, sondern unter Überwindung der menschlichen Natur mit Ergebung, Geduld, Vertrauen, ja sogar mit Liebe zum fürsorgenden Vater. All diese herrlichen, köstlichen Tugenden wären nicht möglich, wenn es keine Leiden gäbe. Diese edlen Herzensakte sind die Perlen, mit denen das Köstlichste verdient wird, die ewige Seligkeit.

Ich komme nicht eher aus meinen Gedanken, bis der Zug sein Tempo mindert. Ein schwaches Stationslicht taucht auf. Der Zug hält und eine Stimme schreit in die Nacht und tief in mein bewegtes Herz: „Heidingsfeld-Ost! Alles aussteigen!"

Mein erster Gang sollte mich zum Vater unserer lieben Klosterfamilie führen, der in Klosterzell wohnte. Der etwa zwei Stunden weite Fußweg führte mich eine Strecke durch das liebe Würzburg. Ein weißlicher Dunst verhüllte mir barmherzig die Ruinen, so daß ich mir im Geiste leicht das alte Würzburg rekonstruieren konnte.

In der Zellerau krähte gegen Morgen ein Hahn. Wie passend! Es war die Nacht vom Gründonnerstag zum Karfreitag. Vor dem Kloster spazierte ich mit meinen Gedanken und Gefühlen noch ein paar Stunden auf und ab. Ich konnte ja vor Freude nicht schlafen, und den anderen wollte ich den kostbaren Schlaf nicht rauben. Als aber die Glocke um dreiviertel 5 Uhr zum Aufstehen läutete, da meldete ich mich an der Pforte und ließ mich zu Vater Abt und P. Wunibald führen.

Beide ahnten nichts von meiner Entlassung. Sie sorgten und bangten gerade in letzter Zeit wieder sehr um mich. Niemand konnte wissen, welche Maßnahmen jene Welt ohne Gott bei ihrem Zusammensturz gegen die Häftlinge durchführen würde. Nun stand ich in eigener Person vor ihnen im Zimmer. Es war eine Wiedersehensfreude sondergleichen. Worte wurden nicht viele gewechselt, da sehr bald die Freudentränen zu reden begannen. Später folgte dann das große Erzählen. Karfreitagsstimmung wollte diesmal keinen rechten Platz mehr in unseren Herzen finden.

Am Karsamstag radelte ich nachmittags durch das ausgebrannte Würzburg nach Münsterschwarzach. Ich hatte es noch gut getroffen. Eine halbe Stunde später begann schon das amerikanische Artilleriefeuer auf die Stadtruinen von Würzburg.

Bei den Mitbrüdern in Münsterschwarzach war die Wiedersehensfreude ebenso herzlich. Am Ostersonntag trat ich zum ersten Male in der neuen Freiheit an den Altar. In der Kirche von Münsterschwarzach war alles noch so, wie wir es vor vier Jahren verlassen mußten. Gefühle der Freude und des innigen Dankes durchwogten aufs neue die Brust. Die Worte des Introitus schienen für mich und für diese Stunde geschrieben: „Resurrexi . . . — Ich bin auferstanden und bin nun immer bei dir, alleluja. Gar wunderbar ist deine Weisheit alleluja, alleluja. Herr, du prüftest mich und schautest auf mich, du kennst mein Sitzen und mein Auferstehen."

Von der Klosterheimat fuhr ich mit dem Tretrad am Ostermontag in meine Geburtsheimat, Sassanfahrt bei Bamberg. Auch meine Angehörigen sollten sich meinetwegen nicht länger ängstigen. Wie freute sich der alte Vater, die liebe Schwester Marie, die besorgte Schwägerin Lisa, wie schlangen die drei kleinen Neffen die Ärmchen um meinen Hals und riefen in einem fort: „Mei Onkela, mei Onkela!" Im Dorfe hatte es sich wie im Lauffeuer verbreitet: „P. Sales ist wieder da!"

Beim Nachmittagsgottesdienst in der Kirche betete ich die Andacht vor. Geredet habe ich kein Wort; denn noch herrschten die andern. Aber beim Austeilen des Weihwassers spielte die Orgel das „Großer Gott wir loben dich" ein. Jeder in der Kirche wußte, weshalb es gesungen wurde, und jeder sang es bewegten Herzens mit. Vielen schimmerten die Freudentränen in den Augen. Diesen Anblick und diese Stunde hätte ich jenem Lagerführer miterleben lassen mögen, der damals in den ersten Tagen des Lagerlebens vor uns hintrat und so frech behauptete: „Das deutsche Volk hat euch ausgestoßen! Das deutsche Volk will nichts mehr von euch wissen!“ Wie wenig haben jene Parvenüs das deutsche Volk gekannt! Nein, das deutsche Volk wird seine Priester nie verlassen.

Ein paar Wochen später meldete der Rundfunk das Eindringen der Amerikaner ins Lager Dachau. Ich erlebte im Geiste die Freude der Kameraden mit, denen sich nun endlich auch die Tore zur Freiheit weit geöffnet hatten. Später erfuhr ich, daß sich am 26. April ein Transport von siebentausend Häftlingen zu Fuß nach Tirol in Marsch setzen mußte. Viele Schwache verloren dabei noch das Leben.

Meinem Freund, dem Jesuitenpater Otto Pies, gelang bei diesem Zug ein prächtiger Streich. Der Pater war ebenfalls um Ostern entlassen worden. Über seine Rettungsaktion berichtete er mir folgendes:

„Am 28. April 1945 ging der Todesmarsch nahe an unserem Hause vorüber. Ich kam am Mittag aus der Stadt München nach Hause, sah die furchtbaren Spuren des Marsches und erfuhr bald, was geschehen war. Ich fuhr per Fahrrad mit einem meiner Theologen, Franz Kreis S. J., der als entlassener Oberleutnant der Wehrmacht noch das Recht zum Tragen der Uniform hatte, dem Zug nach, um die Richtung und evtl. den Lagerplatz festzustellen. Hinter Wolfratshausen kamen wir mitten in den Zug hinein. Wir verteilten heimlich Kleidungsstücke und Lebensmittel, pendelten mehrmals mit gewechselten Hüten und Mänteln hin und her, um alles auszuforschen und Bekannte zu sprechen und auf Rettungsmöglichkeiten aufmerksam zu machen. Am späten Abend brachten wir liegengebliebene Marode mit Lastkraftwagen zum Lagerplatz und luden die Leute ab. Kreis hatte nach Verabredung die Priester im Walde geweckt und zum Auto beordert. Während ich die Maroden ablieferte, wurden gleichzeitig im Dunkeln und in der Aufregung unbemerkt zehn Priester im Wagen versteckt und im Eiltempo mitgenommen. Unterwegs hatte ich bereits andere im Walde versteckt, u. a. Prinz Löwenstein, der nicht mehr weiter konnte; diese wurden mitgenommen und vom Pfarrhaus Wolfratshausen aus nach Rottmannshöhe in Sicherheit gebracht . . .

Die übernächste Nacht wurde das Rettungswerk noch einmal versucht, diesmal besser vorbereitet. Wir holten aus den Münchener Magazinen der Wehrmacht, während die Bevölkerung alles plünderte und die Amerikaner den Ring um München schlossen und die Granaten und Panzerfäuste krachten, den Wagen voll Lebensmittel und fuhren mit diesen dem Zug wieder nach. Einen Fahrbefehl hatte der Chef des in unserem Kolleg Pullach untergebrachten Reservelazarettes ausgestellt. In der Nacht überbrachten wir die Lebensmittel für die Gefangenen, Zigaretten und Schnaps für die Wachmannschaften. Der verantwortliche SS-Führer ließ sich überrumpeln und überreden, die Leute zum Empfang der mitgebrachten Lebensmittel zu wecken und die Fußkranken für Lazarettbehandlung mitzugeben. Er war durch unser Auftreten und wohl auch durch die Feindnähe so beeindruckt, daß er nicht einmal nach Papieren oder anderen Ausweisen fragte. Es gelang, noch einmal zwanzig Priester in den Wagen zu laden und in die Nacht hinein zu verschwinden. So wurden im Ganzen von den neunundachtzig Teilnehmern am Marsch fünfunddreißig gerettet, viele andere sind unterwegs auf eigene Gefahr hin entlaufen."

Soweit der Bericht des schneidigen P. Pies. Die Amerikaner waren inzwischen bis auf einen Tagesmarsch dem Zuge nahegekommen. Auf eine Aktion der Geistlichen hin, erlaubte der Transportführer, daß die sechsundzwanzig noch vorhandenen deutschen Geistlichen sich vom Zuge absondern und ins nächste Dorf begeben durften. Es hieß Waakirchen. Sie klopften bei Pfarrer Hunklinger an, berichteten über ihr Abenteuer und baten um Herberge. Weil kein anderes Obdach zur Verfügung stand, schliefen sie in der Kirche und in der Sakristei. Nach dem Gottesdienst am nächsten Morgen, den einer der Häftlinge feierte, sangen die Geistlichen ein dankerfülltes „Großer Gott, wir loben Dich" und der Pfarrer erklärte seiner Gemeinde, was für seltene Gäste letzte Nacht ins Dorf gekommen seien. Wer einen solchen Geistlichen aufnehmen und verpflegen wolle, tue gewiß ein gutes Werk. Freiwillige möchten sich nach dem Gottesdienst melden. So waren auch diese letzten deutschen Geistlichen noch frei geworden und gut untergebracht.

Ich weilte nun schon vier Wochen zu Haus. Längst zog es mich nach Münsterschwarzach, aber das Reisen war durch die Besetzung sehr erschwert worden. Endlich bot sich am 1. Mai eine Gelegenheit. Wie groß war meine Freude, als ich Vater Abt wieder in Münsterschwarzach traf! Schon am 16. April war er mit P. Subprior Wunibald zurückgekehrt und hatte das Kloster wieder in unseren Besitz genommen. In den folgenden Wochen trafen weitere Mitbrüder ein.

Ein neues Schaffen und Einrichten begann. Gottes Güte hatte ja trotz der Aufhebung unser Kloster sorgsam behütet. Nichts war beschädigt worden. Nur der Westflügel, der vom Lazarett geräumt war, mußte für unser Klosterleben neu gerichtet werden. Alle Mitbrüder griffen freudig mit zu. Die hochw. Patres, ja sogar Vater Abt selbst, halfen Kisten, Koffer, Schränke tragen. Die kleinste Arbeit wurde für groß gehalten, da sie dem Wiederaufbau des neuen Klosterlebens diente. Es schien, als habe der Herrgott diese Prüfung über uns kommen lassen, um unseren Eifer zu verdoppeln; denn die Zerstörungen des Krieges in der Heimat und in unseren Missionsländern werden groß sein.

Groß sind auch die Lücken, die der Krieg in unsere Reihen gerissen hat. Was nottut, sind beherzte katholische Jungmänner und Studenten, die uns als Brüder und Missionare helfen, das Zerstörte wieder aufbauen und ihr Leben in die Schanze schlagen wollen für Gottes Reich.

Wollte Gott an diesem schaurigen Beispiel einer W e l t o h n e G o t t unserer Generation nicht zeigen, wie wichtig und groß die Arbeit ist für d a s R e i c h G o t t e s?

„DACHAUS" GESCHICHTLICHE SENDUNG

Dachau, jenes oberbayerische Städtchen mit etwa zehntausend Einwohnern, das heute in der ganzen Welt bekannt ist, mußte seinen ehrlichen Namen für den grausigsten Tummelplatz nazistischen Untermenschentums hergeben.

Auf seinem Gebiet stand das erste Konzentrationslager, das zum Prototyp für alle übrigen wurde. Das Lager liegt etwa zwanzig Minuten ostwärts des Bahnhofs, abseits des Städtchens am Rande des Moores. Diese schwarze Moorerde hatten jene Untermenschen ausersehen, ihre „Idee" von der Welt ohne Gott Wirklichkeit werden zu lassen.

Die Bewohner Dachaus wußten von diesen Plänen und Vorgängen nichts. In späteren Jahren sickerte wohl die eine und andere Nachricht durch, aber wohl keiner der Einwohner ahnte, was eigentlich im Lager vorging. Nicht bloß eine drei Meter hohe Mauer mit Stacheldraht und Wachttürmen, auf denen die SS ihre Maschinengewehre postiert hatte, verwehrte jeden Einblick. Vor allem legte sich jener Schutzwall des „eisernen" Schweigens um die dunklen Baracken, das Gestapo und Partei mit Argusaugen hüteten, und dessen Bruch nur mit dem Tode gesühnt wurde. Jeder entlassene Häftling mußte sich bei seinem Kopf verpflichten, über alles zu schweigen, was er im Lager gesehen, gehört und erlebt hatte. Brach er dieses Schweigen, wurde er ein zweites Mal eingeliefert und war nicht mehr lange am Leben.

Mein Tischgenosse, Pfarrer Johann Burkhard aus der Augsburger Diözese, wurde mit drei Wochen Bunker bestraft, weil bei ihm ein Verzeichnis der Geistlichen unseres Blockes gefunden wurde. Man argwöhnte, er wolle dieses Verzeichnis „hinaus“-schicken. Mit größter Schärfe wurde Briefschmuggel aus dem Lager verfolgt. Unser lieber Freund Karl Schrammel hatte das Unglück, bei einem derartigen Versuch ertappt zu werden. Er wurde nach Buchenwald versetzt und dort Ende Januar oder Anfang Februar 1945 erschossen.

Die Konzentrationslager waren wirklich eine Welt ohne Gott, mehr noch: eine Welt wider Gott. Jede religiöse Betätigung der Insassen war verboten, verboten jeder religiöse Gegenstand, verboten sogar jedes gemurmelte Gebet, wie ich schon zeigte. Nicht einmal der Sterbende durfte mit dem Troste der Sakramente versehen werden. Alles Religiöse wurde verlacht und verspottet. Nur mit Rücksicht auf außenpolitische Faktoren war uns Geistlichen eine Ausnahme gewährt. Im Falle eines Sieges wären auch diese Ausnahmen wieder aufgehoben worden.

Die SS-Leute hielten sich den Häftlingen gegenüber an kein Gebot Gottes gebunden, nicht einmal an das natürliche Sittengesetz, das Gott in jede Menschenseele, auch in die Seele des Heiden, gelegt hat.

Es gab keine Wahrhaftigkeit. Ich erinnere an das Kapitel „Schwindel im Lager“.

Es gab keine Gerechtigkeit. Der Häftling war rechtlos, wie der Lagerführer uns öffentlich schon in den ersten Tagen erklärte.

Er hatte kein Recht auf Eigentum und auf persönliche Freiheit.

Er hatte kein Recht auf Nahrung. Wie viele Tausende sind buchstäblich verhungert zu einer Zeit, wo in Deutschland niemand zu hungern brauchte!

Er hatte kein Recht auf Wohnung. Sechs bis acht Häftlinge mußten in den Invalidenbaracken in zwei

Betten schlafen. Der ganze Barackenraum war bis auf schmalste Gänge mit Bettstellen gefüllt. Auf so engem Raume mußten Tausende Tag und Nacht zusammenhausen. In anderen Lagern, z. B. in Kaufering, gab es nicht einmal Bettstellen, nur Holzwolle oder Streu auf dem Boden von Erdlöchern.

Der Häftling hatte kein Recht auf Kleidung. Jener Transport der Geistlichen aus dem Warthegau erhielt im kältesten Winter keine Mützen, teilweise auch keine Wäsche. Wenn tatsächlich Nahrung, Kleidung und Wohnung gewährt wurden, so war das, wie uns oft versichert wurde, eine „Güte" der Lagerleitung, aber ein Recht auf diese Dinge hatte keiner.

Niemand hatte ein Recht auf Freude, Spiel oder Unterhaltung. Nicht die unschuldigsten Freuden wurden gestattet, z. B. Fotos von den Angehörigen zu besitzen.

Niemand hatte ein Recht auf gerechte Behandlung. Lagerstrafen wurden stets erteilt ohne Verhör des „gemeldeten" Häftlings, auch wenn diese „Meldung" von seiten des Blockpersonals, die selbst Häftlinge waren, erstattet wurde. „Eine Möglichkeit, sich zu beschweren, gibt es nicht", erklärte uns der Lagerführer.

Kein Häftling hatte ein Recht auf Gesundheit. Jeder, der bestimmt wurde, mußte sich als Versuchskaninchen hergeben (Malaria, Phlegmone, Luftwaffenversuche). In Dachau selber gab es nur drei Versuchsreihen, in Buchenwald bestanden deren zehn, wie mir Dr. Kogon erzählte.

Kein Häftling hatte ein Recht auf sein Leben. Das Konzentrationslager bedeutete Todesurteil mit unbestimmtem Termin und unbestimmter Todesart. Dieses Todesurteil wurde für die nichtigsten Kleinigkeiten vom Reichssicherheitshauptamt ausgesprochen. Ein Beweis für diese Auffassung seitens Himmlers sind die Revierversuche, die unbedingt mit Tod ausgehen mußten, z. B. der Versuch: Wieviel Untertemperatur kann ein Mensch ertragen, bis er stirbt? Himmler selbst wohnte solchen Versuchen bei.

Es gab kein Mitleid, keine Barmherzigkeit mit Kranken und Schwachen. Verhungerte Menschen, denen das Todeszeichen auf der Stirne brannte, wurden noch einen Tag vor ihrem Tode, obwohl sie nicht mehr frei stehen konnten, vom Revier mit Fußtritten hinausbefördert. Das Revier war ein Ort des Grauens.

Statt Mitleid herrschte bestialische Grausamkeit. Man denke an die Prügelstrafe, das „Baumhängen", an die Stehbunker, sadistische Todesarten, Kollektivstrafen usw.

Das sind einige Grundsätze aus der Welt ohne Gott. Sie zeigen mit krassester Deutlichkeit, wie weit die Menschheit kommt, wenn sie nicht mehr an den Herrgott glaubt.

Darin, behaupte ich, dürfen wir die historische Sendung „Dachaus", des ganzen Systems der Konzentrationslager, sehen.

Der Zusammenhang all dieser Greuel mit dem Mangel des Glaubens an einen Herrgott liegt auf der Hand. Solange der Mensch an Gott glaubt, der das Gute belohnt und das Böse bestraft, fühlt er sich in seinem Gewissen gehemmt, die Bestie, die in seiner Brust schlummert, zum Ausbruch kommen zu lassen. Er denkt an die irdische und ewige Vergeltung. Ist aber diese Sperre gefallen, dann erhebt sich die Bestie und fällt über den Mitmenschen her.

Eine äußere Hemmung findet sie in einem geordneten Staat an den Gesetzen dieses Gemeinwesens. Werden aber jene Bestien selbst die Regenten eines Staatswesens, dann bleibt höchstens noch als letzte Sperre die Rücksicht auf die öffentliche Meinung. Diese kann aber, wie wir bei den Konzentrationslagern erkannten, durch die eiserne Mauer des Schweigens ausgeschaltet werden. Somit findet die Bestie einen Tummelplatz, wo sie ungehemmt ihren Trieben leben kann. Kein Staatsgesetz, keine öffentliche Meinung, vor allem kein Glaube an einen ewigen Vergelter hindert sie mehr.

Gar wenn der Mitmensch einmal dieser Bestie durch seine andere politische Meinung gefährlich werden könnte! Wenn er sie eines Tages von ihrem Platz an der Staatskrippe verdrängen könnte! Warum sollte die Bestie nicht bei Zeiten den Nebenbuhler aus dem Wege räumen? Nichts, auch gar nichts hindert sie daran.

So weit kommt die Menschheit, wenn sie es wagt, den Herrgott zu begraben.

Im Lichte dieser Tatsachen fällt ein ganz heller Schein auf das alte Teufelswort: „Religion ist Privatsache!"

Wirklich? Religion Privatsache?

Dann sind auch die Morde an 8 Millionen Menschen Privatsache! Dann ist auch das unendliche Leid des deutschen Volkes Privatsache! Privatsache auch die Leiden und Zerstörungen dieses Krieges in allen andern Ländern!

Nein, Religion ist öffentlichste Angelegenheit aller Völker und jedes einzelnen! Besonders die Religion der regierenden Männer! Die Bestie Mensch, die heute den einen ergriffen und zerfleischt hat, kann morgen mit derselben Willkür auch Dich ergreifen und zerfleischen und übermorgen Millionen andere, die heute noch ahnungs- und gedankenlos das Sprüchlein nachplappern: „Religion ist Privatsache!"

„Dachau" ist zum Schulbeispiel, zum schreckenden Fanal für alle Welt geworden. — —

Jene Untermenschen täuschten sich schwer. Sie und alle Welt mußten erkennen, daß Menschenblut nicht Ochsenblut ist. Menschenblut ist ein besonderer Saft! Menschenblut hat einen Mund, einen Mund mit gar lauter Stimme, der zum Himmel um Rache schreit. Diese Erkenntnis mögen sich die Bestien aller Zeiten und Zonen tief ins Gedächtnis eingraben! Wenn auch Gottes Mühlen langsam mahlen, eines Tages bricht doch die Vergeltung herein.

Unser deutsches Volk mußte als nächster Mitspieler das blutige Drama der göttlichen Vergeltung am furchtbarsten miterleben. Es blutet aus Millionen Wunden. Aber ich glaube, es wird sich wieder erholen; denn das deutsche Volk als Ganzes ist und war keine Bestie. Bester Beweis ist ja das Verhalten jener Untermenschen selber. Wäre das ganze Volk oder nur eine Majorität ebenso bestialisch gewesen, dann hätten jene ihr teuflisches Treiben nicht hinter Betonmauern und Stacheldraht und hinter der Mauer des „eisernen" Schweigens zu verbergen brauchen.

Es wird heute vielfach von einer Kollektivschuld des deutschen Volkes an den Greueln der Konzentrationslager gesprochen. Eine solche Schuld besteht unseres Erachtens nicht. Wir Geistliche hatten im Lager reichlich Gelegenheit, über diese Frage zu denken und zu sprechen. Die Hauptmomente unserer Beweisführung sind folgende:

1. Die größte Mehrheit des Volkes wußte nichts von den Greueln und konnte nichts wissen. Nur eine geringe Anzahl erfuhr von diesen Verbrechen gerüchtweise. Die allerwenigsten wußten etwas auf Grund von stich-

haltigen Beweisen. Ein unsicheres Wissen kann bei vernünftigen Menschen nie die Grundlage einer Staatsaktion sein, wozu übrigens dem Volke jede gesetzliche Handhabe gefehlt hätte. Durch die Wachsamkeit der Gestapo fehlte auch jede Möglichkeit, ein sicheres Wissen von den Greueln zu verbreiten oder gar eine Revolution auszulösen. Wer ein offenes Wort wagte, wurde Opfer, nicht Retter.

2. Die Greuel der Konzentrationslager wurden möglich:

a) durch das Ermächtigungsgesetz,
b) durch die Knebelung der Presse und jeglicher Kommunikationsmittel,
c) durch das Gesetz, das die Gestapo bevollmächtigte, jedermann ohne gerichtliches Verfahren in Schutzhaft zu nehmen sowie Ausmaß und Art der Strafe selbst zu bestimmen,
d) durch das Untermenschentum der Machthaber und ihrer Handlanger, die frei waren von jeder Religion und jeglichem Ethos.

3. Das Ermächtigungsgesetz (24. März 1933) wurde von der Volksvertretung gegeben, damit die abgrundtiefe Not (sieben Millionen Arbeitslose!) des deutschen Volkes behoben werde. 1933 wußte niemand sicher oder konnte es begründeterweise ahnen, daß jenes Gesetz so verbrecherisch mißbraucht werde. Es ist falsch, im Ernst zu behaupten, das deutsche Volk habe 1933 schon wissen oder voraussehen können, was es bis 1945 alles erleben würde. Deshalb ist es auch falsch, für das deutsche Volk eine Kollektivschuld im ethischen Sinne zu konstruieren, weil es mit einer Mehrheit Hitler gewählt und ihm ein Ermächtigungsgesetz gegeben habe. Die Verbrechen von „Dachau“ sind von Individuen geplant und durch-

geführt worden unter hermetischem Ausschluß der Öffentlichkeit, deshalb kann nur von einer Individualschuld, nie von einer Kollektivschuld gesprochen werden.

Die Hauptschuld an den Greueln der Konzentrationslager trägt jener gottlose Nazismus. Es wäre jetzt ein bequemes Mittel, die Schuld auf andere, auf das ganze deutsche Volk, abzuwälzen. So hat es ja der Teufel immer gemacht. Nein und abermals nein! Wer von einer Kollektivschuld des deutschen Volkes redet, der hilft bewußt oder unbewußt dem gottlosen Nazismus.

Nur wird das deutsche Volk, ja die ganze Welt die eine Lehre ziehen müssen: Nie wieder ein gottloses religionsfeindliches System in die Regierung, geschweige denn zur Alleinherrschaft!

Bibliographische Information der Deutschen Nationalbibliothek

Die Deutsche Nationalbibliothek verzeichnet diese Publikation in der Deutschen Nationalbibliographie; detaillierte Informationen sind im Internet über http://dnb.d-nb.de abrufbar.

8. Auflage 2025

Umschlagmotiv: ftlaudgirl / Fotolia.com
Gestaltung: Matthias E. Gahr

ISBN 978-3-87868-199-1

www.vier-tuerme-verlag.de